∥ 이 책을 먼저 읽은 독자들의 추천! ∥

"경제학자는 무엇을 하는 사람인가?" 또는 "무엇을 해야 하는가?"라는 의문을 가진 이들에게 추천하고 싶은 책이다. 비록 완전무결한 정답을 제시할 수는 없겠으나 저자가 먼저 그 길을 걸어가면서 천착했던 고민의 족적들은 뒤따라오는 사람들에게 큰 방향타가 될 터이니.

_ 김누리, 한양대학교 경영학부 교수

대학교 학부에서 경제학을 전공하고 경제신문에서 20년을 일했으나 경제학의 핵심 개념인 '기회비용'에 '반골정신'이 담겨 있다는 사실은 이 책을 읽고서야 비로소 깨달았다. 한계적 사고에 '중용의 가치'가 담겨져 있다는 것도, 균형의 개념이 우리를 겸손하게 한다는 것도 생각해 본 적이 없었다. 같은 단어를 배웠지만 그 철학은 제대로 배우지 못했다. 부디 많은 독자들이 이 책을 읽고 주류 경제학의 기본 개념과 철학을 성찰하는 기회를 가졌으면 하는 바람이다.

_ 김인수, 「매일경제신문」 기자

먼저 삐져나온 송곳과도 같은 책. 송곳들이 가득한 보따리를 찢는 송곳 같은 책. 당신의 생각 저변에 깔린 1% 중심의 경제 논리를 긁어내는 송곳과도 같은 책.

_ 김영웅, 독자

이 책을 읽은 학생들이 경제학 수업에 들어와 질문을 하는 상상만으로도 즐거워진다.

_ 방세훈, 이화여자대학교 경제학과 교수

2006년 10월, '세월호' 노란 리본 빛깔을 띤 한 권의 책을 만났고 숨이 턱턱 막히는 하루 속에서 잠깐이나마 숨을 돌렸다. 『99%를 위한 경제학』은 '낮은 곳을 향하는 주류 경제학 이야기'다. 낮은 곳을 향하는 주류가 있다고? 이게 말이 돼? 나는 눈에 불을 켜고 책을 읽었고 서너 장을 넘기기가 무섭게 밑줄을 그었다. 몸으로 겪은 이야기를 단정한 문장으로 써 내려가는 저자들이, 나는 좋다. 경제학자 김재수는 아무리 생각해 봐도 공부해서 남 줄 사람인 것 같다.

_ 엄지혜, 「채널예스」 기자

"점점 나아지는가?"보다 "함께 살만한가?"에 관한 답변이다. 경제학도 이제 따뜻한 디테일이 필요하다.

_ 윤지호, 이베스트리서치센터장

연대를 주장하는 솔직하고 담대한 주류 경제학자 김재수. 우리 세상의 '을'들에게 꼭 필요한 경제학 실용서.

_ 의진의서의민 아빠

목차만 훑어 봐도 저자가 경제학이라는 견고한 프리즘을 통해 사회와 인간에 대해 얼마나 많이 고민하고 있는지 알 수 있다. 이는 저자의 따뜻한 마음과 한 땀 한 땀 정성들인 학자로서의 성실성이 어우러진 결과가 아닌가 한다. 경제학이 뜨거운 가슴과 냉철한 이성의 학문임을, 쉬운 말로 차근차근 말 걸어오는 고마운 책이다. 99% 뿐만 아니라 1%에게도 꼭 읽어 봐야 한다고 소리 지르고 싶은 책이다.

_ 이관휘, 서울대학교 경영대 교수

99%를 위한, 그러나 1%도 꼭 읽었으면 하는 책. 99%에게는 소박한 동네 이웃이 들려주는 경제학자의 세상 바라보는 이야기, 그러나 1%에게는 경제학자의 냉철한 촌철살인의 메시지가 담긴 책!

_ 임우영, 홍콩과학기술대학교 경제학과 교수

알프레드 마샬은 경제학을 "차가운 머리, 뜨거운 가슴"의 학문이라고 이야기했다. 차갑게 읽다 보면 어느샌가 가슴이 뜨거워지는 책!

_ 하승주, 동북아정치경제연구소 소장

책을 읽으며 "나도 이렇게 경제학을 가르치고 싶다"는 생각이 떠나지 않았다. 저자의 차분하고 따뜻한 시선은, 수학 공식에 둘러싸여 어렵게만 보이는 경제학이 실은 인간에 대한 학문이라는 점을 다시 상기시킨다. 대중 독자뿐 아니라 경제학 전문가들에게도 추천하고 싶은 책이다.

_ 황일우, 마이애미 대학교 경제학과 교수

갑들의 갑질이 만연한 갑갑한 세상에, '을용타'보다 시원한 을들의 반격을 기대하며!

_ 흔해 빠진 40대 회사원 인규 씨

99%를
위한
경제학

낮은 곳을
향하는
주류 경제학
이야기

김재수 지음

99%를
위한
경제학

생각의힘

차례

1

을을 위한 경제학

2
경제학적 사고방식이란
– 최적이란 날 선 칼날

3
시장이라는 우상

4
경제학자들의 생얼

프롤로그

이웃의 가난과 고통에 직면하는 활동가가 되고 싶었지만 연구실에 앉아 있다. 시를 쓰며 사람의 아름다움을 노래하고 싶었지만 경제학 논문을 읽고 있다. 불확실성은 가능성이기도 하다며 젊음을 예찬했지만 안정적인 세계를 향해서 걸어왔다. 한 사람에게라도 기댈 언덕이 되고 싶었지만, 있으나 마나 한 논문을 쓰며 삼십 대를 보냈다. 다들 연구실을 찾아와 축하한다며 악수를 청했다. 만장일치로 종신교수 심사를 통과했다고 하는데, 좀처럼 기쁘지가 않다니. 이렇게 비뚤어진 마음이라니. 어떻게 살아야 하기에 지금 이리도 쓸쓸하고 아플까.

종신교수 심사에 통과했다는 연락을 받은 날의 일기입니다. 쓸쓸한 마음을 넘어서고 싶어서 책을 쓰기 시작했습니다. 석학들의 책이 넘쳐나는데 제가 무슨 책을 낼까 싶었습니다. 김진형 편집장님이 제안한 기획 의도가 힘과 용기를 내게 해 주었습니다.

끊임없이 저항의 결기를 다지며 차가운 이성과 뜨거운 가슴의 통찰을 감성적인 언어로 담아내고 있습니다. 주류 경제학의 언어와 방법을 준용하되, 그 메시지는 세상의 가장 낮은 자리에 거하는 이들을 향할 것입니다. 세상을 바꿀 수 있는 가장 효율적이고 강력한 학문인 경제학의 언어를 통해, 승자독식사회의 논리에 맞서고자 하는 것입니다. 날 선 시선을, 따뜻한 목소리로 전하는 따뜻한 책이 될 것입니다.

이런 책이라면 흉내라도 내보고 싶은 마음으로, 미시경제학 수업에서 가르치는 내용을 글로 써 보았습니다. 강의를 할 때, 대학생인 제가 강의실에 앉아 있다는 상상을 합니다. 당시 던지고 싶은 질문이 많았지만 숫기가 없어서 손을 들지 못했습니다. 그때의 질문들을 여전히 기억합니다. 경제학적 사고방식은 단지 비용편익분석을 의미할까, 모든 경쟁은 좋은 것일까, 정당한 가격은 존재할까, 경제학은 정말 가치중립적인 학문일까, 경제학자들은 왜 보수의 편을 더 많이 들고 체제순응적일까, 자본주의는 따뜻할 수 있을까, 시장경제에서 차별은 왜 존재할까, 국제무역은 가난한 나라들을 착취하는 것일까. 하나의 문제의식이 모든 질문을 관통합니다. 왜 경제학은 갑의 편을 들 때가 많습니까.

위의 질문들에 답해 보고 싶었지만 여전히 끊이지 않는 질문들로 가득합니다. 어설프고 산만한 문제의식이 고스란히 담겨 있는 글입니다. 경제학도로서 제가 가진 비교우위는 솔직하게 고백할 수 있는, 보잘것없는 용기뿐입니다. 어설픈 단상들로 가득하지만, 미국의 대학에서 소위 주류 경제학을 공부한 이의 자화상을 정직하게 담아내고 싶습니다.

1부 '을을 위한 경제학'은 경제학 연구들을 통해 우리의 시대상을 읽어 봅니다. 최근 한국 사회에서 펼쳐지고 있는 지난한 싸움들은 갑을관계, 헬조선, N포세대, 금수저와 흙수저, 노오력, 불평등 등과 같은 키워드로 표현되고 있습니다. 선과 악의 전선이 분명치 않은 이 싸움들에서, 우리는 갑의 편이 되기도 하고 을의 편이 되기도 합니다. 우리의 선택에 숨겨진 인센티브와 행동경제학적 편향들을 살펴보고, 행동경제학의 다양한 연구들을 소개하려고 합니다. 행동경제학의 눈부신 발전은 주류 경제학에게 유연성이라는 큰 선물을 주었습니다. 주류 경제학의 연구들이 세상을 더 잘 이해할 수 있도록 하고 진일보하게 만드는 데 유용한 도구가 되었습니다.

2부 '경제학적 사고방식이란'에서는 경제학이 가르치는 사유의 방식을 설명하고 새로운 정신을 불어 넣어 보려고 합니다. 최근 출간된 대표적인 경제학 교과서들은 거의 같은 방식으로 시작합니다. 대개 첫 장은 몇 개의 경제학 기본 원칙을 소개합니다. 보수를 대표하는 『맨큐의 경제학』이든, 진보를 대표하는 『크루그먼의 경제학 입문』이든 차이가 별로 없습니다. 그레고리 맨큐Gregory Mankiw와 폴 크루그먼 Paul Krugman은 주요 경제 이슈에 대해 다른 의견을 가지고 있지만, 경제학이 가르쳐야 할 사고방식에는 동의를 하고 있다고 볼 수 있습니다. 그 원칙들은 다음과 같습니다. '모든 선택에는 대가가 따른다', '선택의 대가는 그것을 위해 포기한 것, 즉 기회비용이다', '합리적 의사결정은 한계적 사고를 따른다', '인간은 인센티브에 반응한다', '시장은 균형을 향하여 움직인다.'

선택이 야기하는 기회비용을 본다는 것은 경제학도가 반드시 지녀야 할 반골 정신을 의미합니다. 권력과 권위, 또는 관습에 의해

당연하게 여겨지는 것들에게도 잃고 있는 것을 찾아내야 합니다. 한계적 사고는 굽이치는 세상을 직선과 극단에 가두지 않고, 보수와 진보 같은 이분법에 갇히지 않는 사유방식을 의미합니다. 좌우를 넘나드는 포용력과 최적이라는 날 선 칼날 위에 서겠다는 용기를 요청합니다. 균형의 개념은 세상이 말처럼 쉽게 변하지 않는다는 것을 가르치고 우리를 겸손하게 만들어 줍니다.

3부 '시장이라는 우상'은 수요와 공급을 통해 시장경제를 설명하는 내용들로 구성되어 있습니다. 미시경제학 교과서들은 경제학의 기본 원칙과 학습 방법을 소개하고 나면, 곧바로 수요공급 모델을 가르칩니다. 수요공급 모델은 다름 아닌 시장경제를 의미합니다. 경제학 교과서의 대부분은 수요와 공급이라는 간단한 분석 틀을 이용해서 시장경제가 맞닥뜨리는 다양한 이슈들, 즉 가격통제, 최저임금, 무역, 세금, 외부성, 공공재 등을 설명합니다.

시장경제에 대한 가장 큰 오해를 지적하고 싶습니다. 시장경제를 찬양하거나 비판하는 이들, 모두가 가지고 있는 미신입니다. 다들 기업과 시장을 동의어처럼 사용합니다. 그러나 시장경제는 공정한 경쟁을 요청합니다. 공정한 경쟁이 잘 작동하면, 노동한 만큼의 임금을 받는 이들이 많아지고, 분하고 억울한 이들은 줄어듭니다. 더럽고 아니꼬운 꼬락서니를 보는 일도 조금씩 사라집니다. 사람들은 신명 나는 오늘을 살고, 더 큰 희망의 내일을 품습니다. 힘을 가진 이들에 의해서 경쟁의 공정성이 훼손되면 특권과 반칙이 판을 치고 사람들은 희망을 잃습니다. 아무리 노력해도 제자리 뜀박질과 같고, 나쁜 경쟁은 그치지 않는 노오력을 요구합니다. 저는 자본주의와 시장경제를 망가뜨리는 이들이 과연 누구인지 묻고 대답해 보려고 합니다.

4부 '경제학자들의 생얼'은 경제학을 공부하는 우리 자신을 성찰해 봅니다. 경제학 교과서가 담고 있지 않은 이야기입니다. 제가 아는 경제학자들은 다들 좋은 사람들입니다. 개인들의 만남에서는 어떤 편향을 읽어내기가 쉽지 않습니다. 그러나 집단으로서의 경제학자들을 통계 데이터로 분석하면 여러 가지 편향이 드러납니다. 경제학을 공부한 사람들이 더욱 이기적이고 공공성이 떨어진다는 연구 결과를 소개하고자 합니다. 경제학 연구에 담겨 있는 상대적 우월 의식도 분석해 봅니다. 왜 한국의 경제학자들이 전반적으로 보수적이고 친기업적인가에 대해 문제 제기를 합니다. 다시 한 번 묻습니다. 왜 경제학자들은 갑의 편을 많이 듭니까.

에필로그 '작고 하찮은 경제학자 이야기'는 부끄러운 저의 이야기를 담고 있습니다. 경제학의 개념들을 배우면서 벌어진 에피소드들입니다. 기억은 왜곡될 수밖에 없습니다. 되도록 못난 방향으로 기억해 보려고 노력할 뿐입니다. 드라마 「송곳」에서 노동상담소 소장으로 등장하는 '구고신'(안내상 역)이 이렇게 말합니다. "서는 데가 바뀌면 풍경도 달라지는 거야." 저는 일용직 건설 노동자인 아버지와 그의 아내로 평생 가난한 어머니의 아들입니다. 제가 선 곳을 잊지 않으려고 합니다. 을의 입장에서 세상을 바라보려고 노력합니다.

보수에게는 불온하고 진보에게는 성에 차지 않겠지만, 낮은 곳을 향해 저항하는 주류 경제학 이야기로 읽어 주시길 부탁드립니다. 비슷한 질문과 문제의식으로 경제학을 공부해 나가는 독자들이 많이 생겨나면 좋겠습니다.

페이스북에 한 꼭지씩 올릴 때마다 긴 글을 읽어주시고 '좋아요'

를 눌러 주신 분들께 진심으로 감사드립니다. 자신감이 없고 위축될 때마다 큰 힘이 되었습니다. 특히 댓글은 정말 큰 도움이 되었습니다. 덕분에 여러 실수를 바로 잡고 많은 것을 배웠습니다. 너무 많은 분들께 도움을 받아서 일일이 이름을 적지 못하는 것을 이해해 주시길 부탁드립니다. 제 글을 읽고 댓글로 격려해 주던 이들 중에는 건설 현장이나 식당에서 노동자로 일하는 분들도 있습니다. 그분들의 댓글은 하늘의 격려로 들려서 행복했습니다. 소박한 글이건만 따뜻한 격려를 담아 추천의 글을 써 주신 유종일 교수님과 이상헌 박사님께 감사드립니다. 살뜰하게 책을 엮어 주신 편집부와 산뜻한 옷을 입혀 주신 정계수, 박애영 실장님께 감사의 인사를 전합니다. 마지막으로 항상 힘이 되어 주는 부모님, 아내와 아이들에게 고마움을 전합니다.

1

을을 위한 경제학

서는 데가 바뀌면
풍경도 달라질까

갑을관계의 경제학

잠시 논문 발표를 위해 한국의 어느 연구원을 방문했습니다. 경제학에서 **주인-대리인 문제**라 부르는, 갑을 사이의 계약에 대한 논문입니다. 직업병이겠지만 어디를 가도 갑을의 서열 관계가 눈에 들어옵니다. 석사 연구원은 복도에서 박사 연구위원을 만나면, 목례를 하고 살짝 길을 내주는 듯 걷습니다. 모두에게 아무렇지도 않은 풍경이 제 눈에는 생경합니다. 미국 문화에서는 교수와 학생도 친구처럼 인사를 나누기 때문입니다.

누군가 교수님이라 부르면 고개를 돌려 주위를 둘러보곤 했습니다. 제가 아닌 다른 사람을 찾는 것이라고 생각했기 때문입니다. 미국 대학에서는 교수님이라는 호칭을 자주 듣지 못합니다. 한국에서는 저의 직업을 아는 모든 이들이 저를 교수님이라 불렀습니다. 한국

> **주인-대리인 문제**
> Principal-Agent problem
>
> 대리인이 주인을 대신해서 의사 결정을 할 때, 주인의 이익에 반하는 행동을 하여 생겨나는 비효율성을 일컫습니다. 예를 들면, 기업에서는 주주가 주인이고 전문 경영인이 대리인입니다. 이때, 전문 경영인이 스스로의 연봉을 높게 설정하거나 의전에 지나치게 많은 돈을 낭비하는 것, 미공개 된 내부 정보를 이용해 자신의 주식을 처분하는 것 등입니다.

을 방문했던 첫 일주일 동안 들은 교수님이란 호칭은 지난 6년 동안 들은 것보다 많았습니다. 방문했던 학교의 학생들은 자기를 가르치는 사람도 아닌데, 저에게 목례를 하고 교수님이라 불렀습니다. 어색하고 민망했습니다.

이렇게 겸손을 떨고 싶지만, 실제로는 우쭐한 감정을 즐겼습니다. 마트에 가면 주차요원은 허리를 깊게 숙이고 인사합니다. 패밀리 레스토랑에서는 무릎을 꿇고 주문받습니다. 어디를 가도 우쭐하는 마음이 불쑥불쑥 솟아올랐습니다.

독재자 게임

경제학자들은 인간의 본성을 이해하기 위해 많은 연구를 해 왔습니다. 독재자 게임Dictator game에서 실험 참가자는 갑과 을로 나뉩니다. 갑은 10만 원의 돈을 갖고 있고, 이 중 얼마를 을에게 줄 것인지 선택합니다. 을은 아무런 선택을 할 수 없습니다. 말 그대로 갑은 독재자이고, 을은 갑의 결정을 따라야 합니다. 경제적 인간이라면, 즉 자기 이익만 극대화하는 사람이라면, 갑은 한 푼의 돈도 을에게 줄 필요가 없습니다. 반면 갑이 얼마의 돈을 을에게 준다면, 이타심이 어느 정도는 있다고 볼 수 있습니다.

일반적인 실험의 결과는 다음과 같습니다. 갑 중 60% 정도는 기꺼이 을에게 돈을 나누어 주는 선택을 합니다. 평균 액수는 대략 가진 돈의 20%, 2만 원 정도입니다. 오랫동안 경제학자들은 인간을 이기적인 존재로 생각했지만, 많은 사람들에게 이타적인 면이 있음에 틀림없습니다.[1]

연구자들은 독재자 게임을 다음과 같이 조금 바꿔 빼앗기 게임을 해 보았습니다. 을은 1만 원을 이미 갖고 있습니다. 앞선 실험처럼 갑은 본인이 가진 10만 원 중의 일부를 을에게 줄 수도 있고, 또는 을이 지닌 1만 원 중 얼마를 마음껏 빼앗을 수도 있습니다. 을은 여전히 아무것도 할 수 없습니다. 이제 갑은 어떻게 행동할까요. 을이 1만 원을 가지고 있기 때문에, 대다수의 사람들은 갑이 처음 실험보다 조금 주지 않겠냐고 예상합니다.

갑을이라는 프레임

첫 번째 독재자 게임에서 돈을 나눠 가졌던 다수의 갑들은 이제 변형된 두 번째 게임에서는 을의 돈을 빼앗는 결정을 합니다.[2] 이처럼 돌변하는 이유는 프레임이 우리의 의사 결정과 행동에 영향을 미

1 독재자 게임을 비롯한 실험 경제학의 최근 연구 경향을 알고 싶다면 다음의 논문을 추천합니다. David J. Cooper, John H. Kagel, "Other-regarding preferences: A selective survey of experimental results"; J. H. Kagel, A. E. Roth (eds), *Handbook of Experimental Economics*, Vol. 2 (Princeton University Press, 2010).

2 Nicholas Bardsley, "Dictator game giving: altruism or artefact?", *Experimental Economics* (2008), 11(2): 122~133.

치기 때문입니다. 행동경제학에서 프레이밍 효과framing effect라고 부르는 것입니다.[3] 독재자 게임에서 실험 참가자들은 이타심을 평가받는다는 인식을 하고 그에 순응합니다. 반면 두 번째 게임에서는 빼앗는 행위가 허락되었기 때문에, 죄책감 없이 상대방의 돈을 빼앗는 결정을 합니다. 빼앗는 행동이 허락되지 않았다면 조금만 주고 말았을 수도 있습니다. 갑의 욕망은 '갑질' 할 수 있는 위치에 선 순간 터져 나올 수밖에 없다는 분석입니다. 자신이 을의 위치에 있을 때에는 그렇게 하지 않을 것이라고 생각하지만, 갑질 할 수 있는 위치에 오르면 갑의 욕망으로부터 자유롭기가 쉽지 않습니다. 갑을관계 자체가 구조악이 될 수 있는 가능성이 매우 큽니다.

쿠키몬스터 연구Cookie Monster study로 알려진 실험도 있습니다.[4] 세 명의 대학생을 한 팀으로 구성하여, 대학 본부에 제안할 정책 보고서를 쓰도록 합니다. 이때 각 팀의 리더를 무작위로 선정하고, 정책 보

---

3 프레이밍 효과란 문제가 제시되는 방식이 달라지면 사람들이 다른 방식으로 반응을 하는 인지적 편향입니다. 트버스키와 카네만 교수는 다음과 같은 실험을 통해서 프레이밍 효과를 최초로 소개했습니다. 실험 참가자들에게 다음과 같은 질문을 던졌습니다. "600명의 사람들이 치명적인 질병에 걸렸습니다. 두 가지 치료법 중 하나를 선택해야 합니다. 치료법 A를 선택하면, 200명이 살 수 있습니다. 치료법 B를 선택하면, 1/3의 확률로 600명 모두가 살거나 2/3의 확률로 모두가 죽습니다. 어떤 치료법을 선택하겠습까?" 실험 결과, 참가자 중 72%의 사람들이 치료법 A를 선택했습니다. 그다음 조금 다른 질문을 던졌습니다. "치료법 C를 선택하면, 400명이 죽습니다. 치료법 D를 선택하면 1/3의 확률로 아무도 죽지 않거나 2/3의 확률로 모두가 죽습니다. 어떤 치료법을 선택하겠습니까?" 사실 이 질문은 앞서의 질문과 전혀 다르지 않습니다. 치료법 A와 C는 동일하고, B와 D도 동일합니다. 그러나 실험 결과에 따르면 오직 22%의 사람들만이 치료법 C를 선택합니다. 치료법 A는 긍정적으로 묘사되었고, 치료법 C는 부정적으로 묘사되었기 때문입니다. Amos Tversky, Daniel Kahneman, "The framing of decisions and the psychology of choice", *Science* (1981), 211(4481): 453~458.

4 Dacher Keltner, Deborah H. Gruenfeld, Cameron Anderson, "Power, Approach and Inhibition", *Psychological Review* (2003), 110 (2): 265~284.

고서를 쓰는 과정의 책임을 부여합니다. 실제 실험은 여기서부터 시작입니다. 보고서를 작성하는 이들에게 다섯 개의 초콜릿 쿠키를 가져다줍니다. 쿠키가 마지막 하나 남았을 때, 그것을 누가 먹을까요. 대부분의 팀에서 리더로 지정된 이가 쿠키를 먹는 것으로 나타났습니다. 권력이 주어지면 남보다 많은 양의 쿠키를 먹는 것을 당연하다고 여깁니다.

사회심리학자들은 다양한 실험을 통해 권력의 속성을 연구했습니다. 어떤 형태의 권력이 주어지면, 이들은 더욱 즉흥적·비윤리적·상투적으로 행동하고 다른 이들에 대해 무관심해지고 무례하게 말합니다. 한때 겸손하고 성실했던 이들도 갑이 되면 다른 사람으로 변합니다. 이를 두고 연구자들은 권력의 역설Power paradox이라고 표현합니다.[5] 권력은 사람을 바꾸는 힘을 지니고 있습니다.

좀 더 극적인 실험은 1971년 스탠퍼드 대학교에서 이루어졌습니다. 1971년 스탠퍼드 대학교의 짐바르도Philip Zimbardo 교수는 24명의 대학생들을 교도관과 수감자로 구분하여 모의 감옥 실험Stanford prison experiment을 하였습니다. 죄수 역할의 학생들은 마치 진짜 죄수처럼 지문 채취, 범죄자 사진 촬영, 조서 작성을 거친 후 감옥에 수감되었습니다. 교도관 역할의 학생들도 간수 제복을 입었습니다. 실험은 6일 만에 중단되고 말았습니다. 왜냐하면 교도관 역할의 학생들이 빠르게 폭력적으로 변하고 수감자들에게 가혹 행위를 시작했기 때문입니다. 사실 교도관 역할의 학생들은 사전에 어떤 가혹 행위도 하지

5　Dacher Keltner, *The power paradox: How we gain and lose influence* (Penguin Press, 2016).

짐바르도 교수의 '모의 감옥 실험'은 영화로도 만들어졌습니다. 에즈라 밀러Ezra Miller가 주연을 맡은 「더 스탠퍼드 프리즌 엑스페리먼트」The Stanford Prison Experiment(2015)라는 영화입니다.

못하도록 지침을 받았다고 합니다. 그러나 실험 하루 만에 수감자들의 반항과 난동이 일어나자, 이들은 마치 실제 상황처럼 진압을 시작했습니다. 히틀러의 나치 병사들이 사용했던 것과 비슷한 고문 방식도 사용했다고 합니다. 이들은 평범한 중산층 대학생들이었는데, 제복을 입고 권한이 주어지자 자연스럽게 폭력적인 권력자의 모습을 닮아 갔습니다.

직장에서 상사에게 푸대접을 받는 노동자가 소비자의 위치에 설 때는 더 취약한 계층에 속한 마트의 노동자나 텔레마케터 노동자 들에게 같은 방식으로 원풀이합니다. 정규직 노동자는 비정규직 노동자에게, 같은 비정규직이라 해도 대기업의 직원은 하청 기업의 직원에게 더 갑질을 하는 일이 다반사입니다. 나와 타자의 관계가 갑을의 틀로 규정되어 있기 때문입니다. 복도에서 상사를 만나면 비켜서야 하고, 마트에서는 손님에게 배꼽 인사를 해야 하고, 식사 주문을 하는 손님 앞에 무릎을 꿇어야 합니다. 이런 틀은 우리를 갑질 하는 사람으로 만들고 있습니다.

을들의 연대 – 함께 왼뺨을 돌려댑시다

동아에코빌아파트 주민들이 경비원들과의 계약서에서 갑을이라는 표현 대신 동행이라는 표현을 써서 화제가 되었습니다.[6] 도시락 업체인 스노우폭스 대표는 "공정 서비스 권리"라는 제목의 안내문을 가게 앞에 붙여 두었습니다. "우리 직원에게 무례한 행동을 하시면 고객을 내보내겠습니다."[7] 부산의 한 아파트 경비원이 아침 출근길에 90도 인사를 하는 것이 논란이 되자, 한 학생이 부끄럽다는 글을 쓰기도 했습니다.[8] 독재자 게임과 빼앗기 게임이 보여 준 것처럼, 이런 일들은 작지 않은 변화를 일으킬 것입니다.

성서의 예수는 "네 오른편 뺨을 치거든 왼편도 돌려대라"고 가르쳤습니다. 이에 대해 많은 사람들은 권위에 순종해야 한다는 식으로 설명하고 있습니다. 역사적 문맥 속에서 살펴보면, 다르게 해석되어야 옳습니다. 당시 지중해 문화권에서 오른손의 손등으로 오른뺨을 때리는 것은 신분이 높은 자가 낮은 자에게 경멸하듯 혼을 내는 행위였습니다. 로마인이 유대인에게, 주인이 종에게, 즉 갑이 을에게 모멸감을 일으키며 훈계하는 상황입니다. 이때 왼뺨을 돌려대는 것은 을이 갑에게 당당히 맞서는 행위입니다. 오른손의 손등으로 왼뺨을 때릴 수는 없기 때문입니다. 왼쪽 뺨을 돌려대며, 나는 당신의 똘마니가

---

6 장석춘·김현정, "경비원과 갑을계약서? '동행' 계약서로 바꿨더니…", 「CBS 김현정의 뉴스쇼」, 2015년 11월 9일.

7 동아닷컴 영상뉴스팀, "스노우폭스, 공정서비스 권리 안내문 '직원에 무례한 고객 내보내겠다'", 「동아닷컴」, 2015년 10월 30일.

8 박수진, "'경비원 90도 인사' 아파트 학생 '부끄럽습니다'", 「한겨레」, 2015년 11월 6일.

아니라고 외치는 것입니다.[9] 비폭력적 저항을 통해 스스로의 존엄을 지키겠다는 의지입니다.

우리 모두는 을일 수밖에 없습니다. 함께 왼쪽 뺨을 돌려대며 연대해야 합니다. 배꼽 인사를 하는 마트의 주차요원을 보면 점장에게 항의합시다. 무릎 꿇는 레스토랑에서는 지배인에게 항의합시다. 우리 모두는 주눅 들지 않고 살아갈 수 있는 소중한 사람들입니다.

9　신약성서 마태복음 5장 39~41절에서 예수는 다음과 같이 말합니다. "누가 네 오른쪽 뺨을 치거든, 왼쪽 뺨마저 돌려대어라. 너를 걸어 고소하여 네 속옷을 가지려는 사람에게는 겉옷까지도 내주어라. 누가 너더러 억지로 오 리를 가자고 하거든 십 리를 같이 가 주어라." 신학자 월터 윙크는 당시의 역사적 상황을 설명하며 이를 비폭력적 저항으로 해석하고 있습니다. "속옷을 가지려는 사람에게는 겉옷까지도 내주어라"에 대한 해설은 이렇습니다. 당시 가난한 이들이 돈을 빌릴 때 담보물로 내놓던 것은 옷입니다. 예수는 속옷과 겉옷 모두를 줘 버리고, 벌거벗자고 이야기합니다. 지금도 그렇지만, 당시 관습에서 벌거벗은 몸은 사회적 금기였습니다. 스스로 벌거벗자고 하는 것은 금기를 깨면서까지 그 부당함을 드러내려는 행위입니다. "오 리를 가자고 하거든 십 리를 같이 가 주어라." 당시 로마의 군법은 군인들이 자신들의 등짐을 민간인에게 대신 지도록 하는 것을 허용했습니다. 그러나 1마일(약 4.1리) 정도를 넘길 수 없도록 했습니다. 스스로 십 리를 가자는 것은 로마의 군법을 어기자는 것입니다. 역시 법을 위반함으로서 그 부당함을 폭로하려는 행위라 할 수 있습니다. 더 자세한 내용은 다음 책을 참조하십시오. Walter Wink, *Engaging the powers: Discernment and resistance in a world of domination* (Fortress Press, Reprint edition, 1992), 한성수 옮김, 『사탄의 체제와 예수의 비폭력』(한국기독연구소, 2009).

차별의 벽과
송곳

차별의 경제학

비정규직 사내 하청 노동자들은 정규직과 같은 일을 하지만 현저히 낮은 임금을 받습니다. 다양한 차별도 경험합니다. 비정규직 직원은 휴게실도 따로 써야 하고, 통근버스도 탈 수 없습니다. 나이가 어린 사람으로부터 '이놈 저놈' 같은 반말과 욕설을 다반사로 듣고 커피 심부름과 쓰레기통 비우기 같은 잔심부름도 해야 합니다.[10]

---

10 김선식, "더 힘든 일을 하면서도 잘릴까 걱정…우리는 인간쇼바다", 「한겨레」, 2013년 1월 13일.

차별하는 사람들

—

경제학자들은 노동시장에서 광범위하게 이루어지는 차별을 연구하기 위해 다음과 같이 실험했습니다. 실험 참가자들을 인종, 성별, 나이, 출신 지역에 따라 나눕니다. 이들에게 잘 알려진 **죄수의 딜레마** 게임을 하게 합니다.[11] 참가자들은 같은 그룹의 사람들과는 협조를, 다른 그룹의 사람들과는 경쟁을 선택하는 경향을 강하게 보였습니다. 크게 놀라운 결과는 아닐 것입니다. 같은 피부색, 같은 성별, 같은 연령대, 같은 출신 지역의 사람들에게 더 친근감을 느끼는 것은 그룹 정체성을 가진 인간의 자연스러운 반응입니다.

연구자들은 그룹 정체성의 근원을 파헤치기 위해 가장 동질적이고 단결심이 강한 집단이라 할 수 있는 군인들에게도 실험을 해 보았습니다. 4주간의 훈련에 참가한 스위스 장교들을 무작위 방식으로 나누고, 훈련 3주가 지난 후 죄수의 딜레마 게임을 펼쳤습니다. 다른 소대에 비해 같은 소대에 속한 동료들과의 협조가 훨씬 두드러지게 나타났습니다. 최대한 무의미한 방식으로 그룹을 나누어 실험을 진

죄수의 딜레마
prisoner's dilemma

두 명의 범죄 용의자가 따로 심문을 받는 상황에서, 각각 자백 여부를 선택해야 할 때 직면해야 하는 딜레마적 상황입니다. 예를 들어, (1) 둘 중 한 명만 자백을 하면 자백한 이는 풀려나고 다른 이는 3년을 복역해야 합니다. (2) 둘 다 자백하면 각자 2년을 복역해야 합니다. (3) 둘 다 자백하지 않으면 각자 1년을 복역해야 하는 상황입니다. 이 경우, 둘 다 자백하지 않기로 협력하는 것이 전체적으로 가장 좋다고 할 수 있습니다. 두 사람의 복역 기간의 합이 가장 적기 때문입니다. 그러나 각자가 자신의 이익을 극대화한다면, 언제나 자백을 해야 합니다. 상대방이 어떤 선택을 하든 자백을 통해서 복역 기간을 줄일 수 있기 때문입니다.

행하기도 했습니다. 주민번호의 홀, 짝수로 그룹을 나누거나, 서로 다른 화가의 미술 작품을 보여 주고 같은 작품을 좋아하는 사람들끼리 그룹을 나누었습니다. 평소 주민번호의 홀, 짝수 여부라든지 알지도 못하던 미술 작품에 소속감을 느끼는 사람은 없기 때문입니다. 사람들은 과연 자신이 속한 그룹의 동료들과 속하지 않은 그룹의 동료들에게 다르게 행동할까요.

어떤 식으로든 그룹이 나뉘는 순간, 그룹 내의 사람들에게는 우호적이고 그룹 밖의 사람들을 차별하는 경향을 보여 주었습니다.[12] 이 것이 우리의 민낯입니다. 우리는 선만 그으면 차별의 창을 휘두릅니다. 저는 이것을 '악의 평범성에 대한 경제학적 증명'이라 부릅니다.

선을 긋는 사람들

선 긋기를 좋아하는 사람들이 있습니다. 스카이와 지잡대, 정규직과 비정규직, 영남과 호남, 애국과 종북, 순수와 불순을 가르고 선을 그으면 이득을 얻는 사람들이 있습니다. 노동자들의 단결과 협상

---

11 죄수의 딜레마 게임을 분석하는 방법은 '우리는 이렇게 살 필요가 없다 | 헬조선의 경제학'을 참조하십시오.

12 그룹 정체성이 사람들의 선호에 어떠한 영향을 미치는가에 대한 연구들을 알고 싶다면, 다음의 논문들을 참조하십시오. Lorenz Goette, David Huffman, Stephan Meier, "The impact of group membership on cooperation and norm enforcement: Evidence using random assignment to real social groups", *American Economic Review* (2006), 96(2), 212-216 ; Gary Charness, Luca Rigotti, Aldo Rustichini, "Individual behavior and group membership", *American Economic Review* (2007), 97(4): 1340~1352; Yan Chen, Li Sherry Xin, "Group identity and social preferences", *American Economic Review* (2009), 99(1): 431~457.

력이 약해져서 이득을 얻는 이들입니다. 텃밭 선거 구도를 통해 기득권을 유지하는 사람들입니다. 친박과 비박을 쪼개어 내부 권력을 유지하는 사람입니다. 애국과 종북을 쪼개어 국가 통치력을 유지하는 사람입니다. 종북 딱지만 붙여도 합리적 비판과 대안이 오가는 민주적 정치는 사라지고 독점적 통치를 유지할 수 있습니다.

심지어 경제 문제조차 선을 긋는 것으로 해결합니다.[13] 고용 문제는 임금피크제로 세대 갈등을 일으켜 해결합니다. 비정규직 대책은 정규직 과보호를 지적하며, 둘 사이의 갈등을 일으켜 해결합니다. 예산 부족 문제는 중앙정부와 지자체의 갈등을 일으켜 해결합니다. 약속했던 무상보육은 무상급식을 포기하라며, 전업주부와 워킹맘의 갈등을 일으켜 해결합니다. 담배세 인상은 흡연자와 비흡연자 간의 갈등을 일으켜 해결합니다. 통치자는 미소 지을 뿐입니다.

경찰버스와 트럭으로 차벽을 세워 이득을 얻습니다. 차벽 안쪽의 언론은 '폭력적 시위 활개', '도심 마비, 수험생 발 동동 굴러', '외국인 관광객 공포'를 보도합니다. 차벽 바깥쪽의 언론은 '마구잡이로 물대포 쏘는 경찰', '폭력 과잉 진압', '분노한 민중'을 보도합니다. 차벽의 높이는 서로의 얼굴을 볼 수 없을 만큼이면 충분합니다. 사람들은 더 매서운 창날을 휘두르게 됩니다. 게임 이론 연구자들은 이것을 '분열시켜 지배하기 전략'divide and conquer strategy이라고 부릅니다. 오랜 인류 역사에서 통치자들이 권력 유지를 위해 즐겨 사용해 온 전략입니다.[14]

---

13 정유경, "박근혜식 '분할통치'…애 가진 '죄인'끼리 싸워라", 「한겨레」, 2015년 1월 28일.

14 Eric A. Posner, Kathryn Spier, Adrian Vermeule, "Divide and conquer", *Journal of Legal Analysis* (2010), 2(2): 417~471.

송곳 같은 사람들과 깨어 있는 시민들의 연대

경제학자들은 연대의 가능성을 찾기 위해 다음과 같이 실험하였습니다.[15] 고용주가 먼저 임금을 지불하고, 이어서 노동자는 얼마나 열심히 일할지를 결정합니다. 교과서 속 경제적 인간이 펼치는 게임의 결과는 단순합니다. 노동자는 이미 임금을 받았기 때문에 힘든 노동을 할 필요가 없습니다. 이것을 합리적으로 예측하는 고용주는 아무런 임금을 주지 않습니다.

하지만 게임의 참가자들은 적정 임금을 제시하고 적정 노력으로 보답합니다. 마치 선물을 주고받는 것과 같아 선물교환gift exchange 게임이라 불립니다. 다양한 방식의 실험을 통해서 선물을 주고받는 이유를 연구했습니다. 이유는 간단합니다. 우리 인간은 상호적reciprocal 존재이기 때문입니다. 우리는 선물을 받으면, 선물을 돌려주는 사람들입니다.

세상을 분열시켜 지배하는 통치 방식에 어떻게 맞서야 합니까. 우울하게도 뾰족한 묘수가 없어 보입니다. 이럴 때마다 분명 하나쯤 뚫고 나오는 사람들이 있다고 합니다.[16] 차별의 벽을 뚫고 넘어서는 송곳 같은 사람들이 있습니다. 이들이 용기를 내는 이유는 우리가 깨어 있는 시민의식으로 보답할 것이라고 믿기 때문입니다. 세상 곳곳

---

15 Ernst Fehr, Klaus M. Schmidt, "A theory of fairness, competition, and cooperation", *Quarterly Journal of Economics* (1999), 114(3): 817~868.

16 드라마 「송곳」 1화에 등장하는 구고신의 독백 중 일부입니다. "분명 하나쯤은 뚫고 나온다. 다음 한 발이 절벽일지도 모른다는 공포 속에서도 제 스스로도 자신을 어쩌지 못해서 껍데기 밖으로 기어이 한 걸음 내딛고 마는 그런, 송곳 같은 인간이."

에서 송곳 같은 사람들과 깨어 있는 시민들이 연대해야 합니다.

선물교환 게임에서 받는 이가 주는 이에게 말을 건넬 수 있으면, 주고받는 선물의 양은 모두 증가합니다. 주변의 송곳 같은 사람들에게 말을 건네주십시오. 힘내요, 세상의 모든 송곳들!

우리는 계속
싸우고 있다

역사관의 경제학

경제학 개론 수업에서 다음과 같은 간단한 게임을 합니다. 네 명의 게임 참가자에게 각각 50달러를 줍니다. 모두에게 이익이 되는 프로젝트를 실행하기 위해, 가진 돈 중 일부를 기부해 달라고 부탁합니다. 그러면 저는 총 기부 금액을 두 배로 만들어서 기부 여부 및 금액과 상관없이 모두에게 똑같이 나누어 줍니다. 왜냐하면 이 프로젝트의 목표는 우리 모두를 행복하게 하는 것이기 때문입니다. 이런 서비스를 경제학에서 공공재public goods라 부릅니다. 네 명의 참가자 모두가 50달러를 기여하면 200달러가 모입니다. 여기에 2를 곱해서 400달러가 되면, 모두에게 100달러씩 나누어 주는 것입니다. 이 경우에는 모두가 50달러의 이득을 얻습니다.

머리가 똑똑한 학생들이 있습니다. 기부하지 않는 것을 선택합니다. 세 사람은 여전히 50달러를 기부하지만 한 사람이 기부를 전혀 하지 않기로 결정하면, 총 모금액은 150달러가 됩니다. 앞서처럼 2를 곱한 300달러를 각 사람에게 75달러씩 똑같이 나누어 줍니다. 기부를 하지 않은 똑똑이는 원래 가지고 있던 50달러에다가 75달러를 받아서 125달러를 갖게 됩니다. 기부를 하지 않고 무임승차를 선택하면 더 큰 이득을 얻습니다. 하지만 50달러를 기부한 다른 세 사람은 75달러만 갖습니다.

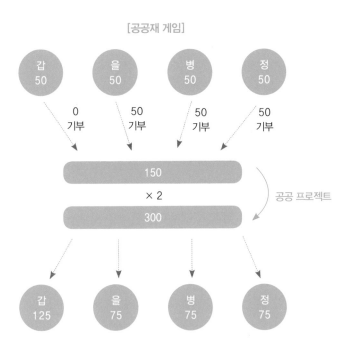

[공공재 게임]

이 실험을 한 번 더 반복하면, 거의 대부분이 기부를 하지 않고 총 기부 금액이 크게 줄어 듭니다. 여전히 기부를 하는 우직한 학생들도 간혹 있습니다. 하지만 게임을 반복할수록 이들의 우직함도

꺾이고 맙니다. 아무도 기부를 하지 않습니다. 경제학을 공부한 사람들은 모두 알고 있는 **시장실패**, 공공재의 문제입니다. 공공성이 있는 재화와 서비스의 생산에는 이기적인 시장 참여자들의 무임승차를 피할 수 없습니다. 간단한 게임을 통해서 자유시장의 중요한 한계를 이해할 수 있습니다.[17]

 시장실패
market failure

시장의 자원 배분 상태가 효율적이지 않은 상태를 일컫습니다. 경제학 교과서는 네 가지 시장실패의 가능성을 소개합니다. : (1) 독과점, (2) 외부효과, (3) 공공재와 공유재, (4) 정보의 비대칭성.

역사적 선택은 공공재의 문제

경제학자인 저는 우리 역사의 중요한 순간들을 공공재의 문제로 이해합니다. 일본 제국주의의 압제하에서 독립운동을 할 것인가, 일제의 협력자로 살 것인가. 서슬 퍼런 군사독재 시대에서 민주화운동에 참여할 것인가, 권력의 시녀로 살아갈 것인가. 이러한 선택은 공공재의 문제에서 기부자가 될 것인가, 배반자가 될 것인가라는 선택과 닮아 있습니다.

공공재 게임의 결과가 암시하듯 우리의 처지는 우울합니다. "독립운동을 하면 삼대가 망하고, 친일 매국을 하면 삼대가 떵떵거린다"

---

17 공공재 게임의 문헌 연구에 관심을 가진 분들은 다음 논문을 참조하십시오.
John O. Ledyard, "Public goods: A survey of experimental research", in John H. Kagel and Alvin E. Roth, eds., *The Handbook of Experimental Economics* (Princeton, 1995): 111~194.

라는 말이 있습니다. 독립운동가 후손들은 힘겨운 삶을 살아가고 있지만, 일제의 협력자들과 후손들은 나라의 상을 받고 여전히 부와 권력을 누리고 있습니다.[18] 탈세, 병역 기피, 부동산 투기 같은 비리 의혹으로 넘쳐나고, 양아치마냥 돈과 권력만 좇던 이들, 자기와 가족들의 뱃살만 살찌울지 알았지, 누군가를 위해 손해 보거나 희생해 보지 않은 이들이 총리, 장관, 청와대 수석이 되어 세상을 호령하고 있습니다. 시간은 우리의 편이 아니어서, 우직하게 역사를 만들어 가는 영웅들은 점점 사라져 갑니다.

어떤 역사관이 사회적 협동을 이끌어 낼 수 있을까

몇 명의 연구자가 공공재 실험public-goods games을 조금 바꾸어 보았습니다. 앞서 설명한 공공재 게임을 마친 후, 또 하나의 게임을 진행합니다. 실험 참가자는 배반자를 징계할 수 있는 기회를 갖게 됩니다. 징계 행위에도 비용이 수반됩니다. 배반자의 소유를 3달러 줄이기 위해서는 자신의 돈 1달러를 써야 합니다. 실험의 결과, 사람들은 배반자를 징계하기 위해 기꺼이 소유의 일부를 포기했습니다.

18 「뉴스타파」는 8개월 동안 일제 강점기 최고 엘리트의 후손들을 추적하였습니다. "친일과 망각"이라는 4부작 프로그램은 1,177명 친일파 후손들의 학력과 직업, 거주 형태 등을 분석하여 소개하고 있습니다. 「뉴스타파」는 또한 4개월의 취재를 통해 대한민국의 서훈 내역을 조사하였습니다. "훈장과 권력"이라는 이 프로그램의 2부 '최초 공개, 대한민국 훈장 받은 친일파'는 친일파 222명이 대한민국의 훈장을 받은 440건을 소개하고 있습니다. 뉴스타파 특별기획팀, "해방 70년 특별기획: 친일과 망각", 「뉴스타파」, 2015년 8월 6일; "특별기획: 훈장과 권력", 「뉴스타파」, 2016년 7월 25일.

흥미로운 점은 이것입니다. 배반자를 처벌하는 것에도 무임승차의 문제는 여전히 존재합니다. 다른 이가 배반자를 처벌해 주면 내 돈을 절약할 수 있습니다. 그러나 사람들은 배반자를 처벌하는 행위에 적극적으로 동참합니다. 우리는 불공평한 상황에 대해 분노하고 처벌하는 본성을 가지고 있습니다. 결국 사람들의 기부는 급격하게 증가하였습니다.[19]

박근혜 정부는 학생들에게 긍정적 역사관을 가르쳐야 한다는 이유로 역사교과서 국정화를 결정했습니다.[20] 배반자들이 득세하게 된 것을 긍정이란 이름으로 덮으려고 합니다. 긍정적 역사관이 미래 지향적이고 국민 통합을 가져온다고 합니다. 경제학 이론은 정확하게 정반대의 결과를 이야기하고 있습니다. 배반자들로 가득했던 역사를 기억하고 성찰하는 것, 이러한 처벌의 가능성이 사회적 협동과 국민 통합, 나아가 더 풍요로운 삶을 가능하게 합니다.

우리 소시민들은 영웅들의 희생과 배반자들의 무임승차 사이에서 우물쭈물하며 살아갑니다. 하지만 역사를 기억하고 성찰하며 배반자들을 징계할 때는 강한 응집력을 발휘할 수 있습니다. 영웅들이 우리에게 기억해 달라고 부탁하지 않았습니까. "알려 줘야지, 우리는 계속 싸우고 있다고."[21]

19 Ernst Fehr, Simon Gachter, "Cooperation and punishment in public good experi-ments", *American Economic Review* (2000), 90(4): 980~994.

20 곽상아, "박 대통령이 국정교과서에 대해 밝힌 단호한 입장 5가지", 「허핑턴포스트」, 2015년 10월 23일; 심언기, "김무성, 부정적 역사관 못 배우게 막아야", 「뷰스앤뉴스」, 2015년 8월 17일.

21 영화 「암살」(최동훈 감독, 2015)에서 일제강점기 임시정부 소속의 독립군 저격수로 나오는 안옥윤(전지현 역)의 대사입니다.

내 편견이
이루어지는 나라

편견의 경제학

대표적 시장주의자 밀턴 프리드먼Milton Friedman(1912~2006)은 『자본주의와 자유』(심준보·변동열 옮김, 청어람미디어, 2007)에서 다음과 같이 말했습니다. "빵을 사는 이는 빵의 재료인 밀을 공산주의자가 재배했는지 공화당원이 재배했는지, 입헌주의자가 재배했는지 파시즘 신봉자가 재배했는지, 백인이 재배했는지 흑인이 재배했는지를 알지 못한다." 이 말의 의미는 효율성을 추구하는 시장경제에서는 편견과 차별이 발붙일 여지가 없다는 것입니다. 이윤 극대화를 추구하는 기업가는 노동자의 능력에 따라 다른 임금을 주지만, 인종과 성별에 따라 차별할 이유가 없기 때문입니다.

경제학자 버트런드와 뮬라이나탄은 두 종류의 가짜 자기소개서를 만들고, 채용 공고가 난 회사들에 보냈습니다. 출신 학교를 비롯해 모든 스펙을 동등하게 하고 오직 이름만 다르게 하였습니다. 한 종류에는 에밀리, 그레그 같은 전형적인 백인의 이름을, 다른 종류에는 라키샤, 자말 같은 흑인의 이름을 적었습니다. 실험 결과 백인 이름이 약 50% 정도 많은 인터뷰 제안을 받았습니다.[22]

편견에 의한 차별이 광범위하게 존재하는 것은 사실입니다. "아니에요! 흑인들이 평균적으로 교육 수준이 떨어지고 일도 잘 못해요. 이건 있는 그대로의 사실일 뿐이라고요"라고 말하는 사람들이 있습니다. 다들 흑인과 관련된 에피소드를 경쟁적으로 쏟아냅니다. 편견은 사실상 통계적 추론이라는 것입니다. 경제학자들은 이를 **통계적 차별**이라 부릅니다. 이처럼 편견이 거짓이 아니라 사실에 근거한다면 도대체 무엇이 문제입니까.

편견의 자기실현 1. 합리적 선택

흑인과 백인의 능력이 조금도 다르지 않지만, 어떤 이유로든 사

통계적 차별
statistical discrimination

차별과 불평등이 나타나는 원인이 통계적 선별 과정에서 발생한다는 것을 설명한 경제학 이론으로서, 케네스 애로우Kenneth Arrow와 에드먼드 펠프스Edmund Phelps에 의해 제안되었습니다. 차별이 특정 인종 또는 성별 등을 좋아하거나 싫어해서 이루어진다면, 이는 선호에 의한 차별입니다. 반면 통계적 차별은 개인이 속한 집단의 평균적 특성을 고려해서 판단할 때 나타나는 차별입니다. 예를 들면, 이십 대 초반의 운전자들이 중년의 운전자들보다 자동차 사고율이 높을 때, 보험회사가 서로 다른 보험료를 적용하는 것, 하버드 대학교 졸업자의 평균적 학습 능력이 인디애나 대학교 졸업자보다 높을 때, 하버드 대학교 졸업생에게 대학원 입학 허가를 내주는 것, 흑인이 백인보다 범죄율이 높으므로 밤거리에서 흑인을 마주했을 때 더 두려워하는 것 등입니다.

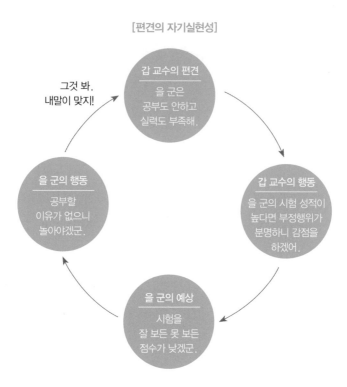

[편견의 자기실현성]

갑 교수의 편견
을 군은 공부도 안하고 실력도 부족해.

그것 봐. 내말이 맞지!

갑 교수의 행동
을 군의 시험 성적이 높다면 부정행위가 분명하니 감점을 하겠어.

을 군의 행동
공부할 이유가 없으니 놀아야겠군.

을 군의 예상
시험을 잘 보든 못 보든 점수가 낮겠군.

회 구성원들이 흑인에 대해 부정적 선입견을 가지고 있다고 합시다. 흑인들은 사회적 편견으로 인해 교육의 편익이 적다는 것을 예상할 수 있습니다. 위에서 소개한 가짜 자기소개서 이야기처럼, 같은 비용을 들여서 교육을 받아도 취업 가능성이 적기 때문입니다. 따라서 흑인들은 합리적인 비용편익분석을 바탕으로 교육 및 인적 자본에 더 적은 투자를 하게 됩니다.

결국 사회 구성원들은 자신들의 편견을 사실로 재확인합니다.

22 Marianne Bertrand, Sendhil Mullainathan, "Are Emily and Greg more employable than Lakisha and Jamal? A field experiment on labor market discrimination", *American Economic Review* (2004), 94(4): 991~1013.

그러나 백인에 비하여 흑인들의 교육 수준과 학습 성취가 낮은 것은 원래 그들의 능력이 작아서가 아닙니다. 그들의 능력이 작을 것이라고 사회가 편견을 가지고 있기 때문입니다. 통계적 차별 속에 숨어 있는 메커니즘은 편견의 자기실현적 예언self-fulfilling prophecy입니다.[23]

편견의 자기실현 2. 순응

편견의 자기실현성은 또 다른 경로를 통해 이루어집니다. 최근 행동경제학자들은 사람들이 사회적 통념 또는 편견에 스스로를 순응하는 경향을 가진다는 다양한 연구 결과들을 발표하고 있습니다. 아시아계 미국 여학생들에게 수학 문제를 풀게 합니다. 시험 전 간단한 질문을 통해 한 그룹에게는 여성이라는 정체성을, 다른 그룹에게는 아시아인이라는 정체성을 떠올리게 합니다. 마지막 그룹에게는 아무런 질문을 하지 않습니다.

실험 결과, 세 번째 그룹 대조군에 비하여, 여성의 정체성을 떠올린 그룹은 낮은 성적을 보였고, 아시아인이라는 정체성을 떠올린 그룹은 더 높은 성적을 보였습니다. '여자는 수학을 못한다', '아시아인은 수학을 잘한다'는 사회적 통념에 스스로를 순응시킨 것입니다.[24]

---

23 코넬 대학교의 코우트와 브라운 대학교의 라우리 교수는 통계적 차별의 자기실현적 메커니즘을 수학적으로 증명하고, 소수계우대정책affirmative action이 과연 사람들의 편견을 없앨 수 있는지에 대해 연구했습니다. 이들의 연구에 따르면, 소수자 그룹에게 혜택을 주는 정책이 항상 편견을 교정하지는 않고, 오히려 사회적 편견을 더욱 강화시킬 수도 있습니다. Stephen Coate, Glenn C. Loury, "Will affirmative-action policies eliminate negative stereotypes?", *American Economic Review* (1993), 83(5): 1220~1240.

비슷한 연구가 많습니다. 인도에서 카스트제도를 인지시키고 시험을 치게 하면, 그렇지 않은 경우와 다른 결과가 나타납니다.[25] 노화에 따른 인지 능력 및 몸의 건강 정도도 노인에 대한 사회 인식에 따라 달라진다고 합니다.

편견에 갇힌 우리들

'노인들은 보수 꼴통이다', '정치인들은 다 사기꾼이다', '이슬람 사람들은 잠재적 테러리스트일 수 있다'와 같은 편견들도 자기실현의 성격을 가지고 있습니다. 앞서 설명한 것과 같습니다. 첫째, 편견이 없는 세상에서는 일탈 행동에 따른 비용이 크지만, 편견으로 가득

24 Margaret Shih, Todd L. Pittinsky, Nalini Ambady, "Stereotype susceptibility: Identity salience and shifts in quantitative performance", *Psychological Science* (1999), 10(1): 80~83. 조금 다른 이야기이지만, 최근 이 논문은 논란에 휩싸였습니다. 버지니아 대학교 심리학과의 브라리언 노섹 교수는 오픈사이언스센터 the Center for Open Science를 설립하고, 사회심리학 분야의 유명한 실험들을 반복하여 그 결과가 원래의 실험 결과와 동일한가를 확인하는 프로젝트를 진행하고 있습니다. 100개의 실험을 반복한 결과, 평균적으로 97% 수준에서 통계적으로 유의했던 결과들이 반복 실험에서는 평균 36% 수준으로 나타났습니다. 본문에서 인용한 아시아계 미국 여학생들에 대한 실험은 두 곳에서 독립적으로 반복해 보았는데, 하나는 원래의 결과를 지지하는 것으로 나타났고, 다른 하나는 그렇지 않았습니다. 이에 대해서는 여러 세부 논쟁이 지속되고 있습니다. 동일한 결과를 보이지 않은 실험이 원래의 실험과 똑같은 상황 조건을 갖추지 않았다는 지적이 있습니다. 실험의 결과가 다르다고 해도 원래 실험의 결과가 틀렸다고 볼 수 없다는 의견도 있습니다. 이런 식의 실험은 결국 확률적 결과를 낳을 수밖에 없기 때문입니다. 보다 자세한 내용은 다음의 기사를 참조하십시오. Yong, Ed., "Psychology's replication crisis can't be wished away", *The Atlantic*, 2016년 3월 4일.

25 Karla Hoff, Priyank Pandey, "Belief systems and durable inequalities: An experimental investigation of Indian Caste", *World Bank Policy Research Working Paper* (2004), No. 3351.

박근혜 대통령은 2012년 7월 대선 출마 선언을 하며 "내 꿈이 이루어지는 나라"를 슬로건으로 내세웠습니다.

한 세상에서는 통념에 따른 행동이 쉬워지기 때문입니다. 둘째, 사람들은 자신들을 향한 편견에 순응하는 경향을 가지고 있기 때문입니다.

소득 불평등 문제가 심각합니다. 금수저, 흙수저라는 표현이 뚜렷해진 계층 구분을 상징하기 시작했습니다. 소득 불평등이라는 통계적 사실은 이제 계급의 차이라는 사회적 통념으로 자리 잡고 있습니다. 자신을 흙수저라고 부르는 젊은이들의 조소와 절망이 스스로를 향한 예언이 되었습니다. 국가 통치자들은 노력을 더 하라고 주문하며 자기실현적 절망을 부추기고 있습니다.

성서에서 하늘의 아들이라 불리는 이는 "네 믿음대로 될지어다"라고 선언했습니다. 사회 구조악은 우리에게 "네 편견대로 될지어다"라고 선언합니다. 애국과 종북, 영남과 호남, 스카이와 지잡대, 금수저와 흙수저, 장애인과 비장애인, 이성애자와 동성애자 사이에 경계선을 긋고 상대방을 어떤 이미지에 가두기만 하면, 우리가 원하는 것을 볼 수 있습니다. 편견이 실현되는 세상이 지옥입니다.

우리를 편견에 가두려는 사람들이 있습니다. 노인들의 우경화, 젊은이들의 정치 혐오를 통해 선거를 이기는 사람들입니다. 부의 대물림이 이루어지고, 금수저의 꿈이 이루어지는 나라를 만들려는 사람들입니다. 다른 역사의식을 지닌 이들을 "혼이 비정상"이라 부르고, 시위대를 테러집단으로 묘사하는 대통령의 편견이 우리 국민을 꽁꽁 묶고 있습니다. 그래서 하늘의 아들이라 불리는 이가 이렇게 말했을까요. "형제나 자매에게 바보라고 말하는 사람은 지옥 불에 던져질 것이다."[26]

26 신약성서 마태복음 5장 22절.

하늘이 감동할 만큼
노력하라

금수저와 흙수저의 경제학

버클리 대학교의 학생들이 두 명씩 짝지어 모노폴리 게임을 펼칩니다. 갑은 을보다 두 배의 돈을 가지고 시작합니다. 갑이 사용하는 말은 롤스로이스이고, 을의 말은 낡은 신발입니다. 갑은 두 개의 주사위를 사용하고, 을은 한 개의 주사위만 사용합니다. 갑은 출발선을 통과할 때마다 두 배의 월급을 받습니다.

캘리포니아 주립대학교 사회심리학과 폴 피프 교수는 몰래 카메라로 갑과 을의 행동을 관찰했습니다.[27] 갑은 종종 주먹을 불끈 쥐거나 두 손을 들며 환호하는 등 승자의 몸짓을 보입니다. 불공정한 게임이므로 갑의 부는 점점 증가합니다. 동시에 갑은 점점 을에게 무례

27 Paul Piff, "Does money make you mean?", *TED* (2013), http://goo.gl/DS8Fxj.

한 말과 행동을 보이고 자신의 부를 과시합니다. 을의 처지에 무관심하고 동정심을 보이지 않습니다.

피프 교수는 독재자 게임 실험도 했습니다. 주어진 10달러 중 일부를 다른 사람에게 주는지 살펴보았습니다. 상대방을 알지 못하고 다시 만날 일도 없습니다. 연 평균소득 2만 달러 이하인 사람들이 15만 달러 이상인 사람들보다 약 44% 이상 많은 돈을 주었습니다.[28] 또 다른 실험에서는 소득별로 얼마나 거짓말을 더 많이 하는지 살펴보았습니다. 거짓말을 하면 50달러의 상금을 받을 수 있는 실험이었는데, 부자일수록 거짓말을 더 많이 했습니다.[29] "가진 놈들이 더 무섭다", "있는 놈들이 더 인색하다"는 속설의 실험적 증거라 할 수 있을까요.

금수저, 우리를 생각하지 않습니다

문제는 금수저들이 구조적 문제에 대해 인식하지 못한다는 사실입니다. 앞서 모노폴리 실험에서, 주어진 15분의 게임이 끝난 후 갑에게 느낀 점을 이야기해 보라고 하였습니다. 피프 교수는 이 대목이 가장 흥미롭다고 지적합니다. 갑은 이길 수밖에 없는 게임을 했지만, 그들은 불공정한 상황에 대해서 무관심했고 자신이 어떤 전략을

---

28 Paul K Piff, Michael W. Kraus, Stéphane Côté, Bonnie Hayden Cheng, Dacher Keltner, "Having less, giving more: The influence of social class on prosocial behavior", *Journal of Personality and Social Psychology* (2010), 99(5): 771~784.

29 Paul K. Piff, Daniel M. Stancatoa, Stéphane Côtéb, Rodolfo Mendoza-Dentona, Dacher Keltner, "Higher social class predicts increased unethical behavior", *Proceedings of the National Academy of Sciences* (2012), 109(11): 4086~4091.

써서 이길 수 있었는지 자랑스럽게 설명했습니다. 금수저들은 자신의 성공을 환경적 요인보다는 자신의 노력에 기인하는 것으로 생각하는 경향이 있습니다. 모두가 노력한다고 해서 금수저가 될 수 없다는 간단한 통계적 사실에도 무지합니다.

얼마전 세계적인 금융투자회사인 메릴린치Merrill Lyhch 황웅성 수석부사장은 취업 멘토링 워크숍에서 "하늘이 감동할 만큼 노력하라"고 젊은이들에게 말했습니다. 그는 삼성증권 미주 법인장으로 일하다가 메릴린치의 영업맨이 되어 많은 설움을 겪었다고 합니다. (흑흑) 죽을 각오로 노력해서 지금의 자리에 오를 수 있었다고 합니다. (짝짝짝) 황웅성 수석부사장은 삼성생명 사장과 삼성카드 부회장을 지낸 황학수 씨의 아들이고, 펜실베이니아 대학교 와튼 스쿨 MBA 출신입니다. (허걱!)[30]

금수저는 여러 정부 정책에 대해서 흙수저와 다른 선호와 우선순위를 가지고 있습니다. 노스웨스턴 대학교 정치학과 벤자민 페이지 교수 연구팀은 상위 1% 소득 계층과 나머지 99%의 일반 대중들을 상대로 다양한 정책에 대한 선호도를 조사했습니다.[31] 최상위 계층과 일반 대중의 시각은 크게 다른 것으로 나타났습니다.

상위 1%는 사회복지 예산 감축에 우호적입니다. 반면 최저임금 인상, 근로소득 세제 혜택 인상, 정부 일자리 창출 등은 반대합니다. 이들은 일반 대중에 비해 상대적으로 교육 예산의 증가에 대해 비판

---

30 부형권, "하늘이 감동할 만큼 노력해 봤나요?…흙수저 탓만 하는 세대에 일침", 「동아일보」, 2015년 12월 21일.
31 Benjamin I. Page, Larry M. Bartels, Jason Seawright, "Democracy and policy preferences of wealthy Americans", *Perspectives on Politics* (2013), 11(1): 51~73.

적이지만, 사립학교에 대한 지원은 적극적으로 지지합니다. 재산세 감소를 지지하고, 상위 소득 계층에 대한 세금 증가를 반대합니다. 월 스트리트 금융 기업 및 대기업에 대한 정부 규제를 부정적으로 평가합니다.

법, 규제, 공공투자 결정에 심각한 왜곡이 생길 수밖에 없습니다. 경기장이 기울어졌지만, 이러한 구조적 결함을 잘 인식하지 못합니다. 경기장을 개선해 보자고 해도 일일이 다른 의견을 가지고 있습니다. 게다가 상이한 의견을 조율하고, 의사 결정을 하는 과정마저도 금수저들에 의해 이루어지고 있습니다. 금수저와 흙수저로 표현되는 양극화, 경제적 불평등의 문제를 금수저들에게 해결하라고 맡겨둘 수 없는 이유입니다.

우리나라 금수저와 흙수저의 정책 선호도 차이를 조사한 연구가 아직 없는 것이 아쉽습니다. 그러나 일부 금수저들이 했던 말들을 떠올려 봅니다. 나향욱 전 교육부 정책기획관의 말입니다. "나는 신분제를 공고화시켜야 한다고 생각한다. 어차피 다 평등할 수 없기 때문에 현실을 인정해야 한다. … 민중은 개, 돼지로 취급하면 된다."[32] 안양옥 한국장학재단 이사장의 말입니다. "국가장학금 비중을 줄이고 무이자 대출을 늘리는 방향으로 가야 한다. … 청년들은 빚이 있어야 파이팅을 한다."[33] 이완영 새누리당 국회의원의 말입니다. "미국에선 경찰이 총을 쏴 시민을 죽여도 정당한 것으로 나온다. … 이것이 선진

32 정은교, "교육부 고위 간부 '민중은 개·돼지…신분제 공고화돼야'", 「경향신문」, 2016년 7월 8일.
33 전종휘, "한국장학재단 이사장 '청년들, 빚 있어야 파이팅'", 「한겨레」, 2016년 7월 5일.

국의 공권력이 아닌가."[34] 이정현 새누리당 대표의 말입니다. "역사교과서 국정화에 반대하면 국민이 아니다. 국정교과서를 반대하는 세력은 북한 주도의 적화통일을 대비하는 사람들이다."[35] 김무성 전 새누리당 대표의 말입니다. "노동조합이 쇠파이프만 휘두르지 않았어도 국민소득이 진작 3만 불을 넘어섰을 것이다."[36] 김진태 새누리당 국회의원의 말입니다. "세월호 선체를 인양하지 말자. 돈도 시간도 많이 든다. … 아이들을 가슴에 묻자."[37]

최근 「뉴스타파」의 보도에 따르면, 1997년 1억 원에 불과했던 가업상속공제액은 이명박 정부를 지나며 300억 원으로 늘어났습니다.[38] 박근혜 정부는 이를 다시 500억 원으로 증가시켰습니다. 500억 원을 상속해도 빵 원의 세금을 낼 수 있는 방법을 금수저들에게 제공했습니다.

흙수저, 우리만 생각합시다

구조적 문제에 대한 인식 부족과 이를 바꾸려는 노력 부족은 흙

34 홍세희, 전혜정, "이완영 '미국은 경찰이 시민 총 쏘는데…' 발언 논란", 「뉴시스」, 2015년 11월 16일.
35 박상휘, "이정현 '적화통일' 발언에 야 '발끈'…예결위 파행", 「뉴스1」, 2015년 10월 28일.
36 서보미, "노조가 쇠파이프 안 휘둘렀으면 소득 3만 불 됐을 것", 「한겨레」, 2015년 9월 2일.
37 김영석, "'세월호 선체를 인양하지 말자?' 김진태 '괜히 사람만 또 다칩니다'", 「국민일보」, 2015년 4월 3일.
38 최경영, "'금수저'를 위한 나라 … 상속세 '제로'를 향하여", 「뉴스타파」, 2015년 11월 19일.

수저들도 마찬가지입니다. 아이오와 대학교 정치학과의 솔트 교수는 소득 불평등이 대중의 정치 참여에 어떠한 영향을 미치는지 연구하였습니다.[39] 22개 국가를 실증적으로 분석한 결과, 소득 불평등이 커질수록 금수저를 제외한 이들의 정치 참여가 줄어든다는 연구 결과를 제시합니다. 소득과 재산이 많은 이들은 그렇지 않은 이들에 비하여 정치적 영향력을 행사할 수 있는 여지가 많습니다. 반면 가난한 시민들은 정치적 의사 결정이 자신들이 원하는 바와 상관없이 이루어진다는 사실을 잘 알고 있기 때문에 투표를 비롯한 여타 방식의 정치적 활동에 소극적일 수밖에 없습니다.

대학생 조카는 만날 때마다 스마트폰에 머리를 묻고 있습니다. 지하철을 타면 대학생으로 보이는 젊은이들이 대동단결하여 스마트폰을 보고 있습니다. 불안한 미래 때문일까요. 주변을 돌아볼 여유가 없습니다. 다들 졸업 이후에 대한 걱정으로 가득합니다. 조카가 친구들과 함께 서로를 걱정하면 좋겠습니다.

부모님은 나라 걱정을 많이 합니다. 세월호와 메르스 때문에 나라 경제가 힘들다는 종편의 보도를 보면서 아버지는 기업인들을 걱정합니다. 하루도 빠짐없이 나라와 민족을 위해 기도하는 어머니는 박근혜 대통령이 힘들겠다고 안쓰러워 합니다. 평생 2번만 찍은 광주 출신의 일용직 건설 노동자인 아버지와 평생 가난한 어머니인데 말입니다. 부모님은 대통령과 금수저들을 걱정합니다. 부모님이 당신들만 걱정하면 좋겠습니다.

39 Frederik Solt, "Economic inequality and democratic political engagement", *American Journal of Political Science* (2008), 52(1): 48~60.

조금만 더 참으면
행복해질까

노오력의 경제학

지난여름 한국을 방문했을 때 마치 이방인처럼 주변을 살폈습니다. 해외에 처음 나가면 외국인들을 구경하듯, 저는 버스와 지하철에서 마주치는 사람들을 구경합니다. 한 공간에서 이렇게 많은 사람들을 마주할 수 있는 기회는, 제가 사는 미국에선 대도시를 제외하면 흔치 않습니다. 꽉 들어찬 차량에서는 낯선 이의 날숨을 직접 들이마셔야 합니다. 도시인들은 이렇게 끈끈한 관계구나 생각합니다.

그 순간 기관사의 안내 방송이 나옵니다. 의식을 잃고 쓰러진 승객이 있으니, 다음 역 정차시 응급요원들의 활동이 원활하게 이루어질 수 있도록 협조해 달라고 부탁합니다. 작은 술렁거림조차 없습니다. 도시인들의 얼굴 표정에는 변화가 없습니다. 지하철은 녹조로 덮인 한강을 지나고 있습니다. 맑게 개인 하늘 아래에서 녹색은 선명하지만 시선을 두는 이가 거의 없습니다.

노오력하는 사람들

출근길에 나선 이들의 삶을 예상하는 일은 그렇게 어렵지 않습니다. 대략 절반은 정규직, 다른 절반은 비정규직입니다.[40] 비정규직은 정규직이 받는 임금의 대략 절반 정도를 받고 있습니다. 명절이면 정규직은 스팸햄을 들고, 비정규직은 식용유를 들고 퇴근을 할 것입니다. 절반 정도 사람들의 얼굴에 불안감이 감도는 이유는 곧 다른 직장을 찾아야 하기 때문입니다. 비정규직 노동자 중 같은 직장에서 1년도 일하지 못하는 사람들의 비율이 54.8%입니다. 일하는 기간의 중위값은 11개월입니다.[41]

지하철 안의 절대 다수는 이름을 들어 보지 못한 중소기업으로 향하고 있습니다. 다들 삼성, LG, 현대, SK를 다니는 지인들을 꽤 많이 알고 있지만, 이 안에는 그런 대기업 사원이 한 명도 없을지도 모릅니다. 전체 노동자 중에 중소기업의 노동자 비중은 80%가 넘고, 100대 기업에 고용된 노동자 비중은 4% 정도이기 때문입니다. 중소

---

40 보다 정확히 말하면, 2014년 기준 정부 통계는 전체 노동자 중 비정규직의 비중을 32%로 보고 있고, 노동계는 비정규직의 비중을 45%로 보고 있습니다. 정부는 임시직 일용직을 정규직으로 구분하지만, 노동계는 비정규직으로 구분하고 있기 때문에 이러한 차이가 발생합니다. 정부의 기준을 따른다 하여도 한국의 비정규직 비중은 OECD 국가들 중에서 가장 높은 수준을 보이고 있습니다.

41 임금뿐만 아니라, 퇴직금, 시간외수당에서는 차이가 더욱 심하게 나타나고 있습니다. 장하성 교수에 따르면, 정규직 노동자의 99.5%가 퇴직금을 적립하고 있는 반면, 비정규직 노동자는 30.7%만 퇴직금을 적립하고 있습니다. 정규직 노동자의 90%는 유급 휴가를 얻고 있지만, 비정규직 노동자는 24.4%만 얻고 있습니다.

출근길에 나선 이들의 삶을 예상하는 일은 어렵지 않습니다. 대략 절반은 정규직, 다른 절반은 비정규직입니다.

기업의 노동자들은 대기업 평균임금의 60% 정도를 받고 있습니다. 삼성전자와 현대자동차를 다니는 이들과 비교한다면, 약 35% 정도의 임금을 받고 있습니다. 출근길을 총총 걷고 있는 이들의 셋 중 한 명은 100만 원 이하의 월급을 받고 있기도 합니다.[42]

앞에 서서 졸고 있는 이의 삶을 상상해 봅니다. 초등학생 때는 서울대와 비서울대 사이의 갈림길을 놓고 학원을 다니기 시작합니다. 중학생이 되자 명문대와 비명문대, 고등학생이 되자 인서울과 지방대의 갈림길을 두고 공부합니다. 조금만 참고 열심히 노력하면 대학생이 될 것이라는 희망으로 견뎌냅니다. 대학생이 되어도 대기업과 중소기업이라는 갈림길 앞에서 학점 관리와 스펙 쌓기에 정진합니다. 졸업이 가까워지자 더욱 현실적이고 두려운 선택은 정규직과 비정규직 사이의 갈림길입니다. 조금만 참고 열심히 노력하면 대기

---

42 장하성, 『왜 분노해야 하는가: 분배의 실패가 만든 한국의 불평등』(헤이북스, 2015).

업에서 정규직으로 일할 수 있다는 희망으로 견뎌냅니다.

왜 노오력할 수밖에 없는가

성공한 이들이 청년들에게 더 노력하라고 주문합니다. 소수의 승자와 다수의 패자를 낳을 수밖에 없는 사회적 구조를 비판하지 않고 노력의 중요성만을 강조합니다. 기성세대의 조언을 우스꽝스럽게 표현하는 노오력이라는 신조어가 등장했습니다. 경제학은 노력과 노오력의 차이를 다음과 같이 설명할 수 있습니다. 노력은 기대편익과 기대비용의 차이가 극대화되는 최적 수준입니다. 그러나 노오력은 그 이상의 수준으로 정의할 수 있습니다. 경우에 따라서 비용이 편익보다 큰 상황에서도 노오력을 합니다. 사람들은 언제 노오력을 할까요.

게임 이론을 가르치며 학생들과 경매 실험을 해 봅니다. 20달러 지폐를 경매로 학생들에게 팝니다. 최고 입찰가를 제시한 사람이 지폐를 갖게 됩니다. 일반적인 경매 방식과 다른 두 가지 차이점이 있습니다. 첫째, 입찰가가 50센트씩 상승합니다. 둘째, 최고 입찰가를 제시한 사람만이 아니라 차상위 입찰가를 제시한 사람도 앞서 자신이 제시했던 입찰가를 지불해야 합니다. 예를 들면 갑이 10달러를 제시하고 을이 여기서 포기하면, 갑은 10달러를 지불하고 20달러를 갖게 되고 을은 자신이 직전에 제시했던 9.5달러를 지불합니다.

게임 이론
game theory

상호의존적인 상황에 처한 의사 결정자들의 협력과 분쟁을 분석하는 수학적 모델입니다.

[함정 게임]

갑	을	갑	을	갑	을
10달러 제시	10.5달러 제시	11달러 제시	...	20달러 제시	20.5달러 제시
포기	포기	포기	포기	포기	포기
-9	10	-10	9	-19	0
11.5	-9.5	9.5	-10.5	0.5	-19.5

그러나 을은 여기서 포기하지 않고 입찰가 10.5달러를 제시합니다. 포기하면 9.5달러를 잃지만, 10.5달러를 제시해 이기면 9.5달러의 이득을 얻기 때문입니다. 같은 논리로 갑은 곧 11달러를 제시합니다. 입찰 가격은 어느새 19.5달러에 도달합니다. 갑은 20달러를 제시합니다. 물론 이기면 이득이 0에 불과합니다. 그러나 19.5달러에서 포기하면 손실은 19달러입니다. 이제 을은 어떻게 해야 할까요. 을은 20.5달러를 제시합니다. 이기면 50센트의 손해를 보겠지만, 20달러에서 포기하면 19.5달러의 손실을 감수해야 합니다. 결국 입찰가는 50달러에 도달합니다.

20달러를 얻기 위하여 경쟁을 펼치고 있고 각자는 매순간 합리적인 선택을 하고 있습니다. 그러나 모두가 손해를 보는 게임을 펼치는 운명에 갇혀 있습니다. 이는 예일 대학교 경제학과의 마틴 슈빅 교수가 고안한 함정 게임entrapment game입니다.[43] 노스웨스턴 대학교 켈로그 경영대학원의 맥스 배저먼Max Bazerman 교수는 매 수업에서 이 실험을 해 보았는데, 지난 10년간 20달러 지폐를 200번 정도 경매에 부쳐서 1만 7,000달러를 벌었다고 합니다. 최고 입찰가는 407달러였

---

43 Martin Shubik, "The dollar auction game: A paradox in noncooperative behavior and escalation", *Journal of Conflict resolution* (1971), 15(1): 109~111.

고 39달러보다 적었던 경우는 한 번도 없었습니다.[44]

승자 독식과 힐링 마케팅

    함정 게임에 갇힌 이들은 노오력을 할 수밖에 없습니다. 조금만 참으면 승자가 될 수 있다는 희망으로 힘을 내어 노오력을 해 보지만, 점점 더 노오오력, 노오오오력을 펼쳐야 하는 현실을 직면합니다. 일반적인 경쟁과 달리 함정 게임이 지닌 두 가지 특징 때문입니다.

    첫째, 승자 독식winner takes all의 경쟁 구조입니다. 아주 작은 차이로 승자와 패자가 결정됩니다. 효율적이고 정당한 경쟁 메커니즘에서는 각 사람이 능력과 노력에 비례해서 보상을 받습니다. 승자 독식의 구조에서는 종이 한 장의 노력 차이에도 불구하고, 승자와 패자의 보상 크기가 상당한 차이를 보이고 있습니다.

    둘째, 패자가 일종의 처벌을 받아야 하기 때문입니다. 함정이라는 것을 뻔히 알면서도 노오력을 펼칠 수밖에 없는 것은 단기적으로 합리적인 선택이기 때문입니다. 사실 함정 게임에서 가장 합리적인 선택은 처음부터 게임에 참여하지 않는 것입니다. 그러나 발을 들여놓는 순간, 처벌의 크기는 노오력을 할 수록 더 커져 갑니다. 드라마 「송곳」에서 구고신이 "패배는 죄가 아니요! 우리는 벌을 받기 위해 사는 게 아니란 말이요!"라고 말하는 이유가 이 때문일까요.

44 Robert H. Frank, Philip J. Cook, *The winner-take-all society: Why the few at the top get so much more than the rest of us* (Penguin Books, 1996), 권연경 옮김, 『승자독식 사회』(웅진지식하우스, 2008).

"패배는 죄가 아니오! 우리는 벌을 받기 위해 사는 게 아니란 말이요!" 「송곳」은 2015년 10월부터 JTBC에서 방영된 12부작 드라마로, 최규석 작가의 동명 웹툰을 원작으로 하고 있습니다. 이 대사는 5화에서 노동상담소 소장 구고신이 노동자들을 대상으로 한 강의 중에 언급됩니다.

함정 게임을 펼치는 학생들은 20달러를 넘어서는 순간, 뭔가 문제가 있다는 인식을 갖습니다. 그럼에도 이들이 계속 입찰가를 높이는 이유 중 하나는 지켜보는 이들의 응원 때문입니다. 마지막 두 사람이 남을 때, 다른 학생들은 환호를 보내며 승자가 되라고 희망을 불어넣습니다. 노오력이 필요한 무한경쟁사회에서 힐링과 희망 마케팅이 어떤 역할을 하는지 알 수 있습니다.

함정 게임은 노오력을 강요당하고 헬조선이라 불리는 우리 사회의 단면을 잘 보여 줍니다. 경제민주화를 통해 승자 독식의 구조를 바꾸고 패자들에 대한 처벌을 줄여 보자고 제안하지만, 허락하지 않습니다. 입찰가가 오르는 것을 제가 흐뭇하게 지켜보는 것처럼, 노오력이 늘어날수록 뿌듯한 사람들이 있습니다.

우리는 이렇게 살
필요가 없다

헬조선의 경제학

지옥과 다를 바 없다는 의미에서 헬조선이라 부르고 있습니다.[45] 우리는 삶의 전 영역에서 승자와 패자로 구분되는 서열 경쟁을 펼치고 있습니다. 학생들은 스카이를 가기 위해 사교육을 받아야 합니다. 구직자들은 취직을 위해 다양한 스펙을 쌓고 성형수술을 하기도 합니다. 직장인들은 살아남기 위해 야근을 해야 합니다. 우리는 돋보이기 위해 명품과 대형차를 사고 소비에서도 경쟁을 펼칩니다. 정당하고 생산적인 노력의 경쟁이 아니라 소모적인 노오력을 펼치며 헐떡이고 있습니다. 승자 독식이 날로 늘어나고 있고, 패자의 설 곳도 그만

---

45 박은하, "헬조선에 태어나 노오오오오력이 필요해", 「경향신문」, 2015년 10월 2일; 박은하, "'사회' 없는 국가, '희망' 잃은 청년…한국은 지옥이라 불려 마땅하다", 「경향신문」, 2015년 9월 5일.

큼씩 사라지고 있습니다. "우리는 패배한 게 아니라 단지 평범한 것"[46] 이라는 외침에도 눈물 흘리는 사람들이 너무 많습니다.

죄수의 딜레마

우리는 이렇게 살 필요가 없습니다. 누구보다 경제학자들은 잘 이해하고 있습니다. 승자 독식 구조가 낳는 자기파괴적 메커니즘을 죄수의 딜레마Prisoner's Dilemma라고 부릅니다. 두 사람이 서로 경쟁할 것인지, 협력할 것인지 선택해야 하는 상황을 생각해 봅시다. 모두가 협력을 선택하면 각각 25를 얻습니다. 상대방이 협력을 선택할 때, 당신이 경쟁을 선택하면 30을 얻습니다. 협력을 선택한 상대방은 1을 얻습니다. 모두가 경쟁을 선택하면 각각 2를 얻습니다. 무엇을 선택하겠습니까.

[죄수의 딜레마]

		갑	
		협력	경쟁
을	협력	25, 25	1, 30
	경쟁	30, 1	2, 2

46 드라마 「송곳」 6화. 노동자들을 대상으로 한 구고신의 강의에서 인용.

우리 사회의 구성원들은 경쟁을 선택하고 있습니다. 모두가 협력을 선택한다면 다 함께 행복할 수 있는데도 말입니다. 경쟁은 사실 합리적 선택입니다. 상대방이 무엇을 선택하든, 경쟁을 선택하는 것이 언제나 좋기 때문입니다. 갑이 협력을 선택하는 경우를 생각해 봅시다. 을이 협력을 선택하면 25를 얻고, 경쟁을 선택하면 30을 얻습니다. 이제 갑이 경쟁을 선택하는 경우를 생각해 봅시다. 을이 협력을 선택하면 1을 얻고, 경쟁을 선택하면 2를 얻습니다. 갑이 어떤 선택을 하든지 을의 최적 선택은 경쟁입니다. 갑이 처한 상황도 을과 같기 때문에, 을이 어떤 선택을 하든지 갑의 최적 선택은 경쟁입니다.

세상을 바꾸자며 협력을 선택하고 상대방을 설득해 봅니다. 그러나 상대방의 최적 전략은 여전히 경쟁입니다. 사실 누군가 이렇게 순진하게 행동해 준다면 대박을 칠 수 있습니다. 순진함으로 세상을 바꾸기가 얼마나 어려운지를 잘 보여 줍니다. 자본주의 경쟁 사회의 특징이 이 간단한 경제 모델에 잘 담겨 있습니다.

헬조선 게임

더 행복할 수는 없을까요. 어떻게 협력을 이끌어 낼 수 있습니까. 두 가지 방법이 있습니다. 첫째, 반복해서 게임을 하며 서로에 대해 신뢰를 쌓는 것입니다. 단순히 게임을 반복하는 것만으로 협력적 결과를 얻을 수 없습니다. 서로 협력하기로 약속하고, 배반 시에는 더 이상 협력하지 않겠다는 처벌 메커니즘이 작동해야 합니다. 신뢰는 처벌의 가능성 때문에 유지될 수 있습니다.

둘째, 재분배 정책을 통해 승자 독식 구조를 완화시키는 것입니다. 각각 경쟁과 협력을 선택했을 때, (30, 1)이 아닌 (20, 5) 정도로 나누어 갖는다고 해 봅시다. 재분배 정책을 반대하는 이들이 지적하는 것처럼, 인센티브의 손실로 인해 전체 이익은 줄어드는 상황입니다. 하지만 이제 협력을 선택하는 것이 합리적 전략입니다. 상대방이 무엇을 선택해도 협력을 선택할 때 자기 이익이 더 큽니다. 거칠게 표현하면, 처벌과 신뢰의 메커니즘을 통해 자본주의를 유지하는 것은 영미식 모델입니다. 재분배 정책을 통해 자본주의를 유지하는 것은 북유럽식 모델입니다. 두 모델은 서로 경쟁적일 필요가 없고 보완적입니다.

[재분배 정책]

		갑	
		협력	경쟁
을	협력	25, 25	5, 20
	경쟁	20, 5	2, 2

2012년 12월 박근혜 대통령은 신뢰의 정치와 적정한 소득의 분배 유지를 위한 경제민주화를 내걸고 당선되었습니다. 앞서 설명한 것처럼, 이 둘은 자본주의 시스템을 유지시키는 동력입니다. 그러나 박근혜 정부는 경제민주화와 관련한 주요 공약들을 대거 포기했습니다. 참여연대 경제금융센터의 평가에 따르면, 대표 공약 23개 중 15개가

약속한 것에 비해 현저히 못 미치는 수준이거나 아예 이행을 하지 않았고, 오히려 공정거래법의 예외 규정을 늘리거나 상속세를 인하하는 등 경제민주화에 역행하는 정책들을 펼치고 있습니다.[47] 그러나 약속을 지키지 않았음에도 떳떳합니다. 청와대는 "역대 어느 정부도 하지 못한 경제민주화의 실천"이라고 자화자찬을 벌이고 있습니다. 자본주의 사회의 신뢰는 처벌 메커니즘을 바탕으로만 유지될 수 있는데, 이들의 뻔뻔함이 신뢰라는 단어의 본래 의미와 사회적 자본으로서의 신뢰를 파괴하고 있습니다.[48]

결국 우리는 헬조선을 맞닥뜨렸습니다. 헬조선 게임을 보십시오. 여전히 죄수의 딜레마적 상황이고, 게임의 결과는 모두가 경쟁을 선택하는 것입니다. 그러나 금수저와 흙수저로 표현되는 사회구조는 비대칭적이고 양극화되어 있습니다. 모두가 경쟁을 선택했을 때도 금수저의 보수는 25입니다. 금수저는 협력을 선택할 필요가 없습니다. 헬조선의 절망은 협력적 결과를 얻지 못했다는 것에만 있지 않습니다. 게임의 룰을 만드는 이들이 금수저이고, 이들은 더 나은 사회를 희망할 필요가 없습니다. 여기에 깊은 절망의 이유가 있습니다.

[헬조선 딜레마]

		금수저	
		협력	경쟁
흙수저	협력	25, 25	1, 30
	경쟁	30, 1	2, 25

구원은 어디에서 올 수 있을까

게임 이론 연구자들이 제시하는 대안은 낯선 이들의 참견입니다. 죄수의 딜레마 게임에 참여한 실험 참가자들은 서로를 신뢰하지 못하고 경쟁을 선택합니다. 이때 제삼자가 게임에 개입할 수 있도록 합니다. 이들은 게임의 결과에 전혀 영향을 받지 않습니다. 이들은 협력하지 않는 참가자들을 처벌할 수 있는 기회를 갖습니다. 처벌을 하기 위해서는 개인의 희생을 필요로 합니다. 이기적인 이들은 게임을 구경합니다. 그러나 자기희생적 개입을 선택하는 이들도 있습니다. 이런 경우, 실험 참가자들은 반복되는 게임에서 협력을 선택합니다.[49]

세상이 어긋나 있을 때 호의를 베풀고 남을 보살피는 사람들이 있습니다. 이들은 더 나은 사회가 가능하다는 믿음을 가지고 협력하지 않는 이들을 준엄하게 꾸짖습니다. 오랜 절망의 시간을 견뎌낸 아웅산 수지는 말했습니다. "희망이 없다고 느낄 때, 누군가를 도우십시오."

47 윤영미, "박 대통령, 경제민주화 역행⋯재벌엔 특혜, 규제는 완화", 「한겨레」, 2015년 12월 23일.

48 이정훈, "정부 '경제민주화 80점' 자화자찬⋯시민 78% '진전 안돼'", 「한겨레」, 2016년 1월 25일.

49 Ernst Fehr, Urs Fischbacher, "Third-party punishment and social norms", *Evolution and Human Behavior* (2004), 25(2): 63~87.

분노마저
포기할 것인가

N포세대의 경제학

얼마 전 이웃과 이야기를 나누다가 알았습니다. 빈곤층에 속한 그는 자동차보험과 케이블방송 시청을 위해 저보다 무려 두세 배의 돈을 지불하고 있었습니다. 다른 경쟁 업체들이 할인 가격을 제시하고 있으니 서비스 업체를 바꾸라고 제안했습니다. 서비스를 끊겠다고 말하면 현재 업체도 가격을 상당히 낮추어 줄 것이라고 이야기해 드렸습니다.

저소득층 사람들의 생활비 내역을 살펴보면, 중산층 사람들보다 비싼 가격을 지불하고 구매하는 상품과 서비스가 많습니다.[50] 중산층이 이용하는 할인 매장에 접근하지 못해 일상 용품을 비싼 가격에 삽니다. 앞서의 예처럼 단순히 정보 부족이나 판단 능력 부족에서 비롯되는 것들도 많습니다. 카드 빚 또는 사채 등을 써서 높은 이자를 내는 일도 그렇습니다. 아픈 것을 참다가 결국 병을 키워서 더 비싼 의료비를 지불하는 것도 마찬가지입니다.

개인의 책임이라고 생각하기 쉽습니다. 무지 때문에 비싼 가격을 지불한다고 생각합니다. 요즘이 어떤 시대입니까. 인터넷 검색만 해도 쉽게 가격 비교를 할 수 있고 관련 정보를 얻을 수 있습니다. 고금리 카드 빚과 사채가 얼마나 무서운지도 익히 잘 알려져 있습니다. 고통받는 이들의 이야기와 중요한 조언 들이 인터넷에 넘쳐 납니다.

가난하기 때문에 지불하는 세금

하버드 대학교 경제학과의 뮬라이나탄 교수 연구팀은 결핍 상황이 사람들의 인지 능력에 어떠한 영향을 미치는지 연구했습니다.[51] 뉴저지의 쇼핑몰을 찾은 사람들에게 가족 소득을 묻고 고소득층과 저소득층으로 구분합니다. 이들에게 간단한 IQ 테스트를 하고 결과의 차이를 살펴봅니다. 테스트를 하기 직전 다음과 같은 질문을 던집니다. "당신은 고장난 차를 수리하기 위해 300달러를 지불해야 하는 상황에 놓였습니다. 자동차보험은 비용의 절반만 해결해 줄 수 있습니다. 당신은 차를 수리하겠습니까? 아니면 당분간 수리하지 않고

50 DeNeen L. Brown, "The high cost of poverty: Why the poor pay more", *Washington Post*, 2009년 5월 18일; Max Ehrenfreund, "The poor are paying more and more for everyday purchases, a new study warns", *Washington Post*, 2016년 5월 20일.

51 Anandi Mani, Sendhil Mullainathan, Eldar Shafir, Jiaying Zhao, "Poverty impedes cognitive function", *Science* (2013), 341(6149): 976~980.

그냥 타겠습니까?"

　고소득층과 저소득층의 IQ 테스트 결과는 차이를 보이지 않습니다. 이번에는 앞서 던진 질문을 조금 바꾸어 차량 수리비를 3,000달러라고 상정했습니다. 고소득층의 IQ 테스트 결과는 앞서와 차이가 없습니다. 그러나 저소득층의 IQ 점수는 약 14점 정도 떨어졌습니다. 3,000달러라는 수리비는 저소득층 사람들에게 큰 부담으로 다가왔습니다. 이렇게 결핍의 상황을 상상하는 것만으로도 저소득층의 인지 능력은 떨어집니다.

　연구팀은 또 다른 실험 대상으로 결핍 상황을 실제로 경험하고 있는 사람들을 선택했습니다. 인도의 사탕수수 농부들은 일년에 한 차례만 수확하고 목돈을 손에 쥐게 됩니다. 수확 직전에는 보릿고개와 같은 상황을 겪습니다. 농부들을 대상으로, 수확 전후로 IQ 테스트를 실시했습니다. 물론 농부들의 영양 상태, 스트레스 정도, 노동 강도 등도 IQ에 영향을 미칠 수 있습니다. 연구자들은 통계적 방법을 통해서 결핍 상황이 야기하는 효과만을 구분하였습니다. 결과는 쇼핑몰 실험과 마찬가지입니다. 농부들의 IQ 점수는 수확 후보다 수확 전이 더 낮았습니다.

　이를 두고 연구자들은 결핍 상황이 마치 인간의 정신 능력에 세금을 매기고 있다고 표현합니다. 연구 결과가 보여 주는 의미가 무엇입니까. 무지에서 비롯된 비합리적 결정이라 해도 그것을 개인의 문제로만 볼 수 없습니다. 결핍 상황이라는 구조적 문제가 정보 부족, 판단 능력 부족을 낳을 수 있습니다.

분노할 수 있는 만큼의 발판

연애, 결혼, 출산을 포기했다는 이른바 삼포세대는 이제 옛말이 되었습니다. 내 집 마련과 인간관계도 포기했다는 오포세대라는 말이 회자되기 무섭게, 꿈과 희망까지 포기했다며 칠포세대라 합니다. 포기할 것들을 세는 것조차 힘들어 이제는 N포세대라고 부르고 있습니다.

승자들은 하늘이 감동할 만큼 노력하라고 요구합니다. 보수적인 언론과 정치인들은 구조적 문제점에는 눈을 감고, 개인의 노오력으로 해결할 것을 주문합니다. 진보 인사들은 청년들의 정치적 무관심과 낮은 투표율을 꾸짖고 적극적 참여를 요청합니다. 구조적 문제를 설명하고 분노할 것을 설득합니다. 그러나 진보 진영조차 구조적 문제의 심각성을 충분히 이해하지 못하고 있습니다.

N포세대로 상징되는 결핍 상황은 우리의 인지 능력에도 영향을 미치고 있습니다. 합리적으로 분노할 수 있는 능력까지 빼앗고 있습니다. 노력 부족을 탓하는 것만큼, 정치적 무관심에 대한 타박이 허망할 수 있습니다. 구조적 문제를 해결하기 위해서 청년들의 분노가 필요하지만, 청년들의 분노를 이끌어내기 위해서는 이들이 설 수 있는 최소한의 발판을 먼저 마련해야 합니다. '이대로'를 외치며 축배를 나누는 이들이 왜 청년수당과 같은 정책에도 강하게 반대하는지 이해할 수 있습니다.

사소한 것에
분노하는가

불평등의 경제학

경제적 불평등이 커지고 삶이 힘겨운 이들이 많아지면, 복지 및 소득 재분배 정책에 대한 요구가 늘어난다고 생각하기 쉽습니다. 정말 그렇습니까. 코넬 대학교와 테네시 대학교에서 각각 정치학을 가르치는 엔즈와 켈리 교수는 1952년부터 2006년 사이에 "정부의 복지 지출을 늘려야 하는가?"라는 질문으로 설문조사를 실시하였습니다.[52] 이에 대한 응답을 분석한 결과, 불평등이 심할수록 사람들의 답변은 더욱 보수적인 것을 발견했습니다. 고소득층이 보수화되는 것은 이해할 수 있습니다. 다만 놀라운 점은 불평등이 심할수록 저소득층마

---

52 Nathan J. Kelly, Peter K. Enns, "Inequality and the dynamics of public opinion: The self-reinforcing link between economic inequality and mass preferences", *American Journal of Political Science* (2010), 54(4): 855~870.

저도 복지 지출에 대해 더 반대한다는 사실입니다.

낯설지 않은 풍경입니다. 세월호 희생자 가족에게 주어질 보상금에 분노하는 이들이 많지만, 종부세 완화, 기업의 상속세 면제, 증여세 감면 등과 같은 부자 감세에 대해서는 둔감합니다. 안중근 의사의 얼굴을 알지 못하는 연예인들에게는 분노를 폭발하지만, 찔끔 오르고 마는 최저임금은 숙명처럼 받아들입니다. 경제적 불평등이 심각한 상황에 이르렀지만, 불평등에 대한 분노는 불같이 일어나지 않습니다.

을들의 꼴찌 기피

프린스턴 대학교 경제학과의 쿠지엠코 교수와 동료 연구자들은 경제적 불평등이 우리의 의사 결정에 어떠한 영향을 미치는지 연구하기 위해 다음과 같이 실험하였습니다.[53] 실험 참가자들에게 서로 다른 액수의 돈을 주어 소득 계층의 차이를 만듭니다. 각 계층은 1달러 차이의 소득 격차를 가지고 있습니다. 참가자들에게 2달러의 돈을 추가적으로 주고 다른 이에게 기부할 것을 요청합니다. 이때 자신보다 1달러를 더 가진 바로 위 계층의 사람에게 주던지, 1달러를 덜 가진 바로 아래 계층의 사람에게만 줄 수 있습니다. 예를 들어 4달러를 가진 사람은 5달러를 가졌거나 3달러를 가진 사람 중에서 한 명을 선

53 Ilyana Kuziemko, Ryan Buell, Taly Reich, Michel I. Norton, "Last-place aversion: Evidence and redistributive implications", *Quarterly Journal of Economics* (2014), 129(1): 105~149.

택하여 추가로 주어진 2달러의 돈을 건넬 수 있습니다.

대부분의 사람들은 아래 계층의 사람들에게 2달러를 건넵니다. 그러나 유독 한 계층의 사람들만 다른 선택을 많이 합니다. 가장 바닥 계층의 바로 위에 위치한 사람들입니다. 이들 중에는 바로 위 계층의 사람들에게 2달러를 건네는 이들이 부쩍 많았습니다. 실험 결과에 따르면, 바닥에서 두 번째 계층의 사람들 중 약 25~50% 정도가 이런 결정을 합니다. 연구자들은 이를 꼴찌 기피last place aversion 성향으로 설명합니다. 만약 바닥에서부터 두 번째에 위치한 이들이 아래 계층의 사람들에게 2달러를 건네면, 돈을 받은 사람은 자신보다 1달러를 더 갖게 되고 자신보다 높은 계층의 사람이 됩니다. 돈을 건네는 이는 가장 밑바닥 계층으로 떨어집니다. 꼴찌가 되는 것을 피하기 위해 차라리 바로 위 계층의 사람들에게 돈을 건네는 것입니다.

여론조사 기관인 퓨 리서치 센터Pew Research Center는 어떤 계층의 사람들이 최저임금 인상에 가장 반대하는지를 살펴보았습니다. 2016년 9월 현재 미국 정부가 정한 최저임금은 시간당 7.25달러인데, 최저임금 인상을 가장 많이 반대하는 계층은 바로 시간당 7.26달러에서 8.25달러의 임금을 받는 사람들로 나타났습니다. 앞서의 실험이 보여 준 꼴찌 기피 성향과 일관된 결과입니다. 이들은 현재 최저임금보다 조금 높은 임금을 받고 있습니다. 그러나 최저임금이 인상되면, 임금 상승에도 불구하고 바닥 계층으로 편입되게 됩니다. 사람들은 계속 낮은 임금을 받더라도 꼴찌가 되지 않는 것에 더 만족하고 있습니다. 또한 일반적인 재분배 정책에 대해서 설문조사를 하자 전체 5분위 중 2분위 계층, 즉 최하위 20%의 바로 위 계층 사람들이 가장 약한 지지를 보내는 것으로 나타났습니다.[54]

을들의 도박

쿠지엠코 교수와 공저자들은 같은 논문에서 또 하나의 실험 결과를 소개합니다. 서로 다른 계층의 사람들이 의사 결정에서 어느 정도의 위험을 감수 또는 추구할 것인지를 비교합니다. 경제적 불평등이 위험 추구 행위에 영향을 미치는지에 대해 질문한 것입니다.

실험 참가자들은 두 가지 선택안을 제시받습니다. 정해진 얼마의 돈을 받을 수도 있고, 또는 상금과 벌금이 있는 도박에 참여할 수도 있습니다. 두 선택의 기대 수익은 동일합니다. 실험 결과에 따르면, 꼴찌가 될 가능성이 없는 중간 계층의 사람들은 도박 대신 정해진 돈을 선택합니다. 그러나 바닥 계층에 가까울수록 더 많은 사람들이 도박을 선택합니다. 앞서와 마찬가지로 꼴찌를 피하려는 욕구가 작동하는 것입니다.

2016년 미국 대선 정국에서의 트럼프 현상과 영국의 **브렉시트** 결정도 불평등의 심화와 깊은 관련이 있다는 지적이 많습니다. 둘 사이의 공통점은 저학력과 저소득층의 지지가 강하다는 점입니다.[55] 전

---

54 쿠지엠코 교수는 또 다른 그룹의 연구자들과 함께 불평등 상황에 대한 정보 제공이 시민들의 인식을 어떻게 바꾸는지에 대해서도 연구하였습니다. 정보를 제공받은 그룹의 사람들은 그렇지 않은 그룹의 사람들에 비해 불평등이 매우 심각한 문제라고 대답합니다. 그러나 최고소득층에 대한 세금 인상 및 최저임금 인상과 같은 소득 재분배 정책에 대한 지지 여부는 미미하게 달라질 뿐입니다. 즉 정보 제공이 불평등에 대한 인식을 높이기는 하지만, 소득 재분배 정책에 대한 지지를 끌어올리지는 못합니다. 특히 이러한 현상은 고소득·고학력 층의 사람들에 비해 저소득·저학력 층의 사람들에게서 더욱 두드러지게 나타났습니다. Ilyana Kuziemko, Michael I. Norton, Emmanuel Saez, Stefanie Stantcheva, "How elastic are preferences for redistribution? Evidence from randomized survey experiments", *American Economic Review* (2015), 105(4): 1478~1508.

55 천관율, "트럼프와 브렉시트는 쌍둥이?", 「시사인」, 459호, 2016년 7월 5일.

문가들은 입을 모아 말하기를, 실상 이들의 결정이 자신들의 경제적 이익을 거스르는 선택이라고 지적하고 있습니다. 이들이 단순히 무식하거나 정보가 부족해서 스스로의 이익에 반하는 선택을 하는 것일까요. 꼴찌 기피 성향은 왜 이들이 위험한 선택을 야기하는지를 일부 설명하고 있습니다. 극심한 경제적 불평등에 처했을 때, 바닥 계층을 탈출하기 위해 한번 뒤집어엎어야 한다는 모험을 벌이는 것일까요.

사소한 일에 분노하는 우리들

불평등이 심할수록 우리는 사소한 일에도 분노합니다. 구조적 문제에 분노하기보다 꼴찌가 되지 않기 위해 분노합니다. 스스로의 이익에 반하는 선택을 할 가능성도 높습니다. 그래서 힘을 가진 이들이 경제적 불평등을 걱정하지 않고 신분제를 공고화하자고 서슴없이 말하는 것일까요.[56] 김수영 시인이 쓴 「어느 날 고궁을 나오면서」의 시작과 마지막 부분입니다.

---

56 정은교, "교육부 고위간부, 민중은 개·돼지…신분제 공고화해야", 「경향신문」, 2016년 8월 20일.

왜 나는 조그마한 일에만 분개하는가

저 왕궁 대신에 왕궁王宮의 음탕 대신에

오십 원짜리 갈비가 기름덩어리만 나왔다고 분개하고

옹졸하게 분개하고 설렁탕집 돼지 같은 주인년한테 욕을 하고

옹졸하게 욕을 하고

[…]

그러니까 이렇게 옹졸하게 반항한다.

이발쟁이에게

땅 주인에게는 못하고 이발쟁이에게

구청 직원에게는 못하고 동회 직원에게도 못하고

야경꾼에게 이십 원 때문에 십 원 때문에

우습지 않으냐 일 원 때문에

모래야 나는 얼마큼 작으냐

바람아 먼지야 풀아 나는 얼마큼 작으냐

정말 얼마큼 작으냐……

힘내요!
주빌리은행

도덕적 해이의 경제학

그녀는 4년 전 남편과 별거를 시작했다. 생계형 맞벌이 부부였으나 어느 날 남편이 실직을 했다. 남편은 아내에게 그 사실을 숨겼고 그 사이 카드 빚은 크게 늘었다. 몇 개월간 남편이 카드 돌려 막기로 키운 빚은 아내가 보증을 서서 대부업 대출로 갚아야 할 지경에 이르렀다. 그러나 그렇게 갚아도 카드 빚은 다시 생겼다. 부부 싸움이 잦아졌고 결국 별거로 이어졌으며 빚은 연체 상태가 되었다. 아내는 홀로 일용직과 식당 일을 병행하면서 되는 대로 조금씩 갚아 나가고 있었다. 그러나 여기저기 쌓여 있는 빚은 갚는 속도보다 연체이자가 불어나는 속도가 더 빨랐다. 카드 빚은 가까스로 줄여 가고 있었지만 대부업체에서 빌린 돈은 연체이자가 붙어 원금의 3배쯤인 2,000여만 원으로 불어났다. 어느 날 집에 돌아와 보니 집 안 가재도구들에 빨간 딱지가 붙어 있었다.

"대부업체에서 빌린 돈은 연체이자가 붙어 원금의 3배가 되었습니다. 어느 날 집에 돌어와 보니 가재도구들에 빨간 딱지가 붙어 있었습니다." (출처: 주빌리은행 홈페이지)

에듀머니 제윤경 전 대표가 쓴 『빚 권하는 사회, 빚 못 갚을 권리』 (책담, 2015)의 일부입니다. 많은 이들이 약탈적 대출로 고통을 받고 있습니다. 일시적으로 연체를 피하기 위해 카드 돌려 막기를 하거나 고금리 대부업체를 이용합니다. 비판하는 사람들이 많습니다. 왜 갚 지도 못할 돈을 빌려 썼느냐, 왜 빚을 빚으로 해결하느냐, 결국 빚의 늪에 빠지지 않았느냐고 타박합니다.

약탈적 대출의 늪

하버드 대학교 경제학과 뮬라이나탄 교수와 동료 연구자들은 프린스턴 대학생들을 대상으로 주어진 시간 내에 일련의 문제를 풀 게 하였습니다.[57] 참가자들을 둘로 나누어 한 그룹에게는 50초의 시 간을, 다른 그룹에게는 15초의 시간을 줍니다. 이들은 같은 방식의 게임을 반복할 예정입니다. 참가자들은 다음 라운드의 시간을 빌려 올 수 있습니다. 이를 위해서는 이자를 지불해야 합니다. 즉 지금 1초를 더 쓰면 다음 라운드에서는 2초의 시간이 단축됩니다.

50초가 주어진 부자 그룹 사람들은 미래의 시간을 빌려 올 것인지를 신중하게 판단합니다. 대다수는 빌려 오지 않는 결정을 내립니다. 15초가 주어진 가난한 그룹 사람들의 다수는 미래의 시간을 빌려오는 결정을 합니다. 결핍 상황에 놓인 이들은 더욱 긴장감을 가질 수밖에 없습니다. 이들은 더욱 집중력을 발휘하는 모습을 보여 줍니다. 처음에는 높은 성과를 보여 주기도 합니다. 그러나 게임이 반복될 수록 이들의 성과는 급격하게 떨어집니다.

갚지도 못할 돈을 왜 썼느냐, 빚을 빚으로 갚느냐는 비판은 개인에게 책임을 묻는 것입니다. 실험의 결과는 가난한 상황 자체가 문제의 원인이라는 점을 분명하게 보여 줍니다. 결핍 상황은 사람들로 하여금 돈을 갚을 수 있는지 없는지를 합리적으로 판단할 수 없게 만듭니다. 빚을 갚기 위해 다시 고금리 대부업체를 찾는 것은 구조적 모순에서 비롯됩니다.

도덕적 해이는 을의 힘

제윤경 전 대표는 담대합니다. 빚을 갚지 못할 권리가 있다고 설

57 Anuj Shah, Sendhil Mullainathan, Eldar Shafir, "Some consequences of having too little", *Science* (2012), 338(6107): 682~685.

명합니다. 이에 대해 도덕적 해이의 문제를 지적하며, 빛의 속도로 비판을 쏟아낼 사람들이 많습니다. 그렇다면 누가 돈을 갚겠느냐는 지적입니다.

경제학의 주인-대리인 모델Principal-Agent Model은 **도덕적 해이**를 다음과 같이 설명합니다. 갑이 을과 어떤 계약을 맺을 때, 갑은 을의 일거수일투족을 관찰할 수 없고 계약서에 모든 내용을 담아낼 수 없습니다. 이때 갑의 이해에 반하는 을의 행동을 도덕적 해이라고 합니다. 도덕적 해이는 거의 모든 상황에 존재하고 갑이 극복해야 할 장애물입니다.

도덕적 해이
moral hazard

주인의 이익에 반해 행동할 때 생겨나는 주인-대리인 문제의 하나로서, 특히 대리인의 행동을 관찰할 수 없을 때 벌어지는 비효율적 상황입니다. 예를 들면, 자동차 보험에 가입한 운전자가 운전시 충분히 주의를 기울이지 않는다든지, 화재 보험에 가입한 집주인이 소화기를 구매하지 않는 경우입니다. 한편 대리인이 사적인 정보Private Information를 가지고 있을 때 생기는 비효율성을 역선택Adverse Selection이라고 부릅니다.

도덕적 해이가 벌어지면 누구의 책임입니까. 을을 탓해야 합니까. 방지하지 못한 갑을 탓해야 합니까. 경제학자들이 관심을 갖는 문제는 갑이 어떻게 을의 도덕적 해이를 방지해야 하는가입니다. 갑에게 책임을 묻는 것과 같습니다. 비유하자면, 길을 가다가 강을 만나면 건너갈 방법을 찾아야 합니다. 강을 탓하는 것은 아무런 의미가 없습니다. 도덕적 해이 문제는 건너야 할 강과 같이 어쩔 수 없이 주어진 문제일 뿐입니다. 도덕적 해이는 이기심의 다른 말일 뿐이고, 인간의 본성입니다. 경제학자들의 가장 꺼리는 일은 경제적 인간의 본성인 이기심을 탓하는 일입니다. 그런데 강을 건널 수 있는 방법을 강구하지 않고 강만 비난하는 이들이 있습니다.[58]

대출시장에서 돈을 갚지 않는 이가 있다면 누구의 책임입니까.

많은 사람들이 채무자의 책임을 묻습니다. 저축은행, 카드사, 대부업체 들이 돈을 갚을 수 있는 사람들을 선별하지 못한 것에 대해서 책임을 묻지 않습니다. 돈을 빌려 쓰는 서민이 아니라, 돈을 마구 빌려주고 있는 금융권의 도덕적 해이가 훨씬 심각합니다.[59] 상환 능력에 대한 검토 없이 대출을 남발합니다. 미남 미녀가 등장하여 묻지도 따지지도 않고 대출해 주겠다는 광고가 경쟁적으로 펼쳐집니다. 정부까지 나서 빚내서 집을 사라고 설득하기도 합니다.

물론 채무자의 도덕적 해이가 경제의 효율성을 훼손할 수 있습니다. 채무자가 돈을 갚을 능력이 있음에도 불구하고 전략적으로 파산을 신청하고 탕감을 받는 경우입니다. 그러나 소규모 금액을 대출받는 서민들이 과연 전략적 행동을 위해 빚 독촉을 감수하고 신용 추락을 받아들인다는 것은 비현실적인 주장입니다.

사실 도덕적 해이는 을이 자기를 지킬 수 있는 힘의 근원입니다. 갑이 지배적 협상력을 가지고 있고 을의 일거수일투족을 계약서에

---

58 주인-대리인 문제에서 도덕적 해이는 일종의 제약 조건입니다. 대리인의 도덕적 해이를 막기 위해서 주인은 유인양립 조건incentive compatibility constraint을 만족하는 계약을 제시합니다. 대리인의 도덕적 해이를 비난하는 것은 마치 제약 조건을 탓하는 것과 같습니다. 경제학이 하는 일은 제약 조건을 비난하는 것이 아니라, 제약 조건하에서 최적 해를 찾는 것입니다.

59 미국의 상원의원인 엘리자베스 워런은 금융 위기 이후 구제금융 감독위원회Congressional Oversight Panel를 이끌었습니다. 워런은 두 해 전 출간한 자서전에서, 당시 금융 위기와 주택 압류 사태에 대한 책임 논쟁에 대해 다음과 같은 이야기를 들려줍니다. "마치 사람들은 이처럼 말하는 것 같았다. '우리는 불쌍한 금융기관의 회장을 비난할 수 없어요. 그가 수백만 달러의 연봉을 받는 이유는 그가 그만큼 일을 잘하기 때문이지요. 아무리 능력이 뛰어나도 은행이 무너질 것을 미리 예측할 수는 없지 않나요?' 이제 그들이 돌아서서는 이렇게 말했다. '멍청한 주택 소유자들! 왜 그렇게 복잡하고 헷갈리는 모기지 계약서에 서명을 했단 말인가? 혹시 직장을 잃는 순간에 상환금이 이처럼 불어날 수도 있다는 사실을 미리 예상하지도 못했단 말인가?' 이런 식의 위선은 나를 너무나 화나게 했다." Elizabeth Warren, *A fighting chance* (Picador, 2014), 박산호 옮김,『싸울 기회』(에쎄, 2015).

담아낼 수 있다면, 을은 경제적 잉여를 얻을 수 없습니다. 을이 도덕적 해이를 할 수 있기 때문에, 갑은 을에게 어느 정도 경제적 이득을 제공해야 합니다. 뿐만 아니라 약탈적 대출이 이루어지는 금융시장에서는 을의 도덕적 해이가 갑의 도덕적 해이를 방지하는 기능을 가집니다. 더 큰 악을 막기 위해서 작은 악을 허용하는 것이 사회적으로 효율적인 결과를 낳을 수 있습니다. 그럼에도 불구하고 을의 도덕적 해이만 지적하는 이들은 도대체 누구입니까.

주빌리은행

부실 채권을 매입해서 탕감해 주는 곳이 있습니다. 주빌리은행입니다.[60] 금융기관들은 3개월 이상 연체된 채권을 손실 처리하고 대부업체에 팔아넘깁니다. 원금의 10% 이하, 심지어 1% 이하로 팔리는 부실 채권도 있습니다. 이렇게 싼 가격에 채권을 구매한 대부업체들은 채권 추심 전문업체를 통해서 빚 독촉을 합니다. 끊임없이 전화하고 직장을 찾아가서 모멸감을 주고 좌절감과 실패감에 사로잡히게 합니다. 더 이상 정상적인 사회생활을 할 수 없게 만들기도 합니다.

주빌리은행은 장기 연체된 부실 채권을 직접 매입해서 탕감해 버리고, 빚의 늪에 빠진 이들이 정상적인 경제 활동을 할 수 있도록

---

60 주빌리은행은 사단법인 희망살림이 미국의 시민단체인 '월가를 점령하라'Occupy Wall Street의 롤링주빌리Rolling Jubilee 프로젝트에 영감을 얻어 만든 것으로 2015년 8월 27일 출범하였습니다. 2016년 9월 7일 현재, 8,096명의 157,052,974원의 부실 채권을 매입·소각하여, 173,143,532,341원의 채권 원리금을 탕감하였습니다.

돕고 있습니다. 형편이 되는 이들에게만 원금의 7%를 기부 형태로 갚아 줄 것을 부탁하고, 이를 통해 다른 고통받는 이들의 채권을 매입합니다.

성서는 하늘의 아들을 이렇게 설명합니다. "포로 된 사람들에게 해방을 선포하고, 눈 먼 사람들에게 눈 뜸을 선포하고, 억눌린 사람들을 풀어 주고, 주님의 은혜의 해를 선포하게 하셨다."[61] 주빌리Jubilee는 바로 빚을 탕감해 주는 '은혜의 해', 희년禧年을 의미합니다. 주빌리은행은 하늘의 아들 역할을 해내고 있습니다.

---

61 신약성서 누가복음 4장 18~19절.

당신의 순진함을
노린다

약탈적 대출의 경제학

2016년 5월, 구글 검색창에 'predatory lending'을 검색해 보니 54만 7,000건 정도의 문서가 검색됩니다. '약탈적 대출'을 검색하면 6만 5,900건 정도의 문서가 검색됩니다. 반면 경제학의 주요 학술지 DB에서 검색하면 한 편의 논문도 찾을 수 없습니다. 경제학자들이 이 문제에 관심이 적어서일까요. 그렇지는 않습니다. 초고금리 단기 소액 대출에 대한 연구는 활발하게 이루어지고 있습니다. 다만 학계의 경제학자들은 '약탈적'이라는 표현을 사용하지 않습니다. 약탈적 대출의 경제학적 정의가 쉽지 않기 때문일 것입니다. 불공평하고 가혹한 대출 조건 정도로 흔히 표현되고 있지만, 어느 정도의 불공평과 가혹이 과연 약탈적인 것인지 답하기 어렵습니다.

왜 약탈적 대출이라 부르지 않는가

약탈적 대출이라는 표현을 사용하지 않는 근본적 이유는 경제학자들이 대출을 이해하는 방식에서 비롯됩니다. 대출 서비스를 받고 이자를 지불하는 것은 여타 상품 및 서비스를 구매하고 가격을 지불하는 것과 크게 다르지 않습니다. 대출을 통한 혜택이 지불하는 이자보다 크기 때문에 대출 서비스를 받습니다. 즉 대출이 없었다면 더 큰 비용을 지불했을 것이라는 주장입니다. 어느 대부업체 대표의 말처럼, "우리는 죽어 가는 사람의 마지막 순간에 물을 먹여 살리고 있습니다"와 맥을 같이 합니다.

실제로 여러 논문들은 소비자들이 합리적 의사 결정을 바탕으로 고금리 대출을 받고 있고, 궁극적으로 소비자들이 혜택을 받고 있다는 결론을 제시합니다. 켄사스 대학교의 밥 드영 교수 연구팀은 돈을 빌리는 이들이 대출에 따라 지불해야 하는 이자 비용을 잘 이해하고 있고, 자신이 처한 재정적 상황에서 합리적인 결정을 내리는 것이라고 주장합니다.[62] 이들의 연구에 따르면, 60% 정도의 사람들은 자신이 예상한 기간에 빌린 돈을 갚고, 오직 10~15% 정도의 소수만이 대출 연장을 신청합니다.[63]

---

62 Robert DeYoung, Ronald J. Mann, Donald P. Morgan, Michael R. Strain, "Reframing the debate about payday lending", *Liberty Street Economics* (Federal Reserve Bank of New York, 2015), 10, 9.

63 고금리 소액 대출의 약탈성을 인정하지 않고 대출업체에 우호적인 결과를 제시한 논문 중 여럿이 직간접적으로 대출업체들의 영향을 받은 것으로 밝혀졌습니다. 대출업체들이 세운 연구기관에서 제공한 데이터를 사용한다거나, 심지어 대출업체 연합의 회장이 직접 논문의 일부를 고친 사례도 드러났습니다. 이에 대해서는 「괴짜 경제학」Freakonomics 팟캐스트가 잘 소개하고 있습니다. Stephen Dubner, "Are payday loans really as evil as people say?", *Freakonomics Radio*, 2016년 4월 6일,

약탈적 대출을 논의하는 데 있어서 피할 수 없는 논쟁은 대출 서비스를 받는 소비자들의 합리성 여부입니다. 잘 알려진 것처럼 경제학은 전통적으로 경제 참가자들을 합리적인 존재로 가정하고 있습니다. 전통적 경제학에서 약탈이라는 개념은 성립되기가 쉽지 않고 정책 대안도 매우 제한적일 수밖에 없습니다. 반면 대출에 대한 행동경제학적 이해는 약탈적 대출의 가능성과 심각성을 설명하고 있습니다. 정책 대안을 제시하는 데 있어서도 새로운 접근 방식을 가능하게 합니다.

현재 중시 편향과 자기 통제의 실패

심리학자 에인슬리는 실험 대상자들에게 다음과 같이 질문하였습니다.[64] 오늘 100달러를 받는 것과 3년 후 200달러를 받는 것 중 무엇을 선택하겠습니까. 대다수의 사람들은 오늘 100달러를 받는 것을 선택합니다. 사람들은 미래보다 지금 더 행복하기를 원합니다. 그렇다면 6년 후 100달러를 받는 것과 9년 후 200달러를 받는 것 사이에서 무엇을 선택하겠습니까. 이번에는 많은 사람들이 9년 후 200달러를 받는 것을 선택합니다. 이미 6년이나 기다렸기 때문에 3년 정도는 더 기다릴 수 있다는 심리입니다.

그렇다면 6년 후의 100달러보다 9년 후의 200달러를 받겠다고

(http://freakonomics.com/podcast/payday-loans).

64 George Ainslie, *Breakdown of will* (Cambridge University Press, 2011).

답한 이들에게, 6년이 지난 시점에서 다시 질문을 하면 어떻게 답할까요. 즉 지금 100달러를 받겠는가, 아니면 6년 전의 결정대로 3년을 더 기다리고 200달러를 받겠는가 묻는 것입니다. 흥미로운 점은 6년이 지나면 의사 결정자는 첫 번째 질문과 같은 상황에 놓인다는 것입니다. 따라서 이들 중 다수는 100달러를 받겠다고 답합니다.

사람들은 당장의 만족을 중시하는 현재 중시 편향present bias을 가지고 있기 때문에, 미래의 나는 현재의 내가 원하는 결정을 따르지 않는 경우가 많습니다. 이는 자기 통제self-control, 즉 자기 절제의 실패를 의미합니다. 왜 많은 이들이 새해 결심을 성취하지 못하는지를 설명합니다. "다음 달부터 담배를 끊겠다", "다음 주부터 다이어트를 시작하겠다", "내년부터 노후 대책을 위한 저축을 시작하겠다"와 같은 표현을 자주 듣는 이유이기도 합니다.

여기서 미묘하지만 중요한 점 하나는 과연 사람들이 자기 통제의 실패를 합리적으로 예상하고 있는가입니다. 비록 인간이 자기 통제를 완벽하게 할 수 없는 한계를 가지고 있다고 해도, 자신의 한계를 충분히 이해하고 있다면, 미래의 나로 하여금 현재의 내가 원하는 대로 행동할 수 있도록 만드는 장치를 마련할 수 있습니다. 그러나 많은 실증적·실험적 증거들에 따르면, 사람들은 자신의 현재 중시 편향을 과소평가합니다. 즉 자기 통제력을 과대평가하는 경향을 가지고 있습니다.

왜 약탈적인가

바로 이 지점에서 고금리 대부와 카드론 등이 약탈적인 성격을 가질 수 있습니다. 소비자들은 스스로 합리적인 대출 결정을 내리고 있다고 생각하고 연체를 하거나 연체에 따른 비용들을 지불하지 않을 것으로 예상하지만, 이는 대부분 자신의 현재 중시 편향에 대한 과소평가에서 비롯됩니다. 대출업체들은 소비자들의 이런 편향을 잘 이해하고 있습니다. 결국 대출을 통해 소비자는 피해를 입지만, 대출업체는 소비자의 편향을 통해 더 큰 이윤을 얻을 수 있습니다.

컬럼비아 대학교의 마이어 교수와 캘리포니아 주립대학교의 스프렌저 교수는 간단한 실험을 통해 중·저소득층 사람들의 현재 중시 편향을 측정하고 카드 빚과의 상관관계를 살펴보았습니다.[65] 둘 사이에서 긍정적 상관관계를 발견했는데, 이는 자기 통제에 대한 과대평가로 인해 약탈적 대출이 이루어지고 있다는 증거라고 할 수 있습니다. 밴더빌트 대학의 스키바 교수와 펜실베이니아 대학교 와튼 스쿨의 토바크만 교수의 논문 역시 비슷한 결과를 보여 주고 있습니다.[66] 대출을 상환하지 못한 사람들의 대다수는 이미 연체로 인한 상당한 비용을 지불한 후에야 파산 절차를 밟았습니다.

---

65 Stephan Meier, Charles Sprenger, "Present-biased preferences and credit card borrowing", *American Economic Journal* (Applied Economics, 2010), 2(1): 193~210.

66 Paige Marta Skiba, Jeremy Tobacman, "Payday loans, uncertainty, and discounting: Explaining patterns of borrowing, repayment, and default", *Vanderbilt Law and Economics Research Paper* (2008), No. 8~33.

경쟁 정책과 소비자 보호 정책

행동경제학 연구들을 통해서 고금리 소액 대출을 이해하는 것
은 정책적 접근에도 큰 차이를 낳습니다. 전통적 경제학처럼 합리적
소비를 전제한다면, 대부업체들 간의 경쟁 촉진을 주요 대안으로 생
각할 수 있습니다. 경쟁이 치열할수록 대출업체들은 이자율을 낮추
고 더 나은 서비스를 제공할 것이기 때문입니다. 스스로 숨겨진 비용
을 공개하고 약탈의 가능성마저 미리 친절하게 설명해야 합니다.

반면 대출업체들이 소비자들의 행동 편향을 통해 이윤을 얻고
있다면 경쟁의 힘이 제대로 작동할 수 있을까요. 캘리포니아 주립대
학교 하이듀와 코제기 교수의 이론적 연구에 따르면, 완전경쟁적인
대출시장이라고 해도 소비자들의 과다 대출을 막을 수 없습니다.[67]
소비자들이 연체 없이 갚을 수 있다고 순진하게 믿는 한, 경쟁이 해
결책이 될 수는 없는 것입니다. 다수의 논문들이 비슷한 연구 결과를
소개하고 있습니다. MIT 대학교의 가바익스 교수와 하버드 대학교
의 라입슨 교수의 논문은 부차적 가격이 존재하는 시장을 살펴보고,
완전경쟁시장에서도 기업들이 소비자들에게 부가상품 가격에 대한
정보를 제공할 유인이 없음을 설명하고 있습니다.[68] 행동경제학이 제
시하는 가장 중요한 함의점은 경쟁 정책이 아닌, 소비자 보호 정책으
로 약탈적 대출 문제에 접근해야 한다는 것입니다.

67 Paul Heidhues, Botond Koszegi, "Exploiting naivete about self-control in the credit market", *American Economic Review* (2010), 100(5): 2279~2303.

68 Xavier Gabaix, David Laibson, "Shrouded attributes, consumer myopia, and information suppression in competitive markets", *Quarterly Journal of Economics* (2006), 121(2): 505~540.

어떤 식의 규제 정책도 시장을 왜곡할 것이라는 시장주의자들의 비판을 예상할 수 있습니다. 그러나 행동경제학적 이해를 바탕으로 한다면, 소비자 보호 정책은 시장에 대한 개입이라기보다는 소비자들에게 자기 통제를 위한 행동 장치commitment device를 제공하는 것으로 이해되어야 합니다.

미국의 페이데이론과 규제 현황

미국의 고금리 단기 사채는 페이데이론payday loan이라 부릅니다. 이는 통상 100~500달러 정도의 소액을 빌려주고, 2주 내의 급여일에 맞춰 상환하게 하는 급전 대출입니다. 급전을 빌리기 위해서는 반드시 은행 계좌와 최소 월 소득 1,000달러의 직장이 있어야 합니다. 여론조사 기관 퓨 리서치 센터의 조사에 따르면, 1,200만 명 정도의 미국인들이 사채를 쓴 적이 있고, 이들은 대체로 저소득층의 젊은 사람들이고, 4년제 대학의 학위를 갖고 있지 않습니다.

미국 전역에 걸쳐서 대략 2만 2,000개 정도의 페이데이론 상점이 있는데, 이는 맥도널드와 버거킹 매장을 합친 것보다 많습니다. 연이자율로 환산하면 300~400%에 이르고, 전체 대출액은 400억 달러입니다. 80%의 소비자들은 대출을 제때 갚지 못해 대출을 연장하였습니다. 이 중 절반인 40%의 소비자들은 1년에 5번 이상 대출을 연장하였고, 10%의 소비자들은 14번 이상 연장하였습니다. 소비자들의 평균 대출금은 350달러 정도입니다. 반면 이들이 지불한 평균 이자는 458달러입니다.[69]

미국 전역에 걸쳐서 대략 2만 2,000개 정도의 페이데이론 상점이 있습니다.

페이데이론에 대한 규제 정책은 주마다 다릅니다. 가장 광범위
하게 이루어지고 있는 규제 방식을 다음 세 가지로 요약할 수 있습니
다. 20개 주는 대출 횟수를 제한하고, 31개 주는 대출 연장 횟수를 제
한하고 있으며, 7개의 주는 대출을 연이어 받을 때 일정 기간 동안 추
가 대출을 못 받게 하는 쿨링오프cooling-off 기간을 설정하고 있습니
다. 한편 일리노이 주와 조지아 주는 가장 엄격한 형태의 규제를 취
하고 있습니다. 일리노이는 100달러의 대출당 수수료를 15.5달러로
제한하고 총 대출 가능액을 1,000달러 또는 소비자의 월 소득의 25%
로 규정하고 있습니다. 조지아는 고리대금법Usury law을 적용해, 이자
율이 60% 이상을 넘지 못하도록 하고 이를 어길 시 중범죄로 다루
고 있습니다. 연방정부 차원에서는 최근 소비자금융보호국Consumer

---

69 미국 페이데이론의 현황 및 규제 정책 소개는 다음 논문을 참조하였습니다. Michael
A. Stegman, "Payday lending", *Journal of Economic Perspective* (2007), 21(1):
169~190.

Financial Protection Bureau이 몇 가지 규제 방안을 제안하고 있습니다. 첫째, 고객의 소득 및 부채 같은 재정 상황을 사전에 검증하는 것입니다. 둘째, 상환 기간의 연장 가능 횟수를 제한하는 것입니다.

이는 소비자 보호를 위한 최소한의 정책이며 우리 상황에 맞게 얼마든지 적용할 수 있습니다. 첫째, 대출 횟수, 상환 및 연장 가능 횟수 제한, 추가 대출을 위한 쿨링오프 기간 설정이 우선적으로 도입되어야 합니다. 행동 편향이 커서 가장 큰 피해를 입고 있는 소비자들을 보호하기 위한 조치이기 때문입니다. 둘째, 고객의 직업, 소득, 부채 현황 같은 기본적인 재정적 상황을 사전에 검증토록 해야 합니다. 이는 대출업체들의 도덕적 해이를 막기 위한 최소한의 방법입니다. 현재처럼 묻지도 따지지도 않는 대출 방식은 약탈적 대출과 시장실패가 이루어지고 있다는 증거일 뿐입니다. 셋째, 최근 영국에서 이루어지고 있는 논의처럼, 대출의 텔레비전 광고 제한을 검토할 필요가 있습니다.

가장 조심스럽게 접근해야 할 정책은 역시 대출 이자율 규제입니다. 가장 손쉽게 제시되는 대안이지만, 가격통제 방식은 예상하지 못한 문제들을 낳기 마련입니다. 이자율 규제는 대출시장의 축소를 급격하게 낳을 것입니다. 그렇다면 합리적인 결정을 통해 대출 서비스를 받는 소비자들의 혜택이 크게 줄 수밖에 없습니다. 앞서 제안한 세 가지 정책만 우선적으로 실행하여도 약탈적 대출의 문제가 상당히 개선될 것입니다.

매력적인 사람이
되고 싶은가

갑을 소비의 경제학

다른 이들은 당신의 외모를 어떻게 평가할까요. 당신의 사진을
보여 주고 어떻게 평가하는지 물어보겠습니다. 상대방이 어떻게 대
답할 것으로 예상합니까. 당신의 예상과 실제 평가 사이에는 차이가
있을까요. 외모에 자신 있는 이들은 좋은 평가를 받고 그렇지 않은
이들은 나쁜 평가를 받았을까요.

심리학자 이얄과 에플리는 여러 차례 실험을 했지만, 당신의 예
상과 실제 평가 사이에서 아무런 상관관계를 찾지 못했습니다.[70] 우
리는 다른 사람의 마음을 잘 모릅니다. 나의 외모에 대한 평가도 제

---

70 Tal Eyal, Nicholas Epley, "How to seem telepathic: enablising mind reading by
   matching construal", *Psychological Science* (2010), 21(5): 700~705.

대로 예상하지 못합니다. 자신의 외모에 위축될 필요도 없고 자만할 필요도 없습니다. 남의 시선을 지나치게 의식할 필요가 없습니다. 생긴대로 당당하게 살아가십시오.

미끼 효과와 과시성 소비

—

라고 이야기 드리고 싶지만 꼭 그렇지는 않습니다. 행동경제학자 댄 애리얼리는 두 명의 미남, 갑과 병의 사진을 여러 학생들에게 보여 주고 누가 더 잘생겼는가 묻습니다. 절반의 학생들은 갑을, 다른 절반의 학생들은 병을 선택했습니다. 이제 세 장의 사진을 보여 줍니다. 갑, 을, 병의 사진입니다. 사실 을은 갑과 닮은 가상의 인물입니다. 포토샵을 이용해서 갑의 코를 조금 비뚤어 을을 만들어냈습니다. 흥미롭게도 75% 정도의 사람들은 갑이 제일 잘생겼다고 대답합니다. 을 때문에 갑은 더욱 돋보일 수 있습니다.

댄 애리얼리는 이를 두고 미끼 효과decoy effect라고 부릅니다.[71] 비교 대상이 있으면 사람들의 평가와 인식이 달라집니다. 똑같은 크기의 동그라미 두 개가 있습니다. 하나는 작은 동그라미에 둘러싸여 있고, 다른 하나는 큰 동그라미에 둘러싸여 있습니다. 이 경우 작은 동그라미에 둘러싸인 것이 더욱 크게 보입니다. 그는 다음과 같이 조언합니다. "파티를 갈 때, 자신과 비슷한 몸집, 비슷한 얼굴 모양, 비슷

71 Dan Ariely, *Predictably irrational: The hidden forces that shape our decisions* (Harper-Collins, 2008), 장석훈 옮김, 『상식 밖의 경제학』(청림출판, 2008).

한 스타일을 가졌지만, 살짝 자기보다 못생긴 친구와 함께 가세요."

미끼 효과는 왜 사람들이 과시성 소비를 하는지 설명해 줄 수 있습니다. 다른 사람들, 특히 친구나 동료처럼 가까이 있는 사람들보다 조금 나아 보이려고 노력합니다. 상품의 가치가 다른 이들과의 비교 및 우월감에서 비롯될 때, 경제학자들은 그런 상품과 서비스를 지위재 positional good라고 부릅니다. 더 큰 집과 더 큰 차, 명품 시계와 가방, 화려한 결혼식 등이 지위재에 해당됩니다. 우리는 이렇게 소비에서도 갑을의 차이를 만들어 행복하고 싶은 사람들입니다. 하지만 소비를 통한 지위 경쟁은 풍요의 역설을 가져옵니다. 모두가 큰 집에 살고 큰 차를 타게 되면, 우월적 지위에서 얻는 행복감이 사라집니다. 모두가 풍요롭지만 행복하지 않습니다.

서열 경쟁과 차별화 경쟁

심리학 연구자들은 이런 실험도 했습니다. 두 사람의 사진을 보여 줍니다. 두 사람은 꽤 다르게 생겼습니다. 누가 더 매력적인지 선택하라고 합니다. 사진을 뒤집고, 선택한 사진을 실험 대상자에게 건넵니다. 이때 간단한 속임수를 써서 대상자가 선택하지 않은 사진을 건네줍니다. 즉 덜 매력적인 사람의 사진입니다. 태연하게 묻습니다. 왜 이 사람이 더 매력적입니까. 놀랍게도 73%의 사람들은 사진이 바뀌었다는 것을 알아채지 못합니다.[72] 게다가 바뀐 사진을 들고, 왜 이 사람을 더 매력적으로 생각하는지 잘 설명해냅니다. 미끼가 없고 서로 다르게 생겼으면, 누구든지 매력적입니다!

명품 시계와 명품 가방으로 남보다 조금 앞서려는 서열 경쟁을 펼치기보다, 남과 달리 보이는 차별화 경쟁을 펼쳐야 합니다. 마케팅과 광고는 우리를 같은 줄에 세우고 한 방향으로 뛰라고 소리를 꽥 지릅니다. 그러나 다들 다른 방향을 향해 뛰어야 합니다. 멋지다, 잘생겼다, 대단하다, 아름답다! 우리 모두가 들을 수 있는 찬사입니다.

72 Petter Johansson, Lars Hall, Sverker Sikström, Andreas Olsson, "Failure to detect mismatches between intention and outcome in a simple decision task", *Science* (2005), 310(5745): 116~119.

호갱이 된
흙수저

가격 차별의 경제학

미국에서의 자동차 구매 가격은 판매원과 소비자 사이의 협상을 통해 결정됩니다. 같은 차량을 같은 판매장, 같은 판매원에게 구입한다 해도, 소비자마다 다른 가격을 지불합니다. 손님이 매장을 들어서는 순간, 판매원은 곁눈질을 통해 손님이 타고 온 차량을 확인합니다. 손님이 입고 있는 옷을 살피고, 자연스럽게 대화하는 중에 직업을 묻고, 사는 곳을 묻습니다. 자동차 판매원은 이러한 정보를 이용해서 소비자가 얼마의 가격이면 구매할지 직관적으로 파악합니다.

인종 차별, 장애인 차별, 가격 차별

경제학자 에어즈와 시겔맨은 38명의 가짜 소비자들을 고용하여 시카고 지역 153개 자동차 매장에 보냈습니다.[73] 이들은 30살 전후의 대학 졸업자입니다. 거의 비슷한 종류의 차를 몰고 매장을 방문합니다. 자동차 판매원이 이런저런 질문을 하면 미리 교육받은 대로 비슷한 대답을 합니다. 즉 가짜 소비자들은 비슷한 경제적 계층에 속해 있습니다. 그렇다면 백인과 흑인 들은 판매원으로부터 비슷한 가격을 제시받았을까요. 만약 다른 가격이라면, 어느 그룹이 얼마나 더 높은 가격을 제시받았을까요.

경제학자 그니지, 리스트, 프라이스는 가짜 소비자들을 시카고 지역의 자동차 정비소로 보냈습니다.[74] 절반의 사람들은 휠체어를 탄 가짜 장애인입니다. 비장애인과 장애인은 같은 차를 몰고 36개의 정비소를 방문했습니다. 장애인은 힙겹게 차에서 내려 휠체어를 타고 정비소로 들어옵니다. 정비사는 장애인의 처지를 안타깝게 생각할지도 모르겠습니다. 십 분, 이십 분 정도 차량을 점검한 후, 장애인 손님에게 차량의 문제를 설명합니다. 이제 수리비를 제시합니다. 장애인에게 비장애인보다 더 높은 수리비를 요구할까요, 낮은 수리비를 요구할까요.

다시 자동차 매장입니다. 자동차 판매원들은 백인 남성보다 흑

73 Ian Ayres, Peter Siegelman, "Race and gender discrimination in bargaining for a new car", *American Economic Review* (1995), 85(3): 304~321.

74 Uri Gneezy, John List, Michael K. Price, "Toward an understanding of why people discriminate: evidence from a series of natural field experiments", *NBER working paper, No. 17855; National Bureau of Economic Research* (Cambridge: 2012).

인 남성에게 평균 935달러 정도 높은 가격을 제시합니다. 자동차 판매원들은 인종 차별을 하는 것일까요. 연구자들은 판매원들이 손님과 얼마의 시간을 보냈는지 살펴보았습니다. 만약 가격 차이가 흑인에 대한 적의나 편견에서 비롯되었다면, 흑인 손님과 짧은 시간을 보냈을 것이기 때문입니다. 하지만 자동차 판매원은 흑인 손님과 오히려 더 긴 시간을 보냈습니다. 백인 판매원과 흑인 판매원 사이의 차이도 살펴보았습니다. 흑인 판매원도 흑인 손님에게 높은 가격을 제시했습니다. 결국 연구자들은 가격 차이가 인종 차별이 아니라 **가격 차별**이라고 주장합니다. 자동차 판매원들은 흑인들이 같은 제품에 대해 더 높은 가격을 지불할 의사가 있다는 것을 경험적으로 알고 있습니다. 그래서 높은 가격을 제시하는 것입니다.[75]

정비소를 방문한 장애인은 무려 30% 정도 높은 수리비를 요구받습니다. 자동차 정비사들은 감정이 메마른 사람들일까요. 왜 약자에게 더 높은 가격을 제시하고 장애인을 차별하는 것입니까. 정비사들은 합리적으로 예상할 수 있습니다. 휠체어를 타고 있는 장애인은 값싼 가격을 찾아 또 다른 정비소를 방문하기 쉽지 않습니다. 그런데 장애인이 정비소를 들어서며 이렇게 말합니다. "벌써 몇 군데 다녀오는 중인데요." 이 말 한마디면 장애인도 비장애인과 똑같은 수리비를 제시받습니다. 장애인 차별이 아닌 가격 차별이라는 증거입니다.[76]

---

75 왜 흑인은 백인보다 더 높은 가격을 지불할 의사가 있을까요. 흑인과 백인의 평균 소득 차이를 생각하면, 더욱 어리둥절하게 만드는 질문입니다. 설득력 있는 이유 중 하나는 이렇습니다. 심리학과 경제학의 다양한 연구에 따르면, 흑인은 백인만큼 밀고 당기는 협상을 즐겨 하지 않습니다.

76 비슷한 실험을 동성애자들을 대상으로 하였습니다. 동성애자들에게 더 높은 수리비를 요구합니다. "벌써 몇 군데 다녀오는 중인데요"라고 말해도 여전히 동성애자들에게는 높은 수리비를 요구합니다. 장애인들의 경우와 달리, 동성애자들

94

왜 호갱이 되는가

가격 차별
price discrimination

동일한 재화나 서비스를 다른 소비자들에게 다른 가격에 판매하는 행위입니다. (1) 개인들마다 다른 가격을 제시하는 것을 1차 가격 차별이라 부르고, (2) 제품과 서비스의 버전을 다양화하여 가격을 달리하는 것을 2차 가격 차별, (3) 소비자들의 성별, 나이, 구매 시기와 방법에 따라 그룹별로 다른 가격을 제시하는 것을 3차 가격 차별이라 부릅니다.

얼마 전 스웨덴 가구업체 이케아가 국내 소비자들 사이에서 논란이 되었습니다. 일부 가구를 해외보다 비싼 값에 팔았기 때문입니다. 언론 보도에 따르면, 조사 대상 126개 제품 중 100개가 약 15~20% 정도 비싼 가격에 팔리고 있었다고 합니다.[77] 국내의 많은 소비자들이 "한국 소비자를 무시하는 것이다", "우리만 호갱이냐"고 불만을 터뜨렸습니다. 스타벅스, 노스페이스, 고급 유모차 브랜드 등에 대해서도 비슷한 불만이 항상 제기됩니다. 한국인 차별입니까, 가격 차별입니까.

소비자들의 불만 제기는 자연스럽지만 냉정한 경제학자들의 질문은 다릅니다. 왜 한국인들이 더 비싼 가격을 지불하려고 하는가입니다. 흥미로운 점은 호갱 논란이 있는 제품들이 지위재에 가깝다는 것입니다. 상품의 가치가 본래의 기능에만 부여되는 것이 아니라, 상품 소비를 과시하는 것에도 부여되는 것입니다.

에게 높은 가격을 요구하는 것은 가격 차별이라기보다 성소수자 차별에서 비롯된다고 볼 수 있습니다. Uri Gneezy, John List, *The why axis: Hidden motives and the undiscovered economics of everyday life* (Public Affairs, 2013), 안기순 옮김, 『무엇이 행동하게 하는가』(김영사, 2014).

77 이소아, "한국 이케아서 47만 원 소파, 미국선 22만 원", 「중앙일보」, 2015년 6월 23일.

노스웨스턴 대학교 켈로그 경영대학원의 러커와 갈린스키 교수
는 사회계층에 대한 인식이 제품에 대한 가격 지불 의사에 영향을 미
치는지 실험했습니다.[78] 낮은 계층에 속했던 경험을 떠올리면, 소비자
들은 더 높은 가격을 지불하겠다고 대답합니다. 같은 제품을 기능 중
심으로 광고할 때보다 상위 계층의 이미지 중심으로 광고할 때, 스스
로를 낮은 계층으로 인식한 소비자들의 지불 의사는 높아집니다.

남보다 높은 가격을 지불하면 화가 납니다. 하지만 이것은 호갱
이 된 증상이지 원인이 아닙니다. 비유하자면, 누군가에게 사기 당했
을 때 사기 친 사람에게 화를 내는 것이 아니라 자기가 사기를 당해
서 가난하게 살아가는 가족에게 화를 내는 것입니다. 사회가 금수저
와 흙수저로 양극화될 때, 흙수저들은 예전이라면 사지 않을 것을 이
제 비싼 돈을 내고 사려고 합니다. 기업들은 흙수저들에게 금칠이라
도 약간 해야 하지 않겠냐고 광고합니다. 흙수저들이 호갱이 된 이유
입니다.

78 Derek D. Rucker, Adam D. Galinsky, "Desire to acquire: powerlessness and com-
pensatory consumption", *Journal of Consumer Research* (2008), 35: 257~267.

경제학자의
핫딜 후기

가격 할인의 경제학

해리와 시드 형제는 함께 옷가게를 운영합니다. 손님이 마음에 드는 옷을 발견하고 가격을 묻습니다. 시드는 청각이 좋지 않다고 말하며 가게 저편에 있는 해리에게 가격을 물어봅니다. 해리는 42달러라고 크게 답하지만, 시드는 잘 듣지 못했는지 다시 묻습니다. 해리는 42달러라고 더 큰 소리로 대답합니다. 시드는 손님에게 22달러라고 말합니다. 손님은 얼른 22달러를 지불하고 매장을 떠납니다. 사실 시드의 청각은 문제가 없습니다. 구매를 유도한 상술입니다. 로버트 치알디니Robert Cialdini가 쓴 『설득의 심리학』(황혜숙 옮김, 21세기북스, 2013)에 소개된 이야기입니다.

연말 쇼핑시즌이 다가옵니다. 백화점과 쇼핑몰은 연말 할인 행사를 시작하고 있습니다. 최대 80% 할인! 할인 전 10만 원 하던 청바지가 2만 원에 팔리고 있습니다. 이런 기회는 자주 있지 않습니다. 얼른 구매해야 합니다. 잠깐! 최초 소비자 가격을 일부러 비싸게 책정하고 할인가를 제시하는 것일 수도 있습니다. 실제 가격이 원래부터 2만 원이었고, 할인 행사 직전에 가격을 10만 원으로 인상했다가 다시 2만 원으로 재조정한 것일 수도 있지 않습니까.

닻내림 효과

행동경제학자 댄 애리얼리는 MIT의 마케팅 전공 학생들을 대상으로 다음과 같이 실험하였습니다.[79] 한 병의 와인을 보여 줍니다. 주민번호 마지막 두 자리를 쓰게 한 후, 얼마까지 지불할 용의가 있는지 물어봅니다. 흥미롭게도 더 높은 번호를 지닌 사람들이 더 높은 가격을 지불하겠다고 합니다. 주민번호 숫자와 최대 지불 의사willingness to pay가 상관관계를 가져야 할 이유는 없습니다. 실험 참가자들에게 주민번호가 지불 의사에 영향을 주었는지 물어보았습니다. 다들 그렇지 않다고 대답합니다. 저도 수업에서 K-POP 가수들의 콘서트 티켓으로 실험을 하는데, 언제나 비슷한 결과를 얻습니다.

행동경제학은 이것을 닻내림 효과Anchoring Effect라고 부릅니다. 초기에 주어진 기준점이 이후 의사 결정에 영향을 미치는 것을 의미합니다. 아무런 의미가 없는 숫자도 기준점 역할을 하여 우리의 지불

---

79 Dan Ariely, *Predictably irrational: The hidden forces that shape our decisions* (Harper-Collins Publishers, 2008), 장석훈 옮김, 『상식 밖의 경제학』 (청림출판, 2008).

의사에 영향을 미칩니다. 왜 우리가 할인 가격을 좋아하는지 이해할 수 있습니다. 10만 원이라는 할인 전 가격은 기준점 역할을 하여 2만 원이라는 할인 가격을 매력적으로 느끼게 해 줍니다. 많은 매장에서 비싼 제품이 입구에 전시되어 있는 이유이기도 합니다. 스티브 잡스 Steve Jobs(1955~2011)가 아이패드 신제품을 소개하며 "$999"라는 숫자를 스크린에 보여 줍니다. 그리고 이렇게 말합니다. "저는 999달러가 아니라 499달러에 판매할 수 있게 되어서 너무나 기쁩니다."

전통 경제학은 소비자가 합리적이고 자신의 지불 의사를 정확하게 알고 있다고 가정합니다. 실상 우리는 그렇게 합리적이지 않습니다. 반면 기업들은 소비자의 비합리성을 잘 이해하고 있고, 그것을 이용하여 더 큰 이윤을 얻습니다. 기업들은 가격 책정만이 아니라 다양한 마케팅 전략을 통해 우리의 의사 결정에 영향을 미치고 있습니다. 특히 다른 사람들의 시선을 의식하는 인간의 욕망을 제일 잘 활용합니다. '남들은 다 가지고 있다', '남들에게 잘 보일 수 있다'는 기준점을 제시하면 구매 유혹을 뿌리치기 쉽지 않습니다.

합리적 소비 의식

—

합리적인 소비 의식을 키우는 것 외에는 대안이 없습니다. 싼 가격을 찾기 위해서 다들 애쓰지 않습니까. 그 노력의 절반만 들여서라도 정말 필요한 물건인지, 자신이 지불할 수 있는 가격인지 질문해 보아야 합니다. 커피 한 잔에 5,000원, 시계나 가방 하나에 수십만 원을 지불할 용의가 있는지, 아니면 나의 구매 결정이 기업의 마케팅 전략에 영향을 받은 것인지를 생각해 보아야 합니다. 이것만으로도 부족합니다. 우리는 확증 편향confirmation bias이라는 비합리성도 가지고 있습니다. 자신이 믿고 생각한 것을 뒷받침하는 증거들만 찾고 싶어 합니다. 나름대로 합리적인 구매 이유를 말하는 것은 노력 없이도 가능합니다. 그래서 배우자, 연인, 친구들에게 의견을 물어보는 것도 좋은 방법입니다.

얼마 전 아내와 쇼핑몰에 갔습니다. 2,000달러이던 식탁이 1,000달러라며 당장 사자고 합니다. 유학생 시절 선배네 집에서 받은 식탁을 아직까지 사용하고 있다며 불만을 토로합니다. "여보, 저거 다 상술이거든. 내가 경제학자이고 이 분야 좀 전문가야." 옆에 있는 스포츠 매장에 들렀습니다. 300달러짜리 테니스 라켓이 80달러에 팔리고 있기에 얼른 샀습니다. 완전 대박입니다.

우리는
가오가 없다

미리 준비한 연설문을 교장 훈화 어투로 읽어 내립니다. 국무위원들은 감히 처다보지도 못합니다. 고개를 숙이고 대통령의 연설을 받아 적기에 바쁩니다. 대통령과 국무의원 사이의 토론을 볼 수 없습니다. 대한민국 최고 정책 심의 기관, 국무회의 풍경입니다.

권한 위임의 힘

심리학자 레프코트는 통제권 소유 여부와 업무 능력 사이의 관계를 연구하기 위해 간단한 실험을 했습니다.[80] 실험 참가자는 시끄러운 환경에서 퀴즈 풀기, 오탈자 교정 같은 업무를 수행합니다. 한 그룹의 사람들은 무조건 소음에 노출되어 있습니다. 다른 그룹은 소음 차단 버튼을 가지고 있습니다. 본인들이 원하면 언제든지 버튼을 눌러 소음이 없는 환경에서 일할 수 있습니다. 실험 결과, 버튼을 제공받은 집단이 더욱 우수한 성과를 보였습니다. 흥미롭게도 버튼을 누른 사람은 없습니다. 통제권을 가졌다는 이유만으로 사람들은 더 나은 성과를 보여 줍니다. 이 실험 결과는 아랫사람에게 권한을 위임해야 할 이유 하나를 잘 설명해 주고 있습니다.

그래도 통제하고 싶다

그럼에도 불구하고 많은 상급자들은 권한을 위임하지 않으려고 합니다. 최근 조직경제학에서 활발하게 연구하고 있는 주제입니다. 애기온과 티롤 교수의 논문에 따르면, 권한 위임 여부는 두 가지 요소에 달려 있습니다.[81] 하나는 상급자와 하급자의 이해관계가 어느 정도 일치하는가이며, 다른 하나는 하급자의 능력 수준입니다.

상급자와 하급자의 이해관계가 일치하면, 상급자는 하급자에게 권한을 위임합니다. 반면 이해관계가 다른 경우, 어느 정도 통제형 구조를 원합니다. 특히 하급자의 능력이 뛰어날 때, 완전 통제형 조직 구조를 선호합니다. 능력이 뛰어난 하급자는 자신이 추구하는 목표

80 Herbert M. Lefcourt, "The function of illusion of control and freedom", *American Psychologist* (1973), 28(5): 417~425.

81 Philippe Aghion, Jean Tirole, "Formal and real authority in organization", *Journal of Political Economy* (1997), 105(1): 1~29.

국무위원들은 고개를 숙이고 대통령의 연설을 받아 적기에 바쁩니다. 대통령과 국무위원 사이의 토론을 볼 수 없습니다. 대한민국 최고 정책 심의 기관, 국무회의의 풍경입니다.

를 실행하려고 들기 때문에, 상급자는 직접 의사 결정을 하고 하급자에게 명령만 내립니다.

완전 통제형 국무회의

깨알 지침과 받아 적기로 요약할 수 있는 국무회의는 의심할 것 없이 완전 통제형 구조입니다. 국무위원들을 나무라는 사람들이 있습니다. 장관이나 된 사람들이 받아쓰기나 할 정도의 능력밖에 없냐, 다들 박근혜의 사람이냐고 지적합니다.[82] 앞의 분석에 따르면, 이들의 지적은 잘못된 것일 수도 있습니다. 국무위원들은 박근혜 대통령과

---

82 조수경, "박근혜 1시간 연설, 받아 적기 바쁜 장관들", 「미디어오늘」, 2013년 3월 12일.

상당히 다른 이해관계를 가지고 있습니다. 국무위원들의 능력도 뛰어날 것입니다. 그래서 대통령은 깨알 지침을 통해 완전 통제를 해야 합니다.

이처럼 권한 위임이 이루어지지 않으면 똑똑한 하급자들은 관료주의를 선택합니다. 상급자에게 의도적으로 혼란스런 정보를 제공하고 무사안일을 유지합니다. 이들이 무능해 보이는 것은 원인이라기보다 증상입니다. 반면 문고리 삼인방, 십상시 등으로 불리는 사람들은 권한을 완전히 위임받은 것으로 알려져 있습니다. 박근혜 대통령과 이해관계가 완전히 일치하는 이들이라고 할 수 있습니다.

가오 없는 당신들

권위 구조가 업무 스트레스 및 사망률에 어떤 영향을 미치는지에 대해 많은 연구가 이루어졌습니다. 흔히 무거운 책임감을 요구받는 사람들, 대통령, 경영자, 스포츠 팀 코치 같은 리더들이 스트레스에 더 노출되어 있다고 생각합니다. 그러나 연구 결과에 따르면, 리더보다 명령을 수행하는 사람들의 사망률이 더 높습니다. "당신은 업무 내용을 직접 결정할 수 있는가?" 이 질문에 대한 대답이 매우 중요한 것으로 나타났습니다. 스스로 업무 내용을 통제할 수 있는지의 여부가 심장 질환 및 사망률에 가장 큰 영향을 미치는 요인 중 하나입니다.[83]

83 M. G. Marmot, M. Shipley Geoffrey, P. J. S. Hamilton, "Employment grade and coronary heart disease in British civil servants", *Journal of Epidemiology Community Health* (1978), 32(4): 244~249.

영화 「베테랑」(2015)의 말단 형사 서도철(황정민 역)은 대기업으로부터 돈을 받은 동료 형사에게 말했습니다. "우리가 돈이 없지, 가오가 없냐." 정작 한 나라의 국무위원들은 완전 통제형의 대통령 앞에서 가오 없이 살아가고 있는 불쌍한 존재입니다. 심장 질환 검사라도 정기적으로 받으시길!

갑이 되고 싶은
무력한 을들에게

청와대 대변인이 젊은 인턴에게 성 추문을 일으킨 사건, 포스코 상무가 라면 때문에 비행기 승무원을 폭행한 사건, 평소 하인 부리듯 하여 분신 자살을 시도한 아파트 경비 노동자 이야기, 대한항공 부사장의 땅콩 리턴 사건 등은 우리 사회에 만연한 갑을관계의 모습을 적나라하게 드러내고 있습니다. 모두가 갑의 진상 짓을 성토하고 있습니다.

갑이 되고 싶은 욕망

두 명이 짝을 이루고 서로를 보지 못하도록 하였습니다. 그리고 다음과 같이 제안합니다. 하나는 아무런 조건 없이 모두가 10달러를 받는 것입니다. 다른 하나는 9달러를 받는 대신, 상대방에게는 5달러만 주도록 할 수 있습니다. 이에 대한 많은 실험이 이루어졌습니다. 대상자와 지역 등을 달리하며 다양한 환경에서 실험을 해 보았는데 결과는 거의 비슷했습니다. 약 10%의 사람들은 9달러 받는 것을 선택하였습니다.

솔닉과 헤먼웨이 교수는 하버드 대학교의 교직원과 학생들 257명에게 다음과 같이 질문했습니다. "(1) 당신은 연봉 5만 달러를 받고 다른 사람들은 그 절반인 2만 5,000달러를 받는 상황과 (2) 당신은 연봉 10만 달러를 받고 다른 사람들은 그 두배인 20만 달러를 받는 상황 중에 어느 것을 선택하겠습니까?" 즉 가난한 나라에서 가장 잘사는 것을 선택할 것인가, 부자 나라에서 가장 못사는 것을 선택할 것인가 물었습니다. 놀랍게도 과반수 이상인 56%의 사람들은 (1)을 선택했습니다. 실질 소득이 절반으로 줄어듦에도 불구하고, 가난한 나라에서 보다 잘사는 것을 선택한 것입니다.[84]

간단한 실험과 질문을 통해 우리 인간이 가진 권력욕의 근원을 엿볼 수 있습니다. 우리는 남보다 우위를 점하려는 욕구가 있습니다. 바로 갑이 되고 싶은 욕구입니다. 흥미로운 점은 갑의 욕구가 자기 이익만 추구하는 이기심과 꼭 같은 것은 아니라는 점입니다. 다수의 경제학자들은 인간이 이기적이라는 믿음을 갖고 있습니다. 경제학자들이 옳다면, 이기적 인간의 합리적 의사 결정은 9달러를 갖는 대신 10달러를 선택해야 합니다. 연봉 5만 달러보다는 10만 달러를 선호

---

84 Sara J. Solnick, David Hemenway, "Is more always better?: a survey about positional concerns", *Journal of Economic Behavior and Organization* (1998), 37 (3): 373~383.

해야 합니다. 그러나 갑의 욕구는 자신의 이익을 포기하면서까지, 다른 사람보다 앞서려고 합니다.

을의 복종

—

1961~1962년 심리학자 스탠리 밀그램Stanley Milgram(1933~1984)은 예일 대학교에서 '권위에 대한 복종'이라는 유명한 실험을 하였습니다.[85] 전기 충격이 기억력에 미치는 영향을 연구하기 위한 간단한 실험을 한다며, 다양한 직업과 연령의 사람들 40명을 모집하였습니다. 한 그룹의 사람들에게는 교사 역할을, 다른 그룹의 사람들에게는 학생 역할을 주었습니다. 학생 역할의 사람들은 전기의자에 묶여 단어를 외워야 합니다. 단어를 기억하지 못하면 교사 역할의 사람들이 전기 충격을 가합니다. 전기 충격을 15볼트에서 450볼트까지 15볼트씩 오르도록 했습니다. 사실 실제 전기 충격은 없습니다. 학생 역할의 사람들은 연기를 위해 훈련된 사람들입니다.

150볼트 정도에 이르면 학생 역할을 맡은 사람들은 이미 약속한 대로 비명을 지르고 벽을 발로 차며 더 이상 견딜 수 없다고 외칩니다. 교사 역할의 참가자들은 이 지점에서 전압을 올리기를 망설이기도 했지만, 흰색 가운을 입은 연구자는 실험을 계속하라고 말합니다. 교사 역할의 참가자는 버튼을 눌렀습니다. 300볼트에 이르자 벽 뒤 학생 역할의 참가자는 아무런 소리조차 내지 못합니다. 저러다 죽기

---

85 김준형·윤상헌 지음, 『언어의 배반』 (뜨인돌, 2013).

라도 하면 어떻게 하냐고 묻기도 하지만, 연구자는 "실험의 모든 책임은 내가 질 것이니 계속하라"고 말합니다.

충격적이게도 65%의 참가자들은 전압이 450볼트에 도달할 때까지 버튼을 눌렀습니다. 사실 이들은 실험 전에 간단한 설문 조사를 하였는데, 92%의 사람들은 어떤 경우에도 남에게 가학 행위를 하지 않을 것이라고 답했습니다. 과연 무엇이 이들로 하여금 고통에 울부짖는 사람들에게 지

역사상 가장 유명한 심리학자인 스탠리 밀그램의 '권위에 대한 복종 실험'을 다룬 영화가 최근 제작되었습니다. 피터 사스가드Peter Sarsgaard가 주연을 맡은 「밀그램 프로젝트」Experimenter(2015)라는 영화입니다.

속적으로 전압을 높이도록 만들었을까요. 이 실험은 사회적으로 엄청난 파장을 일으켰습니다. 실험이 비윤리적이었다는 지적에 따라, 스탠리 밀그램은 미국 정신분석학회로부터 1년간 자격 정지를 당했고 대학으로부터 해고를 당하기도 했다고 합니다.

완장의 힘에 기대어 자신을 과시하고 싶은 갑의 욕망도 문제이지만, 완장의 힘에 무력하게 순종하며 을로 살아가는 우리의 모습도 문제입니다. 스탠리 밀그램의 실험이 시사하는 것처럼, 우리는 갑의 부당한 명령과 요구에 너무 쉽게 굴복하며 살아갑니다. 실험 참가자들은 나쁜 사람들이어서 전압 버튼을 끝까지 눌렀을까요. 그들이 나쁜 사람들이었다면 차라리 문제는 간단합니다. 소수 사람들의 문제

한나 아렌트는 1961년 「뉴요커」 특파원으로 제 2차 세계대전 당시 독일 나치스의 친위대 장교였던 아돌프 아이히만 전범 재판에 참석한 뒤 『예루살렘의 아이히만』(김선욱 옮김, 한길사, 2006)을 출간하여 큰 반향을 일으켰습니다. 이 책의 원서 표지는 당시 전범 재판의 모습을 담아내고 있습니다. 아이히만은 예루살렘에서 재판을 받고 처형되었습니다.

일 뿐이라고 넘어가면 될 것입니다. 붉은털원숭이를 상대로 비슷한 실험을 하였습니다.[86] 버튼을 누르면 먹이가 나오지만, 동시에 상대방 원숭이에게 전기 충격이 가해집니다. 붉은털원숭이는 어떤 선택을 내렸을까요. 15일 동안 버튼을 누르지 않고 먹이를 얻지 못했습니다.

인간이 붉은털원숭이보다 못하다는 이야기가 아닙니다. 우리는 권위에, 심지어는 부당하고 악한 권위에도 순종하는 경향을 가지고 있습니다. 이런 일들은 세상의 도처에서 벌어지고 있습니다. 세월호 사건의 모든 의사 결정 연결 고리에는 갑과 을의 관계, 을의 무력한 순종으로 가득했습니다. 승무원들은 선장의, 선장은 해경의, 해경은 해경 간부의 퇴선 명령을 기다렸습니다. 구조 과정에서도 구조 헬기를 높으신 양반들의 운송 수단으로 보내기 바빴으며, 구조에 앞서 대통령에게 보여줄 영상을 찍으라

---

86 Jules H. Masserman, Stanley Wechkin, William Terris, "Altruistic behavior in Rhesus monkeys", *The American Journal of Psychiatry* (1964), 121(6): 584~585.

는 청와대의 명령만이 반복적으로 전해졌습니다. 이처럼 갑을관계의 연쇄 고리 속에서 상식과 이성이 마비되었습니다.

을의 자화상 – 무능성의 성실함

스탠리 밀그램의 실험은 '예루살렘의 아이히만'이라는 역사적 사건에서 비롯되었습니다. 이것은 책의 제목이기도 합니다. 정치철학자 한나 아렌트Hannah Arendt(1906~1975)가 유대인 학살의 주범 아이히만Adolf Eichmann의 재판받는 과정을 살펴보며 쓴 것입니다. 아이히만은 성실한 공무원으로서 나치의 명령에 따라 수많은 사람들과 아이들을 처형했습니다. 그런데 아이히만은 양심의 가책을 전혀 느끼지 않았습니다. 왜냐하면 자신은 그저 상부의 명령을 성실하게 수행했기 때문입니다. 한나 아렌트는 아이히만을 두고 세 가지의 무능성을 지적합니다. 말하기의 무능성, 생각의 무능성, 타인의 입장에서 생각하기의 무능성입니다. 김남주 시인의 「어떤 관료」라는 시에도 이런 무능성의 성실함이 잘 담겨 있습니다.

관료에게는 주인이 따로 없다!
봉급을 주는 사람이 그 주인이다!
개에게 개밥을 주는 사람이 그 주인이듯

일제 말기에 그는 면 서기로 채용되었다
남달리 매사에 근면했기 때문이다

미군정 시기에 그는 군 주사로 승진했다
남달리 매사에 정직했기 때문이다

자유당 시절에 그는 도청 과장이 되었다
남달리 매사에 성실했기 때문이다

공화당 시절에 그는 서기관이 되었다
남달리 매사에 공정했기 때문이다

민정당 시절에 그는 청백리상을 받았다
반평생을 국가에 충성하고 국민에게 봉사했기 때문이다

나는 확신하는 바이다

아프리칸가 어딘가에서 식인종이 쳐들어와서
우리나라를 지배한다 하더라도
한결같이 그는 관리 생활을 계속할 것이다

국가에는 충성을 국민에게는 봉사를 일념으로 삼아
근면하고 정직하게!
성실하고 공정하게!

2

경제학적 사고방식이란
-최적이란 날 선 칼날

왜 보수와 진보의 틀에
간히지 않는가

경제학적 사고방식이란

하버드 대학교 정치철학자 마이클 샌델Michael Sandel 교수가 존 롤스John Rawls(1921~2002)의 **차등의 원칙**을 강의할 때, 몇 명의 학생들이 반론을 제기합니다. "약자에게 최대의 이익이 되게 하는 원칙을 적용하면 열심히 일할 인센티브가 사라집니다." 일군의 학생들이 박수를 치며 동의를 표시합니다. 샌델은 **능력주의**를 지지하는 것이냐고 학생에게 묻고 반론을 펼칩니다.

"열심히 일하려는 노력과 근무 태도조차도 자의적인 환경에 의해 지배를 받고 있지 않은가?"라고 되묻습니다. 집에서 첫째로 태어난 사람들은 손을 들어 보라고 합니다. 강의실을 가득 메

 차등의 원칙
Difference Principle

불평등은 약자에게 최대의 이득이 되는 경우에만 허용하고, 모든 사람들은 기회의 균등을 보장받아야 한다는 원칙을 말합니다.

운 학생들의 절대 다수가 손을 듭니다. 모두가 놀라는 순간, 토론은 샌델의 승리로 끝이 납니다.

경제학적 사고방식이 하지 않는 것

경제학적 사고에 대한 가장 큰 오해는, 샌델에게 문제를 제기한 학생처럼, 인센티브와 효율성이 제일 중요하다고 생각하는 것입니다. 많은 경제학자들이 그렇게 말하는 것도 사실입니다. 그러나 경제학을 공부한다는 것은 이미 정해진 정답을 찾는 것이 아닙니다. 경제학적으로 사유하는 방식을 배우는 것입니다. 비록 인센티브와 효율성이 경제학에서 중요하게 다루어지는 개념들이지만, 이를 우선시하는 것이 경제학적 사고를 의미하지 않습니다.

경제학적 사고방식이란 한계적으로 사고하여 최적의 대안을 찾는 것입니다. 이는 다음 두 가지를 하지 않는 것을 의미합니다. 첫째, 샌델과 학생의 논쟁처럼 이분법적으로 생각하지 않습니다. 아래 그림에서 보듯이 샌델과 학생은 능력주의와 차등의 원칙이라는 두 가지 선택안을 만들고, 둘 중에 무엇이 더 나은가를 논쟁합니다. 그러나 경제학적 사고방식은 '흑과 백', '모 아니면 도'라는 식으로 결판내지 않습니다. 능력주의와 차등의 원칙 사이에서 연속적으로 존재 가능한 정책 대안들을 찾아냅니다. 완벽하게 능력주의일 필요도 없고, 완벽하게 차등의 원칙일 필요도 없습니다. 어떤 식으로 조합 가능한지를 살펴봅니다.

둘째, 선형적으로 평가하지 않습니다. 정책 대안이 능력주의에서 차등의 원칙으로 가까워질 때, 학생이 염려한 것처럼, 인센티브 손실로 인한 비용을 계산합니다. 동시에 샌델의 설명이 암시하듯, 능력주의 사회가 가져올 양극화된 사회가 지불해야 할 비용, 즉 노력과 근무 태도 같은 인센티브 손실이 경제 하층부에서 커질 수 있다는 점도 고려합니다. 이는 차등의 원칙이 가져오는 편익입니다. 결국 비용과 편익을 고려한다는 것은 능력주의와 차등의 원칙 사이에서 비선형 모양의 관계를 찾는 것입니다. 경제 성장 및 번영을 극대화하는 것을 목표로 할 때조차도, 극단적인 능력주의와 극단적인 차등의 원칙은 최적이 될 수 없습니다. 경제학자는 그 둘 사이 어딘가에 존재하는 최적을 찾는 사람입니다.

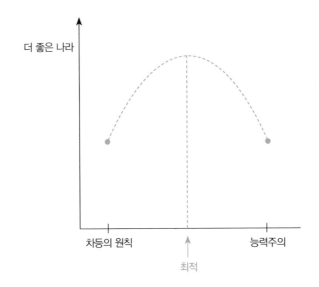

단조롭고 시시한 사람들

———

대니얼 미첼이라는 자유시장 경제학자는 "스웨덴이 미국처럼 변화할 때, 왜 오바마Barack Obama는 미국을 스웨덴처럼 만드는가?"라는 칼럼을 써서 많은 시장주의자들의 지지를 받았습니다.[1] 하지만 미첼의 사고방식은 선형에 갇혀 있습니다. 그는 정부의 크기가 작아질수록 경제가 더욱 번영한다고 생각합니다. 스웨덴은 미국처럼 정부의 크기를 줄이고 있고, 미국은 정부의 크기를 더욱더 줄여야 한다고 주장하는 이유입니다.

그러나 둘 사이의 관계는 비선형일 가능성이 높습니다.[2] 스웨덴은 미국처럼 변화하고 미국은 스웨덴처럼 변화하는 것이 합리적인 전략일 수 있습니다. 자유시장 경제학자들은 자유시장을 주장하기 위해 경제학적 사고방식을 포기했습니다. 경제학 원론부터 다시 공부해야 합니다.

"복지 과잉으로 가면 국민이 나태해진다"라는 김무성 전 새누리당 대표의 발언, "정규직에 대한 과보호로 인해 비정규직이 양산되고 있다"라는 최경환 전 경제부총리의 발언도 마찬가지입니다. 그들은 선형의 세계에 갇혀 세상사를 단조롭고 시시하게 봅니다. 그들은 비용편익분석을 하는 것이 아니라, 비용만 보거나 편익만 보는 직선의 외눈을 가진 사람들입니다.

1 Daniel Mitchell, "Why is Obama trying to make America more like Sweden when Swedes are trying to be less like Sweden?", *CATO Institute* (2010), 3, 16.

2 Jordan Ellenberg, *How not to be wrong: The power of mathematical thinking* (Penguin Books, 2015), 김명남 옮김, 『틀리지 않는 법』 (열린책들, 2016).

시장 대 정부

이분법과 선형적 사고는 경제학적 사고방식의 반대말이지만, 아이러니하게도 경제학에 관한 많은 논쟁은 이분법적이고 선형적으로 이루어지고 있습니다. 가장 대표적인 것이 바로 '시장이냐 정부냐'라는 논쟁입니다.

"자유로운 것은 자유가 없는 것보다 언제나 좋습니다. 만약 반대로 주장하는 사람이 있다면, 그를 의심해야 합니다." 국영기업 민영화, 노동시장 유연화, 복지 지출 삭감 등의 정책으로 유명한 마가렛 대처Margaret Thatcher(1925~2013)가 자유시장의 우월성을 주장하기 위해 했던 말입니다. 이처럼 자유시장과 정부 개입으로만 이분하고 극단적인 두 가지 대안을 비교하는 것은 대중을 설득하는 데 효과적이기 때문입니다.

그러나 시장과 정부 사이에는 얽히고설킨 다양한 조합이 존재합니다. 정부의 개입이 시장 활동을 위축시키기도 하지만, 정부는 재산권을 보호하여 시장 활동을 가능하게도 합니다. 정부는 공정한 경쟁이 이루어지는가를 감독하고, 공공재를 생산하고, 외부효과external effect를 규제하여 시장이 잘 작동할 수 있는 역할을 담당하고 있습니다.

시장과 정부의 관계를 마치 서로 대결하는 것처럼 보는 것은 시장경제를 가장 왜곡된 형태로 이해하는 방식임에 틀림없습니다. 가장 어려운 질문에 가장 손쉽게 대답하여 복잡한 문제의 본질을 숨겨 버리는 것이기도 합니다. 시장과 정부를 이해하는 경제학적 사고방식이란 때로는 대체代替적이고 때로는 보완적인 둘 사이의 비선형적인 관계를 규명하고, 사안과 이슈마다 최적 역할 분담을 찾는 것입니다.

최적이라는 날 선 칼날

    경제학자는 비선형의 세계에서 최적을 찾는 사람들입니다. 비용편익분석이 비인간적이라는 비판을 멍에처럼 짊어져야 합니다. 그러나 비용편익분석은 극단적인 정책 대안을 거부하고 언제나 중간 어디에서 최적의 대안을 찾아냅니다. 경제학자가 보수와 진보의 틀에 갇히지 않는 것은 최적이라는 날 선 칼날에 서는 것을 숙명으로 생각하기 때문입니다.

얼굴을 가까이
보았을 뿐입니다

양면의 얼굴을 보는 경제학

미국 중남부 한글학교 연합 캠프에서 중고등학생들을 대상으로 한국 경제 발전의 역사를 소개해 달라는 부탁을 받았습니다. 처음 하는 강의를 위해서 이런저런 자료를 찾고 읽어 보았습니다. 이승만, 박정희, 전두환, 노태우, 김영삼, 김대중 전 대통령의 사진을 강의 슬라이드에 붙이고, 한 사람 한 사람의 이름을 씁니다. 설명하기 힘든 감정에 사로잡힙니다. 찬란한 경제 발전의 역사와 오욕으로 점철된 역사가 뒤섞여 오롯이 제 몸을 만들었다는 인식을 하게 합니다.

한글학교의 교장선생님들께서 한국의 자랑스런 경제 발전 역사를 아이들에게 꼭 가르쳐 달라고 제게 신신당부 합니다. 박정희, 이병철, 정주영 등의 이름을 아이들에게 기억하게 해 주어야 한다고 합니다.

경제학이 보는 얼굴

1인당 국내총생산GDP 80달러. 아프리카의 나라들보다도 가난했던 나라가 불과 삼사십 년 만에 부자 나라들과 어깨를 나란히 하게 되었습니다. 이야기를 듣는 아이들은 신기하고 뿌듯한 표정입니다. 1970년대까지 설탕 가공 및 섬유산업을 주 업종으로 하던 삼성이 이제 반도체, 텔레비전, 스마트폰 등의 부문에서 세계 제일의 기업이 된 이야기를 들려주니 자랑스러워하는 표정도 역력합니다. 나이 지긋하신 한글학교의 교장선생님들은 1950~1960년대의 영상을 보며 감회에 잠깁니다. 1970년대의 새마을운동 노래를 반가워합니다.

이제 지저분하고 좁은 공간에서 하루에 16시간씩 일해야 했던 십 대 여공들의 얼굴을 봅니다. 그들을 위해 몸을 불살랐던 전태일 열사의 얼굴을 봅니다. 삼성전자 반도체 부문에서 일하다 몹쓸 병에 걸려 사그라져야 했던 젊은 여공들의 얼굴도 봅니다. 경제학은 양면의 얼굴을 보는 학문이기 때문입니다. 선택에 따라 지불한 대가를 이야기해야만 하는 우울한 학문이기 때문입니다. 하지만 우울함을 딛고 불굴의 정신으로 최적을 생각해 보자며 합리성을 깨우는 학문입니다.

미리 보내드린 강의 노트를 불편하게 느꼈던지, 제 강의 노트만 캠프 자료집에도 끼어 넣지 않았습니다. 하지만 선생님들도 희생당한 이들의 얼굴을 마주하자 아픔을 느끼지 않을 수 없습니다. 불산 누출 사고 후 "나는 돈만 많이 벌면 되잖아"라고 말한 삼성전자 반도체 부문 사장의 이야기를 들려드리니 탄식이 터져 나옵니다.[3] 가난을 벗어나 중산층이 되기까지의 시간을 돌아보며, 자신의 모습인 듯 느꼈을까요.

경제학적 사고방식과 우리나라

경제학이 말하는 합리적 사고란 한계편익과 한계비용을 같게 만들어서 효용을 극대화하는 것이라고 설명해 주었습니다. 가장 잘사는 나라가 되지는 않았지만 비교적 잘사는 나라가 되었다고 말해 주었고, 지금 대한민국은 OECD 국가 중 자살률 1위, 노인빈곤율 1위, 비정규직 비율 2위, 산업국가 중 행복지수 꼴등이라는 사실도 말해 주었습니다. 이제 우리나라가 더 부자가 되기 위해 힘써야 하는지, 더 행복해지기 위해 힘써야 하는지 경제학적 사고방식으로 대답해 보라 하였지요. 더 부자가 되기 위한 **한계비용**이 **한계편익**보다 크다고 대답하더군요. 효용 극대화를 위한 **한계균등의 법칙**law of equimarginal utilities을 따른다면, 이제는 행복해지기 위해 힘쓰자고 대답합니다.

마지막으로 김구 선생의 「내가 원하는 우리나라」를 들려주었습니다.

나는 우리나라가 세계에서 가장 아름다운 나라가 되기를 원한다. 가장 부강한 나라가 되기를 원하는 것은 아니다. 내가 남의 침략에 가슴이 아팠

> **한계편익, 한계비용, 한계균등의 법칙**
>
> 경제학에서 한계적 변화란 아주 작은 변화를 의미합니다. 한계편익(한계비용)은 재화 또는 서비스를 한 단위 더 소비할 때, 추가적으로 얻는 (지불하는) 편익(비용)을 의미합니다. 이때 효용을 극대화하는 최적의 선택은 한계편익과 한계비용이 같아지는 지점입니다. 효용 극대화를 가져오는 합리적 의사 결정의 원리를 바로 한계균등의 법칙이라고 합니다.

---

3 홍재원, "전동수 삼성반도체 사장, 불산 누출 사고 질문에 '난 돈만 벌면 그만'", 「경향신문」, 2013년 5월 8일.

으니 내 나라가 남을 침략하는 것을 원치 아니한다. 우리의 부력은 우리의 생활을 풍족히 할 만하고 우리의 강력은 남의 침략을 막을 만하면 족하다. 오직 한없이 가지고 싶은 것은 높은 문화의 힘이다. 문화의 힘은 우리 자신을 행복하게 하고 나아가서 남에게 행복을 주기 때문이다. … 인류가 현재 불행한 근본 이유는 인의가 부족하고 자비가 부족하고 사랑이 부족한 때문이다. 이 마음만 발달이 되면 현재의 20억이 다 편안히 살아갈 수 있을 것이다.

우리 역사보다 크게 자라길

교장선생님들은 강의를 부탁하며 자랑스런 경제 발전의 역사를 이룬 박정희, 이병철, 정주영 등의 이름을 아이들에게 꼭 기억하게 해주어야 한다고 제게 신신당부하였습니다. 강의 노트를 보낸 다음 날, 숨을 헐떡이듯 이메일이 날아왔습니다. 청소년들이 자부심을 가질 수 있도록 한국의 긍정적인 측면만 소개해야 한다고 합니다. 다른 이야기는 정치적이므로 빼달라고 합니다.

얼굴을 가까이 보았을 뿐입니다. 승자들의 얼굴뿐만 아니라 희생당한 이들의 얼굴을 마주 보았을 뿐입니다. 우리 아이들은 우리 역사를 품어내고 그 역사보다 더 큰 사람들이 될 것입니다.

당연한 것들의
비용

불온한 경제학

어떤 경제학 개론이든 첫 수업에서는 학생들에게 기회비용의 개념을 가르칩니다. 기회비용이란 어떤 선택을 했을 때 포기된 것의 가치입니다. 대학 교육에 따른 비용에는 등록금, 교과서 구입비, 기숙사료 및 식대 같은 생활비 등을 떠올릴 수 있습니다. 이 중에서 생활비는 회계비용이지만 기회비용일 수 없습니다. 대학을 가지 않는다고 하더라도 먹고 자는 것에는 돈을 써야 하기 때문에, 대학 교육을 위해 포기된 것이라고 할 수 없기 때문입니다. 반면 회계비용은 아니지만 기회비용의 큰 부분을 차지하는 것은 포기된 시간의 가치입니다. 그중에 가장 큰 부분은 대학을 가지 않았다면 얻을 수 있었던 임금 소득입니다.

경제학 교과서가 흔하게 드는 예로 농구 선수 르브론 제임스

Lebron James가 있습니다. 그는 대학을 가지 않고 곧바로 NBA에 진출했습니다. 그에게 있어서 대학 교육에 따른 기회비용 중 하나는 NBA에서 벌 수 있는 어마어마한 규모의 수입입니다. 대학 교육의 혜택보다 기회비용이 더욱 컸기 때문에, 그는 대학 진학을 포기한 것입니다.

하지 않을 때 지불해야 하는 비용

흔히 아무것도 하지 않으면 비용이 안 든다고 생각하기 쉽습니다. 당장 주머니 돈이 나가지 않기 때문입니다. 하지만 기회비용 개념을 이해한다면, 아무것도 하지 않을 때 더 큰 비용을 지불해야 한다고 강조하는 아마티아 센Amartya Kumar Sen의 말을 이해할 수 있습니다.[4]

사회복지는 **복지병**을 야기하고 열심히 일할 인센티브를 감소시킨다는 인식이 저변에 깔려 있습니다. 경제 논리를 들먹이는 사람들은 사회복지 비용을 낭비처럼 생각하기도 합니다. 복지에 따른 비용은 가끔 지나치다 싶을 정도로 잘 인식하고 있습니다. 그러나 복지 정책이 없었을 때도 커다란 기회비용이 지불되고 있습니다. 양극화로 인해 발생하는 수많은 사회문제와 갈등, 공정한 기회가 주어지지 않아 포기되는 인적 자본, 사회적 약자들이 누리지 못하는 기본적 인권 등도 모두 기회비용입니다.

저개발국가에 대한 해외 원조도 종종 깨진 독에 물 붓기처럼 여

---

4 "The cost of doing nothing", *The Economist*, 2014년 6월 28일.

겨집니다. 그러나 원조가 이루어지지 않아서 죽어 가는 아이들의 생명, 이 아이들이 할 수 있었던 사회적 기여 등이 바로 원조를 하지 않을 때 지불해야 하는 기회비용입니다. 큰 기근이 닥쳐서야 막대한 규모의 전 세계적 원조가 이루어지곤 합니다. 이처럼 뒤늦게서야 이루어지는 비효율적 긴급 구조도 미리 돕지 못해서 지불하는 기회비용입니다.

복지병
福祉病

1960~1970년대, 영국의 경기 침체가 정부의 과도한 개입과 복지 제공에서 비롯되었다는 것을 일컫는 용어입니다. 영국병이라고도 불립니다. 당시 영국 노동자들의 생산성은 미국보다 50%, 서독보다 25% 낮았다고 하는데, 1979년에 집권한 마거릿 대처 총리는 영국병을 치유하기 위해 재정지출 삭감, 민영화, 규제 완화 등을 단행하였습니다.

불온해도 괜찮아

경제 논리와 비용·편익을 따지는 사람들이 경제학에서 가장 중요한 개념인 기회비용을 무시할 때가 많습니다. 회계비용만 거론하면서 이것도 할 수 없다, 저것도 할 수 없다고 말합니다. 경제학을 공부하는 사람으로서 가장 이해하기 힘든 대목입니다. 경제학은 남들이 보지 않는 기회비용을 보겠다는 불온한 학문이고, 그것을 감안하여 최적해를 찾아보겠다는 불굴의 학문인데 말입니다.

첫 수업에서 기회비용을 가르친 후 이렇게 이야기하기를 좋아합니다. "이번 학기 경제학 수업을 들으면서 우리가 할 일은 모두가 당연하게 받아들이고 있는 것들의 기회비용을 찾는 일입니다. 기회비용을 보는 불온한 사람들이 더 나은 세상을 만들 수 있습니다."

인센티브에도
기회비용이 있다

인센티브의 경제학

최근 출판된 거의 모든 경제학 교과서는 다음과 같은 경제 원리를 소개하며 시작합니다. '사람들은 인센티브에 따라 행동한다.' 『안락의자의 경제학자』(노성태 옮김, 한화경제연구원, 1997)라는 책으로 유명한 콜로라도 주립대학교 경제학과 스티븐 랜즈버그Steven Landsburg 교수는 이를 조금 더 자세하게 설명했습니다. "사람들은 인센티브에 반응한다. 나머지는 주석일 뿐이다."

단지 100원 때문에 대형 할인마트의 쇼핑 카트가 제자리로 돌아가고, 쓰레기 종량제로 인해 쓰레기 배출량이 크게 감소하는 등 경제학자들은 인센티브의 중요성을 잘 이해하고 있습니다. 미국의 주요 일간지를 검색하면, 동사형 'incentivize'의 사용 빈도가 1980년대 48건, 1990년대 449건, 2000년대 6,159건, 그리고 2010~2011년 단 두 해

동안 5,885건으로 크게 증가했다고 합니다.[5] 우리 모두가 인센티브의 중요성을 잘 인식하고 있습니다.

인센티브는 이제 전문가가 아니어도 제시할 수 있는 일상적인 대안의 근간이 되었습니다. 특히 시장주의자라 할 수 있는 박근혜 정부의 경제팀은 거의 모든 정책에 대해 인센티브를 만병통치약으로 제시하고 있습니다. "인센티브 및 시장 기능을 왜곡한다"는 말은 거의 모든 친서민 정책을 거부하는 무적의 방패로 사용되고 있습니다. 이들의 사도신경을 외우면, 누구든지 박근혜 정부의 경제 자문 역할을 할 수 있습니다.

"우리는 인센티브를 믿사오니, 공공 부문과 정부 규제에 고난을 받으사 복지 예산에 못 박혀 죽으시고, 민영화와 규제 완화를 통해 다시 살아나시며, 산 기업과 죽은 기업을 심판하러 오시리라. 성과급을 믿사오며 부자 감세와 기업 프렌들리 정책의 효과가 서로 교통하는 것과 영원히 경제 성장이 이루어지는 것을 믿사옵나이다. 아멘."

인센티브의 역효과 1. 예상치 못한 결과들

최근 경제학자들은 경제적 인센티브가 낳는 의도하지 않은 역효과에 대한 연구를 활발하게 펼치고 있습니다. 2001년 미국의 교육

---

5   Michael J. Sandel, *What money can't buy: the moral limits of market* (Farrar Straus and Giroux, 2012), 안기순 옮김, 『돈으로 살 수 없는 것들』 (와이즈베리, 2012).

개혁 법안 아동낙오방지법No Child Left Behind Act이 통과되었습니다. 표준화된 시험 성적을 바탕으로 성적이 나쁜 학교에는 예산 지원을 줄이고, 성적이 좋은 학교의 교사들에게는 성과급을 주는 제도가 도입되었습니다. 그 결과 많은 지역의 성적이 크게 향상되었습니다. 애틀란타와 시카고 지역의 성과가 두드러졌는데, 교사들이 더 열심히 가르쳐서 그렇게 된 것은 아니었습니다. 교사들은 시험 중에 학생들에게 정답을 가르쳐 주거나, 시험 후 학생들의 답안지를 고치기도 하였습니다.[6]

뉴욕 주는 심장 수술을 하는 의사와 병원의 수술 사망률 정보를 제공하기 시작했습니다. 경쟁이라는 인센티브를 통해 병원의 의료 서비스 품질 향상을 이끌어내기 위해서였습니다. 그러나 의사들은 상태가 심각한 환자들의 수술을 거부하기 시작했습니다.[7] 사망률을 낮추는 방법은 수술을 잘하는 것도 있지만 고위험 환자 수술 거부를 통해서도 달성할 수 있습니다. 인센티브에 따라 행동하는 것은 분명하지만 우리가 원하는 방식이 아닐 수도 있습니다.

기업의 성과급은 사람들을 더욱 열심히 일하게 만들겠지만 단기적인 목표에 매달리게 합니다. 많은 경제학자들은 장기 투자와 단기 성과 사이에서 경영자들이 어떤 결정을 내리는지 연구하고 있습니다. 그래함, 하비, 라즈고팔은 400여 명의 경영자들에게 단기 수익

6   Valerie Strauss, "How and why convicted Atlanta teachers cheated on standardized tests", *The Washington Post*, 2015년 4월 1일.

7   Frederic S. Resnic, Frederick G. P. Welt, "The public health hazards of risk avoidance associated with public reporting of risk-adjusted outcomes in coronary intervention", *Journal of the American College of Cardiology* (2009), 53(10): 825~830.

목표를 달성하기 위하여 장기 투자를 줄일 것인지 물었습니다.[8] 80%의 사람들은 그렇게 하겠다고 답하였습니다.

마찬가지로 대학 교수들에게 논문 수에 따라 성과급이 주어지면 논문 수는 증가합니다. 하지만 오랜 시간이 요구되는 창의적인 연구 또는 획기적인 연구는 줄어듭니다. 결국 인센티브의 과도한 사용은 경제 전체적으로 단기적 성과에 급급한 투자와 연구만 이루어지게 하고, 국가 경제의 장기적인 성장에 해를 끼칠 수 있다는 문제 제기가 가능합니다.

인센티브의 역효과 2. 내재적 동기의 저하

경제적 인센티브의 또 다른 문제점은 바람직한 사회적 규범 또는 내재적 동기를 훼손할 수 있다는 점입니다. 캘리포니아 주립대학교의 그니지 교수와 미네소타 대학교의 러스티치니 교수는 다음과 같은 실험을 하였습니다.[9] 고등학생을 세 그룹으로 나누어 가정집을 방문하고 기부금을 모으도록 하였습니다. 한 그룹에게는 전체 모금액의 10%, 또 한 그룹에게는 1%를 가질 수 있도록 하였습니다. 반면 마지막 그룹에게는 어떠한 경제적 인센티브도 제공하지 않았습니다.

실험 결과, 첫 번째 그룹이 두 번째 그룹보다 많은 기부금을 모

---

8   John R. Graham, Campbell R. Harvey, Shiva Rajgopal, "The economic implications of corporate financial reporting", *Journal of Accounting and Economics* (2005), 40: 3~73.

9   Uri Gneezy, Aldo Rustichini, "Pay enough or don't pay at all", *Quarterly Journal of Economics* (2000), 115(3): 791~810.

금하였습니다. 시장주의자들이 굳게 믿는 바처럼, 경제적 인센티브가 작동한 것입니다. 하지만 놀라운 결과는 아무런 경제적 인센티브도 주어지지 않은 세 번째 그룹이 가장 많은 기부금을 모금하였다는 사실입니다. 비슷한 실험이 다양한 상황에서 이루어졌는데 거의 일관된 결과를 보여 주고 있습니다. 사람은 누군가를 돕기 위해 열심히 일하려는 선한 동기를 가지고 있습니다. 그러나 만약 경제적 인센티브가 결부되면 이러한 내재적 동기가 사라질 수 있습니다.

또 하나의 유명한 실험은 어린이집에서 아이를 데리러 오는 부모들을 상대로 이루어졌습니다.[10] 정해진 시간보다 늦게 아이들을 데리러 오는 부모들에게 벌금을 내도록 했습니다. 10분당 3달러의 벌금을 부과했습니다. 많은 이들의 예상과 달리 더 많은 부모들이 늦기 시작했습니다. 벌금이 부과되기 전에는 도덕적 의무감 때문에 늦지 않기 위해 노력했지만, 벌금이 부과되자 도덕적 의무감이 사라진 것입니다.

기회비용은 영원히 있사옵나이다

언제나 그렇듯, 경제학적 진리도 대수롭지 않게 표현되어야만 합니다. 인센티브는 아주 중요하지만, 인센티브가 모든 문제의 해결책이 될 수 없고 인센티브가 지닌 역효과를 잘 고려해야 한다는 것입

---

10 Uri Gneezy, Aldo Rustichini, "A fine is a price", *Journal of Legal Studies* (2000), 29(1): 1~17.

니다. 그러나 언제나 그렇듯, 이 사소하기까지 한 진리를 극단의 형태로 밀어붙이고 격하게 믿는 사람들이 너무나 많습니다. 시장주의자들은 인센티브가 매우 중요하기 때문에, 인센티브로 모든 문제를 해결하려는 교조적 믿음을 지닌 사람들입니다. 이제 그들이 외워야 할 기도문은 이것입니다.

"오늘날 우리에게 균형 있는 사고를 주옵시고, 우리가 인센티브에만 따라 움직이지 않는 것과 같이 우리가 인센티브로만 해결하려들지 않게 하여 주옵시고, 우리를 성장주의에 빠지지 않게 하옵시고, 다만 자유시장 근본주의에서 구하옵소서. 경제적 인센티브에도 기회비용은 영원히 있사옵나이다. 아멘."

경제학자가 되면
잊는가

당신은 에릭 클랩튼Eric Clapton 콘서트의 무료 입장권을 얻었습니다. 그날 밤 밥 딜런Bob Dylan 역시 콘서트를 갖습니다. 당신은 밥 딜런의 콘서트를 보기 위해 50달러를 지불할 용의가 있는데, 콘서트 티켓의 가격은 40달러입니다. 문제를 단순하게 하기 위해, 에릭 클랩튼 콘서트의 공짜 티켓은 재판매가 불가능하고 다른 종류의 비용은 없다고 합시다. 그렇다면 에릭 클랩튼의 무료 콘서트를 보기로 결정했을 때, 그에 따른 기회비용은 얼마입니까?

(1) $0 (2) $10 (3) $40 (4) $50

경제학 개론에서 흔히 접하는 시험 문제입니다. 조지아 주립대학교 경제학과 페라로와 테일러 교수는 경제학 수업을 들은 학생들과 듣지 않은 학생들에게 물었습니다.[11] 어느 그룹이 정답을 더 잘 맞추겠습니까. 수업을 듣지 않은 학생들 중 17.4%가 정답을 맞추었습니다. 수업을 들은 학생들 중에서는 7.4% 만이 정답을 맞추었습니다. 무작위로 찍어도 25%를 맞춰야 하는데 말입니다. 경제학 수업을 들은 이들이 정답을 더 잘 맞추지도 못했습니다.

이 문제의 답은 (2) $10입니다. 에릭 클랩턴 콘서트를 선택하면 밥 딜런의 콘서트를 포기해야 합니다. 따라서 에릭 클랩튼 콘서트를 선택함에 따라 지불하는 기회비용은 밥 딜런 콘서트를 볼 때 얻을 수 있는 경제적 잉여입니다. 밥 딜런의 콘서트를 보면 50달러만큼의 효용을 얻을 수 있지만, 40달러의 비용을 지불해야 하므로 사실상 10달러의 잉여를 얻습니다.[12]

경제학자들은 정답을 맞출 수 있을까

—

전미경제학회American Economic Association에 참석한 199명의 경제학자들에게 물었습니다. 이 학회는 경제학계에서 가장 잘 알려져 있는 학회이고 발표 기회를 갖는 것이 쉽지 않습니다. 응답에 참여한

---

11 Paul J. Ferraro, Laura O. Taylor, "Do economists recognize an opportunity cost when they see one? A dismal performance from the dismal science", *The B. E. Journal of Economic Analysis & Policy* (2005), 4(1): Article 7.

12 만약 무료 입장권이 없고 에릭 클랩튼의 콘서트를 보기 위해 20달러의 티켓을 구매해야 한다면, 기회비용은 어떻게 달라질까요. 이 경우, 에릭 클랩튼을 보기 위해 포기해야 하는 것들은 콘서트 티켓 구매 비용과 밥 딜런 콘서트라 할 수 있습니다. 따라서 정답은 30달러입니다. 밥 딜런 콘서트를 통해 얻는 잉여 10달러와 에릭 클랩튼 콘서트 티켓 가격 20달러를 더해야 합니다.

이들 중 다수는 유명 대학의 교수이고 박사과정 과목을 가르치고 있습니다. 120명은 경제학 개론을 가르치기도 했습니다. 과연 얼마나 정답을 말했을까요. 놀랍게도 21.6%만이 답을 맞추었습니다.

이 사실이 알려지자 경제학자들은 반론을 제기했습니다. 가장 많은 비판은 질문의 표현이 정확하지 않았다는 지적입니다. 총기회비용-gross opportunity cost인지 순기회비용-net opportunity cost인지를 분명히 하지 않았다는 지적이 많았습니다. 그러나 어느 교과서도 그런 식의 구분을 하지 않고 그런 개념 자체가 존재하지 않습니다. 이런 식의 논쟁을 피하기 위해 연구자들은 질문을 조금 바꾸어서 다시 실험을 했습니다. "에릭 클랩튼 콘서트를 보기로 했다면, 최소한 그 콘서트에 얼마의 가치를 부여해야 하는가?" 이 질문에는 더 많은 사람들이 정답을 말했습니다. 하지만 여전히 절반도 못 미치는 44%에 불과했습니다.

경제학자들은 기회비용에 대한 인식을 잃었을까

이런 식의 시험문제가 기회비용 개념의 정확한 이해를 정당하게 평가하지 못한다고 항변할 수도 있습니다. 하지만 이들은 경제학 박사들입니다. 이들은 이런 시험문제를 직접 출제하고 있습니다. 만족스럽지 않은 변명입니다. 논문이 조심스럽게 제시하는 설명은 이들이 대학 졸업 후 사실상 기회비용 개념을 들어보지 못했다는 것입니다. 박사과정 주요 교과서의 색인을 살펴보아도 기회비용이 존재하지 않습니다.

어쩌면 경제학자들이 기회비용을 까먹었는지도 모릅니다. 수학 공식으로만 가득한 논문들을 써야 하고 기술적이고 지엽적인 문제에 지나치게 매달리다 보니, 경제학에서 가장 중요한 기회비용 개념을 잊어버린 것일 수 있습니다.

심리학자들은 간단한 한두 개의 문장을 주고 특정 알파벳이 몇 개나 있는지 세어 보라는 실험을 했습니다. 어른보다 아이가, 고학년 보다 저학년 아이가 더 정확하게 대답합니다. 독서 능력이 뛰어난 사람들이 알파벳 찾기를 더 못합니다. 잘 안다고 생각하면 가장 기본적인 것을 보는 능력을 잃습니다. 경제학자가 되기 위해 지불한 가장 커다란 비용은 기회비용에 대한 인식을 잃어버린 것일까요.

앞서의 문제에 정답을 맞추지 못하는 것은 사소한 것일 수 있습니다. 진짜 문제는 경제학 방법론이 지닌 비용들을 인식하지 못할 때가 많다는 것입니다.

대통령을 위한
강의

매몰비용의 경제학

음속 비행이 가능한 여객기 콩코드는 2003년에 운행을 중단했습니다. 사업성이 없다는 사실은 개발 단계부터 확실했습니다. 하지만 담당자들은 프로젝트를 중단하지 않았습니다. 이미 천문학적 단위의 투자를 했기 때문에 사업 중단은 큰 손실을 의미한다고 생각했습니다. 예를 들어 설명하면 이렇습니다. 이미 20조 원을 투자했다고 합시다. 마무리 단계인 프로젝트는 이제 1억 원 정도의 추가 투자만 필요로 합니다. 비록 사업성은 없지만 20조 원의 투자를 잃지 않기 위해서 프로젝트를 진행한 것입니다. 게다가 이미 투자한 20조 원에 비해 추가 투자해야 할 1억 원은 아주 작은 돈 아닙니까.

당신이 캠퍼스 근처에 있는 식당 주인이라고 생각해 봅시다. 학기 중에는 월 3,000만 원 정도의 매출을 얻고, 월세로 1,000만 원을 내야 합니다. 문제를 아주 단순화하기 위해서 인건비, 식재료비 같은 다른 비용은 없다고 가정하겠습니다. 그렇다면 매달 2,000만 원의 순이익을 얻습니다. 방학이 되면 손님이 줄어서 매출액이 800만 원으로 감소합니다. 방학 중의 순손실은 200만 원 입니다. 순손실을 피하기 위해서 방학에는 잠시 문을 닫을 계획을 세웁니다.

기회비용과 매몰비용

기회비용은 선택에 따라 포기되는 것입니다. 매몰비용은 이미 과거에 지출하여 회수가 불가능한 비용입니다. 또는 어떤 결정을 하든지 항상 지불해야 하는 비용이라 생각할 수 있습니다. 따라서 매몰비용은 기회비용이 아닙니다. 합리적 의사 결정은 기회비용을 고려하지만 매몰비용을 무시해야 합니다.

월세 1,000만 원은 식당 문을 열든 닫든 지불해야 하므로 매몰비용입니다. 단 100원만 벌 수 있어도 문을 여는 것이 합리적입니다. 달리 설명하면, 방학 중에 식당을 열면 200만 원의 손실이 발생하지만, 식당을 닫으면 1,000만 원의 손실이 발생합니다. 손실을 줄이기 위해서는 매몰비용을 무시하고 식당 문을 열어야 합니다. 마찬가지로 콩코드 개발에 투자된 수십조 원은 이미 매몰비용입니다. 사업을 마무리하는 추가 비용이 아무리 적다 하여도, 운영 이윤이 없다고 판단되면 프로젝트를 중단하는 것이 합리적 의사 결정입니다.

어제 10만 원을 잃어버렸습니다. 가계부에 10만 원 손실을 기록했습니다. 오늘 생각해도 마음이 쓰라립니다. 오늘 가계부에 다시

10만 원 손실을 기록합니다. 그러면 잃어버린 돈은 10만 원인데, 총 손실을 20만 원으로 기록하게 됩니다. 이렇게 과거에 이미 지불한 비용을 다시 현재의 비용으로 생각하는 실수를 매몰비용 오류sunk cost fallacy 또는 콩코드 오류Concorde fallacy라고 부릅니다. 과거에 대한 비합리적 집착이라 할 수 있습니다.

이렇게 설명해도 학생들을 이해시키기 쉽지 않습니다. 감정의 동물인 사람이 과거의 아픔을 잊기 쉽지 않습니다. 매몰비용 오류에 빠지는 일은 일상다반사입니다. 기대를 하고 찾아간 고급 식당의 음식이 형편없지만 돈이 아까워서 꾸역꾸역 먹습니다. 재미없는 영화도 끝까지 보고 나옵니다. 이 정도 사소한 것들은 그러려니 할 수 있습니다. 하지만 많은 사람의 생명과 재산이 걸렸거나 국가의 중요한 정책이라면, 리더는 냉정을 찾고 합리적인 판단을 해야 합니다.

매몰비용 오류에 빠진 대통령들

부시 전 대통령은 이라크의 생화학 무기 제거를 명분으로 삼아 이라크전쟁을 일으켰습니다. 생화학 무기에 대한 아무런 증거를 찾지 못하자 전쟁에 대한 비판이 크게 일었습니다. 2006년 독립기념일 연설에서 이렇게 말했습니다. "지금 전쟁을 끝낼 수 없습니다. 이라크전쟁에서 희생된 2,527명의 군인들의 목숨을 헛되게 만들 수 없습니다."[13] 계속된 전쟁으로 미군은 추가로 2,000여 명의 목숨을 잃었습

13 Christine Hauser, "Bush thanks troops for service in Iraq", *New York Times*, 2006년

2003년 3월 20일, 미국의 부시 대통령이 주도한 연합군은 이라크를 상대로 전쟁을 벌였습니다. 침공 2주 만에 바그다드는 함락되고 후세인 정부는 붕괴했습니다.

니다. 이라크 시민들 사망자는 10만 명 정도로 추산됩니다. 이미 목숨을 잃은 군인들인데, 이들의 목숨을 희생시키지 않겠다며 그만큼의 사람들을 다시 희생시킨 아이러니입니다. 국가 지도자가 과거에 집착하고 매몰비용 오류에 빠지면, 국민들이 비용을 지불해야 합니다.

"부모님에 대해 잘못된 것을 하나라도 바로잡는 것이 자식 된 도리가 아니겠는가", "제가 중요하게 생각하고 있는 것은 왜곡된 역사를 바로잡는 일(입니다)." 박근혜 대통령의 과거 발언입니다.[14] 이미 헌법은 대한민국이 "4.19 민주이념을 계승한다"고 천명하고 5.16 군사정변을 매몰비용 처리했습니다. 박근혜 대통령의 과거 집착은 아직도 이것을 비용으로 인식하고 있는 것에서 비롯됩니다. 대통령의 매몰비용 오류는 나라의 역사 교육을 바꾸려고 합니다.

7월 4일.

14 김원철, 김남일, "박 대통령 과거 발언 돌아보면 '국정화 수수께끼' 풀린다", 「한겨레」, 2015년 10월 19일.

시험에 자주 출제하는 문제입니다. 대통령께서도 풀어 보십시오. 당신은 연인과 함께 영화를 보려고 합니다. 영화표는 한 장에 1만 원입니다. 당신과 연인은 영화 시청에 3만 원 정도의 가치를 부여하고 있습니다. 2만 원을 주고 표를 샀습니다. 앗! 떡볶이를 먹는 동안 영화표를 잃어버렸습니다. 화가 좀 납니다. 하지만 합리적인 의사 결정을 한다면, 또 2만 원을 주고 사야 합니까? 앗! 팝콘을 사는 동안 재구매한 영화표를 또 잃어버렸습니다. 또 사야 합니까? 정답은 '합리적인 의사 결정'이라면 잃어버린 횟수와 상관없이 다시 사야 한다는 것입니다. 잃어버린 표는 매몰비용이기 때문입니다. 물론 감정의 동물인 인간은 이렇게 행동하지 않을 것입니다. 감정을 배제하고 합리적으로만 결정한다면 그렇다는 것입니다.

여전히 이해하기 힘듭니까. 그렇다면 매몰비용 오류에 빠지지 않고 합리적인 의사결정을 잘해내는 예를 소개해 드리겠습니다. 어떤 이가 길라임 같이 주름살 없는 젊은 얼굴을 갖고 싶어서 보톡스 시술을 하려고 합니다. 이를 위해 1억 원까지 돈을 낼 용의가 있습니다. 다행히 시술 비용은 8,000만 원입니다. 시술을 했는데, 안타깝게도 길라임이 아니라 길냥이 같은 얼굴을 갖게 되었습니다. 다시 시술을 하려면 9,000만 원이 든다고 합니다. 길라임의 주름살 없는 얼굴에 대한 가치는 1억 원이지만, 다시 시술을 받는다면 총 1억 7,000만 원을 내야 하는 상황이 된 것입니다. 그럼에도 불구하고 보톡스 시술을 해야 합니까. 대통령께서도 일곱 시간 동안 곰곰이 생각해 보시길!

아직 가라앉지
않았다

기회비용인가 매몰비용인가

기회비용이란 선택에 따라 포기해야 하는 것입니다. 매몰비용이란 이미 써 버린 비용입니다. 회수가 불가능한 비용입니다. 어떤 이가 의학 공부를 2년 했지만, 적성에 맞지 않아 경제학을 공부할지 고민 중입니다. 경제학을 선택하면 의사가 되는 기회를 포기해야 합니다. 경제학 공부의 기회비용은 의사가 될 수 있는 가능성입니다. 반면 지난 2년의 의학 공부는 매몰비용입니다. 2년의 시간이 아깝기는 하지만, 매몰비용은 합리적 의사 결정에 영향을 미치지 않아야 합니다. 과거의 일은 과거로 묻어 두는 것입니다. 경제학은 매몰비용을 무시하고 합리적인 의사 결정을 해야 한다고 가르칩니다. 경제학 개론 수업에서 가르치기 어려운 개념 중 하나입니다.

매몰비용을 가르치며 주저할 때가 있습니다. 매몰비용 개념 뒤에 숨어 있는 체제 순응성 때문입니다. 기회비용이냐 매몰비용이냐를 판단하는 것이 쉽지 않을 때가 많습니다. 역사의 전환점마다 기회비용과 매몰비용에 대한 인식 차이는 경쟁을 펼칩니다.

역사는 기회비용과 매몰비용의 싸움

"이렇게 빨리 독립이 될 줄 알았나. 알았으면 안 그랬지." 영화 「암살」에서 염석진(이정재 역)의 말입니다. 그는 김구 선생을 도와 독립운동을 하다가 변절하고 일제의 앞잡이 노릇을 합니다. 독립의 가능성이 없다고 판단했기 때문입니다. 그에게 있어서 일본제국주의 통치는 이제 돌이킬 수 없는 과거, 매몰비용입니다. 그는 합리적으로 매몰비용을 무시하고 변절을 선택합니다. 독립군 저격수 안옥윤은 말합니다. "알려 줘야지, 우리는 계속 싸우고 있다고." 같은 독립군 속사포(조진웅 역)는 말합니다. "나, 끝까지 갑니다." 이들은 일제의 통치를 받아들여야 할 과거로 생각하지 않습니다. 매몰비용이 아닙니다. 아직 지불하지 않은 기회비용입니다.

안중근 의사는 동포에게 고합니다. "내가 한국 독립을 회복하고 동양 평화를 유지하기 위하여 삼 년 동안을 해외에서 풍찬노숙하다가 마침내 그 목적을 도달치 못하고 이곳에서 죽노니 우리들 이천만 형제 자매는 각각 스스로 분발하여 학문을 힘쓰고 실업을 진흥하며 나의 끼친 뜻을 이어 자유 독립을 회복하면 죽는 자 유한이 없겠노라." 자신의 죽음이 매몰비용으로 끝나지 않을 것이라고 선언합니다.

가만히 있으라, 잊으라, 묻으라

싸움은 계속되고 있습니다. 세월호 사건. 이제 지겨우니 그만하라는 사람들이 있습니다. 심지어 자식 팔아 보상금을 받았으니 그만 잊고 가슴에 묻으라고 합니다. 매몰비용의 개념을 잘 이해하고 있습니다. 죽은 자식은 살릴 길이 없으니 매몰비용입니다. 사실 매몰비용의 영어 표현 sunk cost는 물속에 가라앉은 것입니다.

자식 잃은 부모들은 스스로 카메라를 들고 청문회를 촬영합니다.[15] 동거차도에 천막을 치고 세월호 인양을 감시합니다.[16] 언론도, 국가도 제 기능을 하지 않기 때문입니다. 아직 세월호는 부모들에게 매몰비용이 아닙니다. 이 사건의 진실을 파헤치고 기록해야만, 또 다른 아이들의 희생을 막을 수 있습니다. 그렇게 해서 자식들의 죽음을 헛되이 하지 않게 하려고 합니다. 희생된 아이들은 아직 지불되지 않은 기회비용입니다.

세월호 사건은 우리 모두에게 매몰비용과 기회비용의 판단이 얼마나 어려운지를 가르쳐 주고 있습니다. 앞으로의 전진을 위해서는 과거를 매몰비용 처리해야 할 때가 있습니다. 아직 포기하기 이르다고 판단할 때는 기회비용으로 생각해야 합니다. 사안마다 심사숙고해야 합니다. 과거를 언제나 매몰비용 처리하는 사람들은 세상을 편안하게만 살고 싶은 이들입니다. 지난 과거에만 붙들려 사는 사람

---

15 홍진수, "무거워 봐야 가슴에 짊어진 무게만 하겠습니까", 「경향신문」, 2015년 12월 18일.
16 이종근, "새로 짓는 진도 동거차도 세월호 유족들의 움막", 「한겨레」, 2016년 3월 13일.

자식 잃은 부모들은 동거차도에 천막을 치고 세월호 인양을 감시합니다. 아직 세월호는 부모들에게 매몰비용이 아닙니다.

들은 세상을 참 힘들게 사는 이들입니다. 이 줄다리기가 생각처럼 쉽지 않습니다.

"가만히 있으라"고 말합니다. 아무것도 하지 않으면 비용이 들지 않는다고 생각하기 때문입니다. 그러나 304명이 목숨을 잃었습니다. 이제 그만하라고 합니다. 매몰비용 개념을 가르치며 과거에 사로잡히지 않고 합리적이어야 한다고 강조합니다. 하지만 역사를 만들어 온 이들은 매몰비용 속에서 공공성이라는 가치를 길어 올리는 사람들입니다. 아직 끝나지 않았다며 매몰비용 처리를 거부하는 사람들입니다. 기회비용이냐 매몰비용이냐는 사실 언제 포기하느냐의 문제이기도 합니다. 넬슨 만델라는 말했습니다. "끝나기 직전까지는 항상 불가능한 것처럼 보인다."

매몰비용 학습의 기회비용, 체제순응성

경제학을 공부한 사람들이 공공성에 둔감하다는 실험적·경험적 증거들이 많습니다. 무임승차의 문제를 잘 이해하기 때문입니다. 마찬가지로 경제학을 공부하여 매몰비용을 잘 이해하는 이들은 기존 기득권 체제에 순응적이기 쉽습니다. 거스르고 저항하는 정신이 부족합니다. 경제학 공부가 야기하는 기회비용이라 할 수 있습니다. 제가 매몰비용 개념을 가르치며 갈등하는 이유입니다.

꼭 그럴 필요는 없습니다. '모든 선택에는 대가가 따른다.' 경제학의 첫 번째 원칙인 이 말은 기회비용을 끝까지 찾겠다는 것입니다. 이런 점에서 경제학의 정신은 불온함입니다. 그만하라고 이야기하면, 하지 않음의 기회비용까지 찾아내는 것입니다. 마치 이와 같습니다. 선조 임금이 수군을 육군에 편입하라고 명령하자, 이순신 장군은 답했습니다. "신에게는 아직 12척의 배가 남아 있습니다."

경제는 어떻게
좋아지는가

효율성의 경제학

정치인들이 가장 많이 쓰는 표현은 무엇입니까. "… 은 경제에
좋다", "…은 경제에 나쁘다" 입니다. 세월호 사고로 인해 온 국민의
애도가 길어지자 경제에 좋지 않다며 이제 그만 아픔을 극복하자고
합니다.[17] 경제가 얼마나 중요하기에 그런 말을 할 수 있을까 묻는 이
들이 있습니다. 그런 말을 서슴없이 할 정도로 중요합니다. 경제 논리
앞에서는 우리 모두가 순한 양처럼 고분고분해지지 않습니까.

그 본래 의미와 상관없이 자기 마음대로 사용할 수 있고, 최고의
권위를 부여할 수 있는 마법의 언어입니다. 그렇다면 과연 경제에 좋
다, 나쁘다는 말의 진정한 의미는 무엇입니까. 기업들이 돈을 더 많이

---

17 배진영, "세월호 천막은 이제 철거하면 안 되나요?", 「월간 조선」, 2015년 6월.

번다는 것일까요. 소비자들이 소비를 더 많이 할 수 있다는 것일까요. 국민들의 호주머니 사정이 나아지는 것일까요.

경제에 좋다는 것

지난 몇 년 동안 제 수업을 듣는 경제학 박사과정의 학생들에게 이 질문을 던져 보았습니다. 학과의 동료들에게도, 경제학 박사인 주변 지인들에게도 물어보았습니다. 모두가 잠시 주춤했습니다. 물론 저도 마찬가지입니다. 당연하게 여겨지는 것들도 묻지 않으면 하나의 허상일 뿐인가 봅니다.

정답이 있습니다. 듣기만 하면 모두가 고개를 끄덕입니다. 경제학자라면 동의하지 않는 사람이 거의 없습니다. 경제에 좋다는 것, 나쁘다는 것의 의미는 기업의 이윤 증가도, 소비자들의 소비 증가도, 국민의 호주머니 사정이 나아졌다는 것도 아닙니다. 그것은 효율성이 증가했다는 것입니다. 어이쿠! 경제학은 사람을 위한 학문이 아니란 말입니까. 아닙니다. 경제학은 효율성을 위한 학문입니다. 물론 경제학자들은 효율성이 사람들을 행복하게 만드는 가장 중요한 요소라고 가정할 뿐입니다. 경제학에서 정책을 평가하는 기준은 하나뿐입니다. 효율성!

경제학 수업에서 꼭 던져야 할 질문

    효율성의 개념은 무엇입니까. 일상용어로 쓰이는 효율성은 어떤 일을 더 빠른 시간에, 더 저렴하게, 덜 고생해서 해낼 때를 의미합니다. 낚싯대를 써서 물고기를 잡으면 하루에 10마리를 잡을 수 있지만, 그물을 쓰면 100마리를 잡을 수 있습니다. 이런 경우 사람들은 그물을 쓰는 것이 더욱 효율적이라고 표현합니다.

    경제학자들도 종종 이런 의미로 효율성이라는 단어를 사용하지만, 보통 사람들과 다른 방식으로 사용할 때가 더욱 많습니다. 경제학자들은 어떤 일의 결과를 평가하는 기준으로 효율성 개념을 사용합니다. 10마리를 잡은 결과와 100마리를 잡은 결과 중 어느 것이 효율적인지를 따지는 것입니다.

    문제는 이 질문이 생각보다 간단하지 않다는 것입니다. 자신이 처한 입장에 따라 효율적 결과를 다르게 평가할 수 있습니다. 물고기를 더 많이 잡아서 돈을 더 많이 벌기 원하는 어부는 100마리를 잡은 결과가 더 효율적이라 평가합니다. 그러나 모든 어부들이 매일 100마리의 물고기를 잡으면 물고기가 곧 사라질 것입니다. 어촌 마을 전체는 어부들이 하루에 10마리만 잡는 것을 효율적이라고 평가할 수 있습니다.

    효율성은 경제학에서 가장 중요한 개념이지만, 경제학자들의 사용 방식이 혼란스러울 때가 많습니다. 그 이유가 바로 여기에 있습니다. 내적인 기준과 외적인 기준에 따라 효율성을 다르게 평가할 수 있기 때문입니다. 내적인 기준으로 사용되는 개념은 파레토 효율성 Pareto optimality입니다. 파레토 효율성은 개개인 각자 자신만의 기준으로 정의됩니다. 시장의 우월성을 증명하기 위해 사용하는 개념이기도 합니다. 반면 외적인 기준으로 사용되는 개념은 칼도-힉스 효율성 Kaldor-Hicks efficiency입니다. 사회 구성원 전체의 편익과 비용의 합을 바탕으로 효율성을 평가합니다.[18] 비용편익분석으로 알려진 정책 대안의 비교 평가 방식은 칼도-힉스 효율성을 적용하는 것이라고 생각할 수 있습니다.

파레토 효율성과 칼도-힉스 효율성

갑과 을이 사는 갑을마을이 있습니다. 이들이 힘을 합쳐 농사를 지으면, 최대 10가마의 쌀을 생산할 수 있습니다. 갑과 을의 협상력 차이가 아주 크면 각각 9:1로 나누어 갖거나, 완만한 차이가 있다면 7:3 정도로 나누어 가질 수 있다고 합시다. 당신이 갑을마을의 분배 방식을 결정할 수 있다면 어느 것을 선택하겠습니까. 아마도 다수의 사람들은 9:1은 너무 불평등하다고 느끼고, 7:3 정도를 적정 분배라고 생각할 것입니다.

옆 마을에 사는 경제학자에게 질문하면 무엇이라 답할까요. 경제학자의 대답은 둘 다 효율적이므로, "어떤 식이든 상관없다"입니다. 보통 사람들과는 달리, 경제학자들은 둘 사이의 우위를 결정하지 않습니다. 왜냐하면 경제학자들의 첫 번째 판단 기준은 파레토 효율성

---

18 사회 구성원들의 편익과 비용을 합산한다는 측면에서 최대 다수의 최대 행복으로 표현되는 공리주의와 유사한 면이 있습니다. 차이점은 공리주의가 행복과 고통을 기반으로 하지만, 칼도-힉스 기준은 화폐 가치를 기반으로 한다는 점입니다.

이기 때문입니다.

파레토 효율성이란 다른 사람에게 이득을 주는 변화를 가져오기 위해서는 누군가에게 손해를 끼칠 수밖에 없는 상태입니다. 반면 파레토 개선Pareto Improvement은 손해를 보는 사람이 없고 이익을 보는 사람이 존재하는 변화입니다. 따라서 파레토 효율성은 파레토 개선이 불가능한 상황으로 정의할 수도 있습니다. 위의 예에서, 7:3과 9:1은 모두 파레토 효율적입니다. 갑이 이득을 보기 위해서는 을이 손해를 보거나, 을이 이득을 보기 위해서는 갑이 손해를 보아야 하기 때문입니다.

시장이 효율적이라고 말할 때, 그 의미는 갑과 을 모두가 더 이상 이득을 볼 수 없는 상황입니다. 한편으로 설득력 있는 개념인 듯하지만, 눈 밝은 이들은 그 한계점을 금방 눈치챌 수 있습니다. 실상 거의 대부분의 상황은 파레토 효율적이기 쉽습니다. 사회적 변화는 거의 항상 누군가의 손해를 야기하기 때문입니다. 파레토 효율성 기

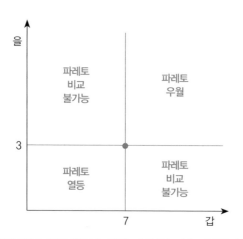

갑과 을이 7:3으로 쌀을 나누어 갖는 상황에서, 파레토 우월한 상황,
파레토 열등한 상황, 파레토 비교가 불가능한 상황을 보여 주고 있습니다.

준은 서로 다른 이들에게 비용과 편익이 발생하는 변화에 대해서 아무런 평가를 내릴 수 없습니다.

예를 들어 미국과의 자유무역협정FTA이 전자산업과 자동차산업 종사자들에게는 이득이 되지만, 농업과 서비스산업 종사자들에게는 손해를 야기한다고 합시다. 파레토 효율성 개념에 따르면, FTA는 효율성을 증진시킨다, 또는 경제를 좋게 한다고 말할 수 없습니다. 손해를 보는 사람들이 있기 때문입니다. FTA를 추진하지 않는 것과 추진하는 것 모두가 이미 파레토 효율적인 상황이라고 말할 수 있고, 둘 사이의 비교 평가는 불가능합니다.

파레토 효율성이 지닌 이러한 한계점 때문에, 경제학자들은 은근슬쩍 보다 확장된 효율성 개념을 사용합니다. 파레토 효율성이 내적인 기준이라면, 칼도-힉스 효율성은 외적인 기준입니다. 칼도-힉스 효율성은 개인의 입장을 무시하고, 전체 구성원의 편익과 비용을 비교합니다.

이를 설명하기 위해 다음의 상황을 생각해 봅시다. 현재 갑은 을을 고용하여 10가마의 쌀을 생산하고, 3가마를 임금으로 주고 있습니다. 즉, 갑과 을은 10가마의 쌀을 7:3으로 나누어 갖고 있습니다. 그런데 갑이 옆 마을로부터 농기계를 구매하였습니다. 이 덕분에 을의 노동은 줄어들었고, 쌀 생산량은 12가마로 증가하였습니다. 갑은 을의 노동시간이 줄었다는 이유로 을에게 2가마의 쌀만 임금으로 줍니다. 갑과 을은 12가마의 쌀을 10:2로 나누어 갖게 됩니다. 이때, 파레토 효율성 개념은 7:3과 10:2를 동등하게 효율적이라고 평가합니다. 한 사람에게 이득이 되기 위해서는 다른 사람의 손실이 동반되기 때문입니다. 그러나 칼도-힉스 효율성에 근거하여 경제학자는 확신을 가지고 대답합니다. "10:2는 효율적이지만, 7:3은 비효율적입니다."

경제학자들이 즐겨 하는 비용편익분석은 바로 칼도-힉스 효율성을 찾는 과정입니다. 7:3에서 10:2로 이동할 때, 편익은 10-7=3이지만 비용은 3-2=1입니다. 편익이 비용보다 크기 때문에 경제학자는 10:2로 분배된 사회가 더욱 효율적이라고 평가합니다. 이것이 바로 경제가 좋아진다는 의미입니다.

효율성의 논리

세계은행World Bank 수석 경제학자, 하버드 대학교 총장, 클린턴 및 오바마 정부의 경제 자문을 맡았던 로렌스 서머스는 말했습니다. "독성 폐기물을 저개발국가에 버려야 한다는 경제적 논리는 나무랄 데가 없다."[19] 많은 이들의 공분을 일으켰지만, 경제학자들은 서머스의 주장이 효율성 증가를 가져온다는 것을 잘 이해합니다. 독성 폐기물이 야기하는 비용은 질병으로 인한 개인 소득 및 국가 경제 성장의 손실입니다. 이 비용은 선진 세계에서 더 클 수밖에 없습니다. 비슷한 논리로 가난한 이들을 위한 복지를 줄이고 부자들에게 혜택을 늘리는 것, 노동자들의 작업 환경을 악화시키고 사용자들의 이윤을 늘리는 것 등도 효율적인 선택이라고 주장할 수 있습니다. 이를 두고 경제가 좋아진다고 말하는 것입니다.

경제학자들을 대상으로 설문을 해 보고 싶습니다. 서머스의 주

19 Lawrence Summers, "Toxic memo", *Havard Magazine* (2001), 5. 1.

장을 어떻게 생각합니까. 본능적으로 거부감을 표현할지도 모릅니다. 그러나 우리 경제학자들이 논문과 보고서를 쓸 때는 자신도 인식하지 못한 채 서머스의 복사본이 되고 맙니다. 저개발국 식량 원조, 의료민 영화, 무상급식, 최저임금제, FTA 등과 같은 정책을 평가할 때면, 아무런 문제의식 없이 비용편익분석을 수행합니다. 이에 따라 경제가 좋아진다 또는 나빠진다고 평가를 하는 것입니다.

뭣이 중헌디? – 효율성과 경제학자들의 역할

근본적인 질문 하나는 경제가 좋아진다는 것을 왜 꼭 효율성으로만 평가해야 하냐는 것입니다. 효율성 개념 자체에 대해서도 여러 문제 제기가 가능하지만, 그에 앞서 왜 효율성 하나만으로 평가해야 하는지 묻고 싶습니다. 하버드 대학교 케네디 스쿨에서 가르치고 있는 경제학자 대니 로드릭Dani Rodrik 교수는 『그래도 경제학이다』(이강국 옮김, 생각의힘, 2016)에서 다음과 같이 말합니다.

경제학자들은 경솔하게도 경제학 자격증이 허락하고 있는 것 이상의 주장을 펼친다. … 경제학은 상이한 사회 상황을 평가하는 데 있어서 효율성 이외의 도구를 제공하고 있지 않기 때문에, 경제학자들은 공공 정책에 대한 조언을 할 때마다 실수를 하는 경향을 보인다. 그들은 효율성과 다른 사회적 목표를 너무 쉽게 융합해 버린다.

우리 인생이 효율성으로만 이루어지지 않았는데, 우리 사회를 효율성의 관점으로만 바라본다는 것은 어색할 뿐만 아니라 집착일 수 있습니다. 다만 효율성을 무시하는 것도 똑같은 문제를 낳습니다. 우리 경제학자들이 주로 하는 일은 무시되지 않아야 할 효율성의 문제를 엄밀하게 분석하는 것입니다. '고려해야 할 중요한 가치들이 여럿 있을 터인데, 그중 하나인 효율성 측면은 이러이러하다'라고 설명하는 것이 경제학자들의 역할 아니겠습니까. 대니 로드릭은 책의 마지막을 이렇게 맺고 있습니다.

경제학으로부터 적절하게 얻어진 결론들은 다른 가치, 판단, 그리고 윤리적, 정치적, 실질적 평가와 함께 통합되어야 한다. 이들은 경제학이라는 학문과 거의 관련이 없지만, 현실의 문제들에서는 뗄 수 없는 것들이다.

왜 갑의 편을
드는가

가치중립의 경제학

마이클 샌델 교수는 다음과 같은 질문으로 강의를 시작합니다. "달리는 열차의 브레이크가 고장났습니다. 철로 위에 다섯 명의 인부가 일을 하고 있습니다. 이들을 덮칠 수밖에 없는 상황이지만, 선로를 변경하면 사고를 피할 수 있습니다. 문제는 변경된 선로에도 한 명의 사람이 있다는 사실입니다. 당신이 기차 운전자라면 어떤 선택을 하겠습니까?" 거의 모든 학생들은 선로를 바꿀 것이라고 답합니다. 최대 다수의 최대 행복으로 표현되는 공리주의는 단순하고 강력합니다. 다섯 사람을 살리는 것이 한 사람을 살리는 것보다 나은 선택입니다.

그러나 조금만 상황을 바꾸면 답하기가 쉽지 않습니다. "당신은 기차가 다섯 명의 인부를 향해 달려오는 것을 보고 있습니다. 옆에 서 있는 덩치 큰 사람을 밀어서 선로에 떨어뜨리면, 다섯 사람은 살릴 수 있다고 합시다. 그렇게 하겠습니까?" 이번에는 절대 다수가 그렇게 하지 않겠다고 답합니다. 공리주의 외에도 다른 도덕적 명령이 존재하는 것입니다. 도덕성은 결과뿐만 아니라 과정을 중요하게 생각하기 때문입니다. 이 질문을 시작으로 샌델은 자유주의, 칸트의 정언명령定言命令, 롤즈의 차별의 원칙, 아리스토텔레스의 텔로스Telos, 공동체주의communitarianism를 하나씩 소개합니다.[20]

파레토 효율성과 가치중립성

가치 논쟁은 오랜 역사를 가지고 있습니다. 그러나 효율성을 추구하는 경제학자들은 가치 논쟁에서 시간을 낭비할 틈이 없습니다. 파레토Vilfredo Pareto(1848-1923)가 경제학자들에게 구원의 소식을 가져왔습니다. 앞서 설명한 대로, 파레토 효율성이란 누군가의 손해가 있어야만 다른 사람에게 이득을 줄 수 있는 상태입니다. 아무도 손해를 보지 않으면서 사회 구성원의 일부, 또는 전부에게 이득을 줄 수 있다면 파레토 효율성이 증가했다고 할 수 있습니다.

파레토 효율성 개념의 가장 큰 매력은 사람마다 다른 가치 기준을 허용한다는 것입니다. 행복, 정의, 선함의 기준에 대한 합의를 필요로 하지 않습니다. 개인의 윤리적 기준에 대한 판단을 배제합니다. 각자 자신만의 기준에 따라 이득을 보았다거나, 최소한 손해를 보지

---

20 Michael J. Sandel, *Justice: What's the right thing to do?* (Farrar, Straus and Giroux, 2010), 김명철 옮김, 『정의란 무엇인가』 (와이즈베리, 2014).

않았다고 말하면, 전체 사회는 더욱 좋은 상태로 변화한 것입니다. 많은 경제학자들이 경제학을 과학으로 생각하는 이유가 여기에 있습니다. 효율성 개념을 근본적으로 가치중립적이라고 믿기 때문입니다.

가치중립성에 대한 경제학자들의 선호는 인간을 보는 관점에서도 두드러지게 나타납니다. 경제학적 인간은 자기만족을 극대화하는 사람입니다. 자기만족의 종류가 무엇인지는 중요하지 않습니다. 갑 씨 할아버지는 강남 가로수 길에 있는 빌딩을 소유하고 있습니다. 상점 주인들의 노력이 모여 상권이 만들어졌지만 이들과 재계약을 하지 않고, 더 높은 임대료를 지불하는 대기업 상점을 입주시킵니다. 을 씨 할머니는 평생 김밥 장사를 해서 모은 재산을 가난한 대학생들을 위해 기부합니다. 보통 사람들은 갑 씨 할아버지를 이기적인 사람, 을 씨 할머니를 이타적인 사람이라고 표현합니다. 그러나 경제학자들은 이런 식의 구분을 거부하는 경향을 가지고 있습니다. 두 사람은 자신의 행복을 추구한다는 점에서 차이가 없습니다. 을 씨 할머니는 남에게 베푸는 것을 통해 자기만족감을 얻는 사람일 뿐입니다.

비슷한 맥락에서 금전적 인센티브와 도덕적 인센티브를 의도적으로 구분하지 않고 사용하는 경제학자들이 많이 있습니다. 『맨큐의 경제학』은 인센티브를 "사람들의 행동을 이끌어내는 것"이라고 정의합니다. 스티븐 레빗Steven Levitt과 스티븐 더브너Stephen Dubner는 『괴짜 경제학』(안진환 옮김, 웅진지식하우스, 2007)에서 인센티브를 "사람들이 좋은 것을 많이 하고 나쁜 것을 적게 하도록 만드는 수단"으로 정의합니다. 돈을 더 벌고자 하는 갑 씨 할아버지의 동기와 가난한 대학생들을 돕고자 하는 을 씨 할머니의 동기를 인센티브라는 단어로 뭉뚱그려 표현합니다.

파레토 효율성과 자발적 계약

—

파레토 개선은 자발적 계약을 통해서 이루어질 수 있습니다. 자신에게 이득이 되지 않는다면 스스로 계약에 동의할 필요가 없기 때문입니다. 계약 당사자들은 상대방이 지닌 가치 기준이 무엇이든지 상관할 필요가 없습니다. 정부는 어떤 특정 가치를 주입해서는 안 되고, 사회 구성원들 사이의 계약을 집행하는 역할만 담당합니다. 건강에 안 좋은 정크푸드junk food를 파는 것도 문제가 되지 않습니다. 소비자가 좋다고만 하면 파레토 개선은 이루어집니다. 남에게 해만 끼치지 않는다면 마약이나 성을 매매하는 것도 효율적인 거래라고 할 수 있습니다.

명시적 동의 없이 정책이 추진되는 경우들이 많이 있습니다. 이는 자발적 계약을 통해 효율성을 증가시킨다는 정신을 벗어나지만, 암묵적 동의하에 이루어진 정책 변화 역시도 파레토 개선을 가져 왔다고 평가합니다. 예를 들면, **존 로크**의 재산권 이론은 북아메리카 땅에서 원주민들의 땅을 빼앗는 것을 정당화합니다. 어떤 경우에는 명시적 동의가 없었던 것이 사실이지만, 전체 사회 구성원들이 땅을 효율적으로 쓸 수 있게 되었다는 주장입니다. 우리나라에서도 파레토 효율성을 신봉하는 이들이 일제의 수탈을 수출이라 표현하는 이유도 여기에 있다고 생각합니다. 암묵적 동의가 파레토 효율적인 결과를 가져왔다는 것입니다.

> **존 로크**
> John Locke (1632~1704)
> 17세기의 영국의 철학자로서, 자유주의의 아버지라 불립니다. 영국 최초의 경험론적 철학자로 간주되고 사회계약론으로도 유명합니다. 그의 저술은 이후 볼테르와 루소에게 영향을 주었습니다.

가치중립성이 낳는 편향성

경제학은 정말 가치중립적인 과학일까요. 파레토 효율성 개념은 정말 어떤 가치에도 자유롭습니까. 파레토 효율성에 숨겨진 가치들이 있습니다. 비정치성의 추구야말로 가장 정치적인 결과를 낳는 것처럼, '가치의 부재'는 힘을 가진 이들에게 유리한 편향성을 낳고, 결국 힘을 가진 이들의 가치가 사회를 지배하는 결과를 가져올 수밖에 없습니다.

첫째, 파레토 효율성은 분배 문제에 대한 가치 판단을 내리지 않습니다. 이 점은 경제학을 공부하는 이들에게 비교적 잘 알려져 있습니다. 예를 들어 갑과 을이 힘을 합쳐 쌀 10가마를 생산했지만, 갑이 10가마를 모두 가지고, 을은 아무것도 가지지 않은 경제 상황을 생각해 봅시다. 가장 극단적인 형태로 부가 분배된 상황이지만, 파레토 효율적입니다. 을이 좋아지기 위해서는 갑의 손해가 수반되어야 하기 때문입니다. 반면 갑과 을이 똑같이 5가마씩 나누어 가지고 있는 상황도 파레토 효율적입니다. 파레토 효율성 개념은 어느 상황이 더 우월한지 평가하지 않습니다. 그저 똑같이 효율적이라고만 평가합니다. 이처럼 파레토 효율성은 분배 문제를 무시하는 가치를 내포하고 있습니다.

2008년 금융 위기 시, 미국 정부는 집과 직장을 잃은 이들과 자금난에 처한 자영업자들을 돕지 않았습니다. 대신에 문제를 일으킨 당사자라고 할 수 있는 대형 금융기관을 돕기로 결정했습니다. 다수의 경제학자들이 이런 결정에 대해서 불편함을 느끼지 않는 이유는 그들의 가치 판단이 파레토 효율성에 깊은 영향을 받고 있고 분배의 문제를 경시하기 때문입니다.

둘째, 파레토 효율성은 **경로의존성**이란 특징을 가지고 있습니다. 다시 갑과 을이 10가마의 쌀을 나누어 가져야 하는 상황을 생각해 봅니다. 어떤 이유로 갑이 7가마의 쌀을 선점합니다. 파레토 효율성 기준에 따르면, 이제 남은 3가마를 갑과 을이 나누어 가질 수 있습니다. 5가마씩 공정하게 나누어 갖거나, 갑이 6가마, 을이 4가마를 갖는 것은 더 이상 가능한 선택안이 될 수 없습니다. 7가마를 선점한 갑의 이익을 해치지 않는 형태로만 추가적인 배분이 이루어질 수 있습니다. 특히 갑이 을보다 협상력이 큰 경우, 사회적 부의 배분은 지속적으로 불평등하게 이루어질 수밖에 없습니다. 경로의존적인 파레토 효율성은 기존의 기득권을 조금도 침해할 수 없다는 가치를 내포하고 있습니다.

셋째, 파레토 효율성은 사람들의 선호가 환경에 쉽게 영향을 받을 수 있다는 사실을 무시합니다. 파레토 효율성의 최대 장점은 개인의 선호와 자유를 존중한다는 것이지만, 동시에 최대의 단점은 을의 선호가 갑에 의해 통제될 수 있는 가능성을 무시할 수 있다는 것입니다. 행동경제학의 많은 연구들은 사람들의 선호가 현재 가능한 선택지에 따라 쉽게 변한다는 사실을 보여 주고 있습니다.[21] 예를 들면 가난한 사람들은 미래에 대한 기대가 낮을 수밖에 없기 때문에 자녀에 대한 교육 투자도 적게 하는 것으로 알려져 있습니다.

---

21 Amos Tversky, Daniel Kahneman, "The framing of decisions and the psychology of choice", *Science* (1981) 211(4481): 453~458. Amos Tversky, Itamar Simonson, "Context-dependent preferences", *Management Science* (1993), 39(10): 1179~1189.

전통적으로 경제학자들은 사람들의 선호를 처음부터 주어져 있는 것으로 간주합니다. 따라서 사람들이 만족한다고 하면, 그 결과를 효율적이라 평가합니다. 종편 채널에 대한 논란이 많지만, 많은 이들이 시청을 하고 있다면

경로의존성
Path dependency

주어진 상황에서 맞닥뜨리는 선택 안은 이미 과거에 선택된 결정들에 의해서 제한받을 수밖에 없는 현상을 말합니다.

사회적으로 효율적인 거래일 뿐입니다. 약탈적 대출이 심각한 사회 문제이지만, 소비자들이 원해서 대출받은 것이라면 효율적인 거래입니다. 턱없이 낮은 임금도 열정페이라는 이름으로 받아들이는 젊은 이가 있다면 효율적인 거래입니다. 국가 권력이 남용되어 자유로운 의사 표현과 민주주의가 위축된다 하여도, 이것 역시 스스로의 선택에 따른 효율적 결과로 해석될 수 있습니다. 이처럼 파레토 효율성은 힘을 가진 이들에 대해 무비판적인 가치를 내포하고 있습니다.

파레토 효율성! 을의 편에 서는 경제학자들을 찾기 힘든 이유일까요.

분석할 때
잃는 것들

비용편익분석의 경제학

미국의 주정부들이 모여 담배 회사를 상대로 소송에 나섰을 때, 하버드 대학교의 법경제학자 비스쿠시W. Kip Viscusi 교수는 흡연이 사회에 미친 비용과 편익을 분석하였습니다.[22] 그는 시민들의 흡연이 사회 전체에 이득을 가져왔다고 결론을 내립니다. 흡연이 야기한 조기 사망은 의료 서비스 및 노년층에 대한 복지 비용을 줄이기 때문입니다. 한 발 더 나아가서, 담배 회사들에게 보조금을 지급하여 흡연 인구를 늘려야 한다는 정책을 제안하기도 합니다.[23]

---

22 Frank Ackerman, Lisa Heinzerling, "Pricing the priceless: Cost-benefit analysis of environmental protection", *University of Pennsylvania Law Review* (2002), 150(6): 1553~1584.

23 또 다른 예로 담배 회사인 필립 모리스는 컨설팅 회사를 통해 수행된 보고서를 발표합니다. 흡연이 체코 시민들에게 미친 영향을 분석하였는데, 체코 정부에게

버지니아 대학교에서 공공 정책을 가르치는 랜들 루터 교수는 어린아이가 납중독 피해를 입을 때의 경제적 비용을 다음과 같이 계산합니다.[24] 납중독을 치료하는 방식인 킬레이트 요법Chelation therapy을 위해 부모가 병원에 지불하는 비용을 살펴봅니다. 이를 바탕으로 납중독이 아이의 IQ를 1포인트 낮출 때의 금전적 비용을 1,100~1,900달러로 추정합니다.

이 계산에는 다음과 같은 논리가 깔려 있습니다. 아이가 납중독에 걸리면 부모는 아이의 지능 저하를 우려합니다. 지능 저하는 아이의 미래 소득을 낮추기 때문입니다. 아이의 미래 소득을 높이기 위해 병원에서 치료를 받게 합니다. 그러나 병원비가 비싸기 때문에 무조건 많은 치료를 받는 것은 합리적인 선택이라고 할 수 없습니다. 추가적인 치료가 가져오는 미래 소득의 증가분과 이에 따른 병원비의 증가분이 같아질 때까지만 치료를 받습니다. 이는 회복될 수 있는 아이의 미래 소득과 병원비의 차이를 극대화하는 것입니다. 경제학이 가르치는 효용 극대화utility maximization를 위한 한계적 사고입니다.

그가 추정한 비용은 환경보호부가 추정했던 9,000달러보다 약 1/6 정도 적습니다. 그는 자신 있게 주장합니다. "어린이 납중독을 예방하기 위해 너무나 많은 노력이 펼쳐지고 있다. 납중독의 기준이 완화되어야 한다."

음식에 포함된 살충제 성분, 가습기 살균제에 포함된 화학 성분,

비용보다 혜택이 컸다는 결과였습니다. Gordon Fairclough, "Smoking can help Czech economy, Philip Morris-Little report says", *The Wall Street Journal*, 2001년 7월 16일.

24 Randall Lutter, "Valuing children's health: A reassessment of the benefits of lower lead levels", *AEI-Brookings Joint Center Working Paper* (2000), No. 00~02.

공기 중 미세먼지의 양 등을 어느 정도 허용해야 합니까. 이런 식의 비용편익분석이 거의 모든 환경, 안전, 보건 규제 정책의 결정에 사용되고 있습니다.

비용편익분석이란

—

경제학에서 가르치는 비용편익분석이란 가능한 한 모든 비용과 편익을 따져서 최적 대안을 선정하는 방법입니다. 좋든 싫든 우리는 비용편익분석을 하며 살고 있습니다. 자본주의에 대해 비판적인 사람들, 경제학적 사고방식에 거부감을 느끼는 사람들도 일상의 경제 활동에서 비용과 편익을 비교하며 의사 결정을 하고 있습니다.

선택에 따라 얻는 것과 잃는 것을 따져 보는 것이 비용편익분석이지만, 혹시 비용편익분석을 하기 때문에 잃는 것들이 있을까요. 경제학의 가장 중요한 원칙이 말하듯, 모든 선택이 기회비용을 야기한다면, 비용편익분석의 방법을 따르는 것에도 기회비용이 있냐는 질문입니다.

비용편익분석의 이면

—

첫째, 모든 가치를 일차원적인 숫자로 표시해야 합니다. 숫자로 전환하기 쉽지 않거나, 일차원으로 담아내지 못하는 가치는 잃을 수밖에 없습니다. 흡연으로 인한 비용에는 환자 가족들이 겪는 고통, 납중독에 따른 비용에는 부모가 겪는 고통이 포함되지 않습니다. 실업에 따른 비용은 단순히 경제적 비용만이 아닙니다. 개인이 겪어야 하는 낙인 효과, 건강 악화, 사회적 참여의 감소, 신뢰 상실 등의 비용이 존재하지만, 이들은 숫자로의 전환이 쉽지 않기 때문에 반영되지 않습니다. 숫자의 사용은 가장 편리하지만 우리의 가치를 모두 담아내기 어렵습니다.

둘째, 우리는 간단한 숫자를 다룰 때에도 무능한 경우가 많습니다. 기름으로 뒤덮인 호수를 복구하기 위해 얼마를 기부할 용의가 있는지 물었습니다.[25] 참가자들을 세 그룹으로 나누었습니다. 첫 번째 그룹의 사람들에게는 2,000마리의 새를 구할 수 있다고 했고, 두 번째 그룹의 사람들에게는 20,000마리의 새를, 세 번째 그룹의 사람들에게는 200,000마리의 새를 구할 수 있다고 말했습니다. 각 그룹의 사람들이 기부하겠다고 말한 금액의 평균은 각각 80, 78, 88달러입니다. 200,000마리를 구하는 것이 2,000마리를 구하는 것과 거의 비슷한 가치를 가지고 있다는 말입니까.

이번에는 50,000마리의 새들을 구해야 하는 상황입니다. 환경 재해에 대한 교육 프로그램에 참석한 이들에게 얼마를 기부할 용의가 있는지 물었습니다. 이들이 대답한 액수의 평균은 64달러입니다. 다른 그룹의 사람들에게는 "5달러를 지불하겠는가?"라는 질문을 던진 후, 자유롭게 얼마를 기부할 것인지 물었습니다. 평균 액수는 20달러입니다. 마지막 그룹의 사람들에게는 "400달러를 지불하겠는가?"

---

25 Daniel Kahneman, *Thinking, fast and slow* (Farrar Straus and Giroux, 2011), 이진원 옮김, 『생각에 관한 생각』(김영사, 2012).

라고 물은 후, 역시 자유롭게 기부 금액을 써 달라고 부탁했습니다. 평균 액수는 143달러입니다.

공공성이 있는 사업의 가치를 계산하기 위해서는 우리 사회가 지불하려는 금액을 계산해야 합니다. 하지만 위에서 보는 것처럼, 대답을 통해 얻는 가치는 객관성을 갖기 쉽지 않고 묻는 방식에 따라 들쑥날쑥합니다.

셋째, 비용편익분석은 타락하기 쉽습니다. 국책연구소들이 수행하는 공공사업의 비용편익분석은 자주 논란에 휩싸입니다. 논쟁적인 사업이 진행될 때마다 정부의 입맛에 맞는 숫자 맞추기라는 비판은 끊이지 않습니다. 예를 들면, 한국개발연구원KDI은 2002년에는 비용편익분석을 통해 경인운하의 경제성이 없다고 판단했지만, 2008년에는 편익을 과다 추정하여 경제성을 부풀렸습니다.[26] 2008년은 이명박 정부 시절이었습니다. 사적 이해관계를 가진 이들이 발표하는 비용편익분석은 거의 틀림없이 편향되어 있습니다. 자신들이 원하는 바에 따라 비용을 축소시키거나 편익을 부풀릴 것입니다.

이뿐입니까. 미래에 실현될 가치를 과소평가하기 쉬운 점, 공리주의식 합계 방식은 공정성과 평등이라는 기준을 담아내지 못한다는 점 등을 지적할 수 있습니다.

---

26 정유미, "KDI, 경인운하 편익 과도하게 부풀렸다", 「경향신문」, 2009년 2월 26일.

비용편익분석을 어떻게 해야 할까

비용편익분석이 지닌 기회비용을 지적하는 경제학 교과서를 보지 못했습니다. 경제학은 그러한 기회비용을 사소하다고 판단하는 학문이기 때문일까요. 비용편익분석을 이용하는 편익이 비용보다 크기 때문에 어쩔 수 없이 사용해야 하는 것일까요.

비용편익분석이 없는 세상이 지옥일 수 있습니다. 지옥을 만들지 않기 위해 우리는 비인간적으로 보이는 악역을 담당합니다. 경제학자들이 짊어져야 할 멍에입니다. 우리는 비용편익분석을 통해 세상에 조금이나마 기여하려는 사람들입니다. 비용편익분석에 대한 비판을 해 보았지만, 사실 비판은 거의 언제나 강력한 지지를 담보하고 있습니다. 더 나은 대안이 없기에 남용하지 말고 비용을 고려하여 최적으로 사용하자고 제안하는 것입니다. 비용편익분석의 주체와 계산 과정은 언제나 투명하게 이루어져야 합니다. 무엇보다 겸손한 마음으로 비용편익분석을 수행하고 해석할 수 있다면!

우리는 잘
모른다

균형의 경제학

정부는 심각한 교통 체증 문제를 해결하기 위해 차량 노선을 두 배로 늘리고 대중교통을 대폭 증가시킬 계획입니다. 정부 관료는 차량 흐름이 두세 배 이상 빨라질 것으로 예측합니다. 그러나 경제학자들은 교통 흐름의 개선이 기대만큼 크지 않을 것이고 장기적으로 큰 변화가 없을 것으로 예상합니다.

균형이란

경제학자들이 뼛속 깊숙이 새겨질 만큼 훈련하는 사유 방식은 두 가지입니다. 첫째, 사람들은 멍청하게 지켜만 보고 있지 않습니다.

둘째, 사람들의 의사 결정과 행동은 긴밀하게 연결되어 있고 상호의 존적입니다. 이들은 경제학자들이 즐겨 사용하는 균형이라는 개념이 충족시켜야 할 두 가지 조건입니다. 균형이란 모든 사람이 자기 이익을 위해 최적의 선택을 하고 있고, 어느 누구도 행동을 바꿔서 더 이상 이득을 볼 수 없는 상황입니다.[27]

"차량 노선을 늘리고 대중교통이 증가하면 교통 체증이 줄 것이다"라는 정부 관료의 예측은 균형이 지닌 두 조건을 충족하지 않습니다. 교통 체증 때문에 대중교통을 이용하던 이들이 이제 자가용 출퇴근을 시작하고 차량 구매를 미루고 있던 이들도 차를 사기 시작합니다. 출퇴근 시간이 줄기 때문에 좀 더 먼 곳으로 이사하는 사람들도 늘어납니다. 교통이 편리해져 많은 회사들이 이 지역으로 옮겨 오고 도시 인구가 증가합니다. 결국 교통 체증은 거의 개선되지 않습니다. 이를 두고 어떤 경제학자들은 '고속도로 혼잡의 기본원리'라고 부르기도 합니다.[28]

균형 속에 담긴 뜻

이런 식의 사고 훈련은 현재의 상황이 왜 지속되고 있는지를 이

---

27 이를 설명하기 위해 차들로 가득한 고속도로 사진을 학생들에게 보여 줍니다. 하나의 노선에서만 차량이 다니지 않습니다. 이는 균형이라 할 수 없습니다. 운전자들은 더 빨리 가기 위해 노선을 바꿀 것입니다. 결국 차량의 움직임이 거의 모든 차선에서 비슷해집니다. 이를 균형이라 할 수 있습니다.

28 Gilles Duranton, Matthew A. Turner, "The fundamental law of road congestion: Evidence from US cities", *American Economic Review* (2011), 101(6): 2616~2652.

해하게 해줍니다. 많은 이들이 현실의 여러 문제에 대해 부당하다고 지적하고 개선하기 위해 애쓰고 있지만, 세상이 쉽게 변하지 않는 것을 이해할 수 있습니다. 현재 상황은 수많은 요인이 복잡하게 얽히고 설켜 만든 균형 상황입니다. 어떤 대안을 제시해도 경제학자들은 쉽게 설득되지 않습니다. 장밋빛 대안일수록 더욱 날 선 의심의 눈초리로 살펴봅니다.

경제학을 공부해야 하는 이유는 확실한 해결책을 찾을 수 있기 때문이 아닙니다. 간단하게 제시되는 해결책이 얼마나 많은 부작용을 일으킬 수 있는지를 잘 이해할 수 있기 때문입니다. 더 중요한 이유는 많은 문제들의 해답을 잘 모르고 있다는 사실을 깨닫기 위해서입니다. 세상의 복잡성을 인정하는 것이 균형이라는 개념에 담긴 의미입니다.

대표적인 예가 절대 빈곤의 문제입니다. 선진국가들은 매년 천문학적인 돈을 해외 원조로 보내고 있습니다. 그럼에도 불구하고 아프리카의 아이들은 12센트의 말라리아 약이 없어서 죽어 갑니다. 뉴욕 대학교 경제학과의 윌리엄 이스털리 교수는 이러한 사실을 지적하며, 가난한 나라를 돕는 문제가 간단하지 않다고 누차 강조합니다.[29] 해결되지 않고 있는 다른 경제 문제들도 마찬가지입니다. 많은 노력에도 불구하고 논란이 그치지 않는 이유는, 우리가 해답을 잘 모르고 있기 때문입니다.[30]

---

29 William Easterly, *The white man's burden* (Penguin, 2007), 황규득 옮김,『세계의 절반 구하기』(미지북스, 2011).

30 우리가 해답을 잘 모르고 있다고 해서, 해답을 찾을 필요가 없다는 식의 결론은 곤란합니다. 이와 관련하여 주목할 만한 논쟁이 있습니다. 컬럼비아 대학교의 제프리 삭스 교수는 빈곤국에 대한 국제 원조에 대해 적극적인 지지를 보냅니다.

보수와 진보 사이에서

진보적 성향의 사람들은 대체로 사회적 문제를 정의의 관점으로 들여다봅니다. 세상에는 좋은 사람과 나쁜 사람이 존재하고, 문제의 근원은 나쁜 사람에게 있는 것처럼 생각할 때가 많습니다. 이들은 나쁜 사람들을 물리치고 좋은 사람들이 정치권력을 가져야 한다고 생각합니다. 문제 해결은 법과 규제를 개정하여 얻을 수 있고 다 함께 구호를 외치면 세상이 변할 것처럼 믿고 있습니다. 경제학을 공부한 이들이 진보 진영의 주장을 더욱 매섭게 비판하는 이유를 이해할 법도 합니다.

보수적 성향의 사람들은 대체로 사회문제를 개인의 책임이라는 관점으로 바라봅니다. 진보 진영보다는 균형이 지닌 의미를 잘 이해하고 있고, 정책을 통해 사회문제를 해결하는 것이 말처럼 쉽지 않다는 것을 알고 있습니다. 이들은 시장의 결과를 최선의 상황이라고 생각합니다. 문제 해결은 개인의 몫이므로 노오력하라고 설득합니다.

그는 『빈곤의 종말』(김현구 옮김, 21세기북스, 2006)에서 선진 세계가 2025년까지 매년 1,950억 달러를 지원하면 빈곤 문제를 종식시킬 수 있다고 주장합니다. 반면 뉴욕 대학교의 윌리엄 이스털리 교수는 국제 원조의 부정적 효과가 긍정적 효과보다 크다고 주장합니다. 빈곤국의 시장과 제도를 약화시키고, 원조기관에 대한 로비 활동만 증가한다고 말합니다. 심지어 말라리아 퇴치용 모기장을 제공하는 방식에 대해서도 의견을 크게 달리합니다. 제프리 삭스는 공짜 또는 저렴한 가격에 공급할 것을 주장하지만, 윌리엄 이스털리는 시장에서 거래토록 해야 한다고 주장합니다. 이처럼 끊이지 않는 논쟁 사이에서 MIT 대학교의 배너지와 듀플로 교수는 영원히 답을 내기 힘든 큰 문제들에 대해 논쟁하기보다, 확실히 대답할 수 있는 작고 구체적인 문제들을 하나씩 해결해 나가자고 제안합니다. 예를 들면, 현장 실험field experiment을 통해 모기장을 주는 방식에 따른 실질 효과를 직접 테스트하는 것입니다. Abhijit V. Banerjee, Esther Duflo, *Poor economics: A radical rethinking of the way to fight global poverty* (PublicAffairs, 2011), 이순희 옮김, 『가난한 사람이 더 합리적이다』 (생각연구소, 2012).

그러나 보수의 가장 잦은 실수는 정책 효과를 오독하는 것입니다. 교통 체증이 개선되지 않았다고 해서 차량 노선과 대중교통을 늘린 것이 실패한 정책일 수 없습니다. 교통 체증의 정도는 변하지 않았지만, 일자리와 인구가 늘고 도시 외곽 지역이 개발되었습니다. 보수는 종종 규제의 효과를 이런 식으로 오독합니다.

예를 들면, 1978년 캘리포니아 주가 세계 최초로 야심차게 도입한 환경 정책을 생각해 볼 수 있습니다. 에너지 사용을 줄이기 위한 건축설계 기준 규제를 도입하고, 이전보다 에너지 사용량을 무려 80% 줄일 것을 목표로 삼았습니다. 조지타운 대학교 경제학 교수이자 오바마 정부의 환경 정책 부문 자문을 담당했던 아릭 레빈슨은 최근 이에 대한 광범위한 실증 분석 연구를 수행했습니다.[31] 그는 캘리포니아 주의 환경 정책이 에너지 사용량을 줄였다는 증거가 전혀 없다는 결과를 발표했습니다. 보수층은 환경 규제를 반대하기 위해 이 연구결과를 인용합니다. 그러나 레빈슨은 이 정책이 실패한 것이 아니라고 강조합니다. 같은 에너지 소비량에도 불구하고 사람들은 더 시원한 여름과 더 따뜻한 겨울을 보내고, 더 많은 전기 기구를 사용하고 있기 때문입니다.

---

31 Arik Levinson, "California energy efficiency: Lessons for the rest of the world, or not?", *Journal of Economic Behavior & Organization* (2014), 107: 269~289; "How much energy do building energy codes really save? Evidence from California", *NBER working paper* (2015).

균형과 겸손

지인들은 경제학자들의 글을 읽을 때마다 느끼는 몇 가지 불편함을 제게 말하곤 합니다. "경제학자들은 대체로 보수적이다", "많은 사람들이 공유하는 보편적인 도덕적 직관과 사회정의를 무시하는 경향을 가지고 있다." 이러한 지적을 들을 때마다 저와 동료들을 변론하기 위해 균형 개념을 설명해 보려고 애를 씁니다.

정말 뼈아픈 지적은 이것입니다. "경제학자들의 글은 무식한 대중이 미처 생각하지 못한 것을 한 수 가르쳐 준다는 식의 태도를 보인다." 저도 자주 느끼는 바이니 부인할 수 없습니다. 경제학을 모르고 이성적인 사고를 못한다며 꾸짖듯 글을 쓰는 사람들을 자주 봅니다. 조지메이슨 대학교 경제학과의 브라이언 캐플란Bryan Caplan 교수는 경제학의 기본을 모르는 사람들에게는 투표권의 가중치를 적게 적용해야 한다고 주장하기도 했습니다.

경제학의 균형 개념이 가르치는 정신은 겸손일 수밖에 없습니다. 세상사는 너무 복잡하고 우리는 모르는 것이 너무 많습니다. 경제학의 정신을 배우지 못한 채, 똑똑하기만 한 경제학자들이 많은 세상입니다.

균형을 논하는 경제학자로서 보수와 진보의 이분법에 갇히지 않아야겠다는 다짐을 합니다. 경제학이 더 나은 보수와 더 나은 진보를 만드는 데 기여한다면, 이들의 경쟁이 만드는 균형을 신나게 이야기해 보고 싶습니다.

최적을 달성할 수
있을까

차선의 경제학

커플이 오랫동안 꿈꿔 온 신혼여행은 하와이 해변의 최고급 호텔에서 4박 5일을 보내는 것입니다. 그러나 준비한 예산으로는 제주도의 2등급 호텔에서 보낼 수밖에 없습니다. 커플의 처지를 안타깝게 여긴 여행사가 다음과 같이 제안합니다. "고객님의 예산에 맞춘 특별 패키지를 제공하겠습니다. 하와이행 비행기 티켓과 하루 동안만 호텔 숙박이 가능한 상품입니다. 남은 사흘은 노숙을 해야 하고, 여행 기간 내내 밥도 먹을 수 없습니다. 그래도 그토록 가고 싶은 하와이에서 4박 5일을 머무를 수 있으니, 더 나은 선택이 될 수 있지 않습니까?"

차선의 이론

1954년 애로우Kenneth J. Arrow와 드브루Gerard Debreu(1921~2004)는 애덤 스미스Adam Smith(1723~1790)가 제시한 개념인 '시장의 보이지 않는 손'invisible hands을 수학적으로 입증하는 **일반균형 이론**을 발표했습니다.[32] 소비자와 생산자의 분권화된 의사 결정에도 불구하고 시장이 가장 최적의 결과를 얻을 수 있다는 것을 수학 모델로 증명한 것입니다. 시장주의자들이 금과옥조金科玉條로 여겨 온 결과입니다.

논문의 결과를 전혀 다르게 해석하는 이들도 있습니다. 애로우-드브루의 수학 모델에서 시장은 완전경쟁적이고 외부성이나 거래비용이 존재하지 않으며, 생산자와 소비자가 거래에 대한 정보를 완벽하게 공유하고 있습니다. 반대자들은 이러한 비현실적 가정들을 지적하며, 논문이 보여 준 바는 현실의 시장이 결코 최적의 결과를 달성할 수 없다는 것이라고 읽어냅니다. 같은 결과를 두고도 이렇게 달리 해석할 수 있다는 것이 재미있습니다.

또 다른 근본적인 문제 제기가 있습니다. 최적의 대안을 달성할 수 없을 때, 최적 대안에 최대한 가까운 선택을 하는 것이 반드시 차선을 보장하는가라는 질문입니다. 얼핏 생각하면, 현실의 불완전한 시장경제를 애로우-

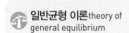

일반균형 이론theory of general equilibrium

전체 경제에서 거래되는 모든 재화와 서비스의 수요와 공급이 가격 시스템과 연동하여, 결국 균형 현상에 도달한다는 경제학 이론입니다.

32 Kenneth J. Arrow , Gerard Debreu, "Existence of an equilibrium for a competitive economy", *Econometrica* (1954), 22(3): 265~290.

드브루의 수학 모델처럼 만들어 가는 것을 좋은 경제 정책이라 여기기 쉽습니다. 실제로 많은 이들은 이렇게 생각하는 경향이 있습니다. 최적을 달성할 수 없다면, 근접하려고 노력하는 것은 본능적이고 직관적인 반응입니다. 정말 그렇습니까.

이 질문은 앞서 신혼여행 패키지에 대한 이야기와 닮아 있습니다. '하와이+최고급 호텔'을 원하지만 이룰 수 없는 꿈입니다. 그렇다면 '하와이+노숙'이 더 나은 선택입니까, '제주도+2등급 호텔'이 더 나은 선택입니까. 하와이에서 노숙하는 신혼여행을 선택하는 사람들이 없는 것처럼, 최적에 근접하는 것이 반드시 차선이 아닐 수도 있습니다.

이는 1956년 립시와 랭카스터가 발표한 차선의 이론theory of second best이 담고 있는 내용입니다.[33] 이 논문은 시장주의 경제학자들에게 커다란 위협이 되었습니다. 실제로 많은 도전에 직면했습니다. 200여 편의 논문들이 차선의 이론을 뒤집으려고 했다고 합니다. 수학적 결함을 찾으려 했고, 이론의 의미를 깎아내리려고 했습니다. 그러나 결정적 흠을 찾지 못했습니다. 공저자 중 한 명인 립시는 이렇게 말했습니다. "그들은 반박해내지 못하자 이 논문을 무시하기로 결정하였다."[34]

33 R. G. Lipsey, Kelvin Lancaster, "The general theory of second best", *Review of Economic Studies* (1956), 24(1): 11~32.

34 Joseph Heath, *Economics without illusions* (Crown Pub, 2010).

차선조차 이루지 못하는 경우들

자유무역이 좋다고 해서 시장을 무조건 개방하는 것이 반드시 좋을 수는 없습니다. 금융시장이 불완전하고 국가의 지배 구조가 불안한 저개발국가에서는 시장 개방이 재앙이 될 수 있습니다. 민주적 정치체제 및 재산권 보호 같은 국가의 기본 기능이 이루어지지 않는 곳이라면, 거대한 유전과 다이아몬드 광산을 발견하는 것이 재앙이 될 수 있습니다. 적절한 독과점 정책이 마련되지 않았다면, 민영화가 경쟁과 효율성을 낳기보다 정부를 포획하는 **정실자본주의**를 낳을 수 있습니다. 차선의 이론이 함의하는 바는 좋은 것을 더한다고 해서 경제 전체가 반드시 좋아지지 않는다는 점입니다.

달리 표현하면, 한 개의 악보다는 두 개의 악이 모여 더 나은 결과를 낳을 수 있고, 차선을 이루어낼 수 있다고 말할 수 있습니다. 교과서적인 예를 들자면, 독점적 시장에서 이루어지는 가격통제가 시장의 생산성을 늘리고 효율성을 제고하는 경우입니다. 독점과 가격통제는 효율성 감소를 야기하는 것들이지만, 두 개의 악은 서로를 일부 상쇄시키는 역할을 합니다. 비슷한 예로 환경오염 물질을 대량 생산하는 산업이 있다면, 더 많은 기업의 시장 진입을 허용하기보다, 독과점하에서 필요한 규제 정책을 펼치는 것이 더 나은 대안이 될 수 있습니다.

립시의 말처럼 차선의 이론은 경제학자들에게 무시받고 있는 사고방식입니다. 그렇지 않다면 워싱턴 컨센서스Washington consensus로 표현되는 자

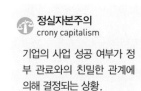

정실자본주의
crony capitalism
기업의 사업 성공 여부가 정부 관료와의 친밀한 관계에 의해 결정되는 상황.

유시장 근본주의가 그토록 많은 경제학자들에게 명시적 또는 묵시적으로 지지받지 못했을 것입니다. 워싱턴 컨센서스란 제3세계의 구조 조정 및 경제 안정화를 위해서 일괄적으로 시장 개방, 규제 완화, 공기업 민영화를 대안으로 제안하는 정책을 일컫습니다. 각 나라가 처한 다양한 상황을 고려하지 않고, 마치 단 하나의 만병통치약이 존재하는 듯 생각하는 것은 차선의 이론과 대칭점에 서 있는 사유 방식입니다.

하나 마나 한 말들

정책 효과를 연구하는 경제학자들은 거의 항상 정책이 야기하는 부작용을 지적합니다. 모든 선택에는 대가가 따른다는 반골 정신이 경제학의 기본 원칙인 것을 기억한다면, 부작용을 지적하는 것은 경제학자의 마땅한 모습입니다. 그런데 하나 마나 한 말들을 덧붙이는 경제학자들이 많습니다. 부작용이 있다는 것을 증명했기 때문에, 기존의 정책에 대해 근본적인 회의를 할 수밖에 없고 최적의 방법을 찾아내야 한다고 주장합니다.

예를 들면, 최저임금제가 야기하는 실업 효과의 크기를 실증적으로 분석한 다음, 최저임금제의 폐지를 검토하고 다른 정책을 강구할 필요가 있다고 제안합니다. 환경 및 안전 규제가 경제의 효율성을 일부 감소시킨다는 것을 보여 준 다음, 규제를 폐지해야 한다고 주장합니다. 정책 토론회에서 만나는 경제학자들의 흔한 주장입니다.

이를 두고 열반의 오류nirvana fallacy라고 부르기도 합니다. 불완전성을 고치기 위하여 도달할 수 없는 이상적인 상황을 추구하다가, 실현 가능한 대안 중의 최선이라 할 수 있는 차선을 거부하는 실수를 일컫습니다. 최적을 찾아야 한다는 경제학 사명 선언이 교조적 교리로 변질되지 않도록 해야 합니다. 프린스턴 대학교의 은퇴 교수인 애비너시 딕시트Avinash K. Dixit가 말한 것처럼, 현실 세계에서는 기껏해야 차선을 이룰 수 있습니다. 하버드 대학교의 아마티안 센 교수도 "완전한 정의가 무엇인지 찾기보다 현실에 있는 명백하고 확실한 불의를 피하자"고 말했습니다. 리얼리스트realist가 되어야 한다는 말이기도 합니다. 그렇다면 지금까지 비교적 잘 작동하고 있던 정책들을 완벽하지 않다고 해서 폐지해야 한다고 주장하는 것은 훨씬 더 비현실적인 주장일 수 있습니다.

최적이라는 불가능한 꿈을 꾸고, 차선을 선택하는 리얼리스트가 되는 것이 경제학자들의 운명 아닙니까.

.

3

시장이라는 우상

시끌벅적한
그곳

시장의 경제학

정치인들은 시민과 만나는 사진을 촬영하기 위해 동네 시장을 찾아갑니다. 재벌은 골목상권을 점령합니다. 거리의 노점상들이 철거당합니다. 뒤집어진 리어카와 길바닥에 널부러진 떡볶이를 보며 울고 있는 서러운 아줌마는 제발 거리에서 장사만 할 수 있게 해 달라고 빕니다.[1] 재벌은 정치인을 만나 기업하기 좋은 시장 여건을 만들어 달라고 요청합니다.

---

1 공정식, "서러운 떡볶이 아줌마", 「뉴시스」 2008년 3월 22일.

시장이 당신의 아이를 살린다

경제학 교과서는 공급과 수요가 만나는 시장균형market equilibrium 이 최대의 사회적 잉여가치를 창출한다고 가르칩니다. 이를 설명하기 위해 수업에서 자주 사용하는 예를 들어 보겠습니다. 생수 한 병에 대한 소비자 갑과 을의 지불 의사는 각각 3달러, 2달러입니다. 지불 의사란 소비자가 지불하려는 최대 가격이고, 재화와 서비스에 대해 부여하는 금전적 가치입니다. 생산자 병과 정의 생산 비용은 각각 2달러, 4달러입니다. 갑과 병의 거래는 1달러의 사회적 잉여가치를 낳기 때문에 바람직한 거래입니다. 을과 정의 거래는 2달러의 사회적 손실을 야기하므로 바람직하지 않습니다. 시장에 맡겨 두면 갑과 병의 바람직한 거래만 자발적으로 이루집니다.

의미를 좀 더 극적으로 설명하기 위해서, 저는 수업에서 다음과 같은 비유를 사용합니다. 자연재해가 발생하면, 생수, 음식, 발전기 같은 상품의 가격이 천정부지로 올라갑니다. 평소 2달러 하던 생수 한 병의 가격이 50달러로 치솟습니다. 당신의 갓난아기는 탈수증으로 죽어 가고 있습니다. 당신은 50달러의 가격을 불평해야 할까요.

시장 상인들이 재해 상황에서 가격을 올리는 것에 대해 양심의 가책을 느끼고, 모두가 가격 2달러를 유지한다고 생각해 봅시다. 상인들의 높은 도덕성은 당신의 아기에게 어떤 결과를 가져올 수 있습니까. 당신은 가장 높은 지불 의사를 가지고 있음에도 불구하고 물을 살 수 없을지도 모릅니다. 시장이 결정하는 대로 50달러라면 당신의 아이가 살 수 있는 확률이 훨씬 높습니다. 시장가격이 상품을 효율적으로 배분한다는 의미는 이처럼 더 높은 지불 의사를 지닌 소비자가 결국 상품을 소유하게 된다는 것입니다.

시장이 불평을 잠재운다

———

미국 대도시에 위치한 대학들은 주차 문제로 골치를 앓습니다. 주차 공간을 찾아 헤매는 사람들의 찡그린 얼굴과 욕설은 불균형이 보여 주는 비효율성입니다. 많은 대학들이 민영화를 통해 문제를 해결합니다. 민간 기업의 해결 방법은 간단합니다. 주차료를 인상합니다. 인상된 가격은 수요량과 공급량을 일치시킵니다. 높은 주차료를 두고 잡음이 일기도 하지만 잠시일 뿐입니다. 주차 문제로 인한 불평이 캠퍼스에서 사라집니다. 시장균형은 사람들의 불평을 잠재웁니다. 대부분의 시장은 이렇게 잘 작동합니다.

시끄러운 시장이 폭로하는 수요공급 이론의 비밀

———

시장균형이 큰 소음을 낳을 때가 있습니다. 많은 사람들이 싸우는 소리일 때도 있고, 억울함이 가득한 곡소리일 때도 있습니다. 낙후 지역에서 개발업자들이 재개발 사업을 시작합니다. 불균형 상황의 주택 가격을 높여 시장균형으로 들어서려고 합니다. 세입자들은 삶의 터전을 잃지 않기 위해 목숨을 걸고 싸움을 펼칩니다. 말라리아 약의 균형 시장가격은 1달러도 하지 않습니다. 그러나 이 가격을 지불하지 못해서 매일 자식을 잃는 3,000여 명의 부모들이 있습니다.

이들에게서 터져 나오는 곡소리는 경제학자들이 시장을 설명하기 위해 사용하는 수요공급 이론의 치명적 비밀을 폭로합니다.

이들은 얼마를 주고서라도 삶의 터전을 지키고 자식의 생명을 살리고 싶어 합니다. 다만 지불할 돈이 없다고 합니다. 지불 의사는 있지만 지불 능력이 없다고 말할 수 있는데, 수요공급 모델은 이런 식의 상황을 허용하지 않습니다. 경제학의 소비자 이론consumer theory에 따르면, 지불 의사는 지불 능력에 의존하고, 가난한 사람들은 지불 의사가 낮은 사람들로 계산됩니다. 아프리카의 부모가 아이를 살리고 싶다고 아무리 외쳐도, 수요곡선의 바닥에 놓일 수밖에 없습니다. 아이를 살리기 위해 몇 달러의 돈도 지불할 용의가 없다고 대답하는 것과 같습니다.

냉정한 경제학 모델은 무심하게도 수요와 공급이 만나는 점을 찾아 시장균형이라 부르고, 사회 후생을 극대화한다고 평가합니다. 이 과정에서 아이들 목숨의 가치는 부모가 가난하기 때문에 몇 달러의 약값보다 적다고 계산 처리될 뿐입니다. 저는 시장이 시끄러울 때면 이런 환청을 듣는 듯합니다.

"우리를 수요공급 모델에 가두지 말라. 지불 능력이 없을 뿐이지 지불 의사는 있다. 지금의 상황을 균형이라 부르지 말라."

수요공급 곡선에 늘어선 사람들

수요공급 곡선을 설명할 때, 경제학자들은 소비자들이 지불 의사의 크기에 따라 수요곡선에 일렬로 줄을 서 있고, 생산자들이 생산

비용의 크기에 따라 공급곡선에 일렬로 줄을 서 있다는 비유를 즐겨 합니다. 늘어선 이들의 얼굴을 떠올려 보라고 가르치지는 않습니다. 여기에는 투자의 귀재인 복부인도 있고 용산 참사에서 희생된 소시민도 있습니다. 대기업 회장도 있고 서러운 떡볶이 아줌마도 있습니다. 누군가는 비싼 가격 때문에 아이를 살리고, 누군가는 비싼 가격 때문에 아이를 잃습니다. 처지가 다른 이들이 시장균형에서 웃기도 하고 울기도 합니다. 울음소리가 그치지 않는다면 이제라도 자세히 들여다보아야 하지 않겠습니까.

모든 경계에는
시장이 선다

글로벌 제약시장의 경제학

수면병睡眠病은 치사율이 높은 풍토병입니다. 흡혈 파리를 통해 감염되고 전신 쇠약, 무력감, 지속적인 수면 상태를 보입니다. 새로운 암 치료제를 개발하던 연구자들은 에플로리니틴eflornithine이란 성분이 수면병에 탁월한 치료 효과를 지니고 있다는 사실을 우연히 발견하였습니다. 아프리카 사람들은 이를 기적의 치료제라 부르기 시작했습니다. 그러나 특허를 지닌 제약회사는 수익성이 없다는 이유로 생산을 중단하였습니다.

얼마 후 회사는 같은 성분을 이용해 다른 약을 생산하기 시작했습니다. 이 성분이 여성의 얼굴 털을 자라지 않게 만든다는 것을 발견했기 때문입니다. 스탠퍼드 대학교 경제학과의 맥밀란 교수는 이 이야기를 들려주며 제약회사들의 신약 개발이 어떻게 이루어지고 있는지를 설명합니다.[2] 매일 3,000명의 사람들이 말라리아로 사망하고 있지만, 백신 개발을 위한 투자는 다른 질병에 비해 미미하게 이루어져 왔습니다. 대머리, 발기부전, 애완견의 우울증 치료를 위한 연구 개발이 더 활발하게 이루어지고 있다고 합니다. 시장은 전지전능하고 무소부재하다고 믿는 사람들이 많은 시대입니다. 그들의 믿음대로 세상은 변해가고 있습니다.

탐욕의 이중성

　생명을 좌지우지하는 약을 높은 가격에 팔기 때문에 제약회사들은 종종 탐욕스런 존재로 그려집니다. 그러나 경제학자들은 저개발국가 사람들의 에이즈 약 구매를 돕기 위해, 제약회사의 탐욕스런 이윤 추구와 가격 차별을 지지합니다. 사하라 이남 아프리카 주민의 절반 정도가 하루 1.25달러로 살아가고 있습니다. 세계은행은 이를 절대 빈곤의 상황으로 규정합니다. 이들이 미국에서 개당 10달러에 팔린다는 항레트로바이러스antiretroviral를 살 수 있을 가능성은 거의 없습니다. 하지만 가격 차별을 할 수 있다면, 제약회사는 아프리카에서 싼 가격에 약을 공급할 인센티브를 가질 수 있습니다.
　제약산업의 특성상, 신약 개발에 따른 연구 투자 비용은 천문학적이지만 개발된 약의 생산 단가는 미미합니다. 생산 단가 이상의 가

2　John McMillan, *Reinvening the bazaar: A natural history of markets* (W. W. Norton & Company, 2003).

격만 받을 수 있다면, 아프리카에 약품을 제공하여 추가 이윤을 얻을 수 있습니다. 선진국과 저개발국 사이의 가격 차별은 제약회사에게도 득이 되고, 아프리카 사람들에게도 득이 됩니다. 결국 2000년 초, 대형 제약회사들은 아프리카 소비자들에게 저렴한 가격으로 몇 개의 약품을 제공하기로 동의했습니다.

그러나 모든 약이 가격 차별을 통해 아프리카 사람들에게 제공될 수 있는 것은 아닙니다. 아프리카에서 값싼 가격에 팔리는 약품이 다시 선진국으로 재수입되는 것을 막기 힘들기 때문입니다.[3] 또한 선진국 소비자들의 반대가 심하기 때문입니다. 선진국의 소비자들은 아프리카 국민들보다 자신들에게 다섯 배, 열 배 이상의 비싼 가격을 받는다고 화를 내고 시위를 벌입니다. 아이러니하게도 제약회사의 탐욕을 비판하고 값싸게 구매하려는 선진 세계 소비자들 때문에, 제약회사는 저개발국가에서 값싼 가격에 약품을 판매하지 못하고 있습니다.

무엇이든 선과 악으로 쉽게 구분 짓는 사람들이 부러울 때가 있습니다. 세상을 쉽게 살 수 있기 때문입니다. 하지만 경계선을 짙게 그을수록 약자들은 더 괴로울 때가 많습니다. 일용할 양식이 필요한 이들을 위해 경계를 넘나들어야 하는 삶을 사는 이들을 응원하지 않을 수 없습니다.

---

3   Richard A. Hornbeck, "Price discrimination and smuggling of AIDS drugs", *The B.E. Journal of Economic Analysis & Policy* (2005), 5(1): Article 16.

부스러기를 먹는 사람들

에이즈에 걸린 아프리카 사람들은 다른 병에 걸린 사람들보다
사정이 나은 편입니다. 가격 차별을 통해 값싼 가격으로 약품을 구매
할 수 있는 근본적인 이유는 선진 세계에 많은 에이즈 환자들이 존
재하기 때문입니다. 제약회사들이 에이즈 약품을 개발하고 판매하는
것은 선진 세계의 환자들이 비싼 가격을 지불할 수 있기 때문입니다.
선진 세계에 같은 병에 걸린 환자가 없다면 치료제를 얻을 수 없는
처지입니다.

성서에서 이방 여인이 예수를 찾아와 자기 딸에게서 귀신을 쫓
아내 달라고 간청합니다. 예수는 참으로 무심하게도 "자녀들을 먼저
배불리 먹여야 합니다. 자녀들이 먹을 빵을 집어서 개들에게 던져 주
는 것은 옳지 않습니다"라고 대답합니다. 그러자 여인이 말합니다.
"주님, 그러나 상 아래에 있는 개들도 자녀들이 흘리는 부스러기는 얻
어먹습니다."[4] 약자들의 처지는 시간이 흘러도 바뀌지 않나 봅니다.

---

4 신약성서 마가복음 7장 24~30절. 이 이야기의 마지막은 이렇습니다. 상 아래 있
   는 개들도 부스러기를 얻어먹는다고 간청한 여인에게, 예수는 "당신이 그렇게 말
   하니, 돌아가십시오. 귀신이 당신의 딸에게서 나갔습니다"라고 말했습니다.

대체로 해롭지 않게
가격을 논한다

가격 결정의 경제학

프라이드치킨 한 마리가 2만 원입니다. 치킨집이 도매로 사오는 생닭 한 마리 가격은 1,000원입니다. 치킨 가격에 대한 소비자 불만이 높고 치킨 가격의 거품을 빼야 한다는 뉴스 보도를 보았습니다.[5] "치킨집 사장들 힘들어서 죽겠다는 말만 해 봐", "저렇게 이윤이 많으니 한 집 건너 치킨집인 겨", "만인의 치느님으로 폭리를 취하는 프랜차이즈들 닭장으로 들어가라!" 기사에 달린 댓글들입니다.

5   강영연, "슬그머니⋯치킨 한 마리 2만 원", 「한국경제」, 2016년 5월 12일.

가격을 오해하는 방식들

가격을 결정하는 수요공급 원리는 경제학의 심장이지만 자주 오해되는 것도 사실입니다. 가장 흔한 오해는 판매 가격이 생산요소 (원료)의 가격과 차이가 크면 부당하다고 느끼는 것입니다. 가격이 공급 요인에만 달려 있다고 생각하기 때문입니다. 게다가 생산요소가 여럿임에도 가장 두드러지게 눈에 띄는 생산요소에만 주목합니다. 치킨을 튀기기 위해서는 닭뿐만 아니라 기름과 양념이 들어가고, 무엇보다 노동이 들어가지만 생닭의 가격에만 신경을 곤두세웁니다.

2만 원인 치킨 가격이 수요공급에 의해 결정된다는 의미는 다음 두 가지 질문에 답하는 것입니다. 첫째, 나 말고도 얼마나 많은 사람들이 치킨을 먹고 싶어 합니까. 둘째, 치킨집 장사는 얼마나 힘든 일입니까. 생닭 한 마리가 1,000원이라는 사실에 분노한 사람들은 어떤 면에선 지나치게 자기중심적입니다. 남들도 치킨을 좋아한다는 사실을 무시합니다. 아침 10시에 가게 문을 열고 새벽 2시에야 집으로 돌아가는 치킨집 사장님의 삶을 무시합니다.

가격의 결정 원리를 가르칠 때, 학생들과 즐겨 보는 비디오 클립이 있습니다. 유명 코미디언 지미 킴멜Jimmy Kimmel의 토크쇼에 출연한 오바마 대통령이 자신이 받은 트윗을 읽는 장면입니다. 그중 하나는 이렇습니다. "쿠어스라이트 맥주 30개가 우리 동네 가게에서 무려 23달러인 것 알아요? 쳇, 고맙수, 오바마."[6] 가격에 대한 또 하나의 흔한 오류입니다. 가격이 오르면 정부를 비난합니다. 가격 인상이 대통

---

6 http://www.youtube.com/watch?v=RDocnbkHjhI.

@campaignrpoz
A 30 rack of coors light is $23 now at Sun Stop.
Thanks, Obama.

2015년 3월 12일 「지미 킴멜 라이브」Jimmy Kimmel Live에 출연한 오바마 대통령이 자신이 받은 트윗을 읽어주고 있습니다.

령 또는 정부 때문이라고 생각하는 것입니다.

정당한 가격은 존재할까

정당한 가격이란 존재합니까. 아리스토텔레스Aristoteles(BC 384~322)는 판매자와 구매자가 얻는 이득을 똑같이 만드는 가격을 정당한 가격으로 생각했습니다. 토마스 아퀴나스Thomas Aquinas(1225추정~1274)는 비싼 가격을 받으려는 판매자의 욕망과 싼 가격을 지불하려는 소비자의 욕망을 모두 죄악이라 비판하고, 각 상품이 지닌 진정한 가치가 정당한 가격을 결정해야 한다고 주장했습니다.

최근에는 공정가격이라는 단어가 회자됩니다. **공정무역** 커피가 대표적인 사례일 것입니다. 현지 생산자에게 더 높은 가격을 지불하고 커피 원두를 구매합니다. 구매자는 생산자와의 대화를 통해 합의

된 공정한 가격을 지불하는 것입니다. 현지 생산자와의 직거래로 유통 비용을 생산자들에게 돌려주는 것입니다. 이러한 운동은 1990년대 초 세계적인 화장품 기업인 바디숍Body Shop의 "원조보다는 무역을"Trade Not Aid이라는 캠페인에서 시작되었습니다. 돈을 주는 것이 아닌 일터를 지켜주는 방식으로 저개발국가의 사람들을 도와야 한다는 정신을 가지고 있습니다.

공정무역
fair trade

저개발국가와 개발도상국 생산자와 노동자의 생계안정성과 자급자족을 돕기 위해, 더 나은 무역 조건을 만들어 가는 사회운동입니다. 선진국으로 수출하는 제품의 생산자들이 더 높은 가격을 받도록 하고, 현지 노동자들이 개선된 노동환경에서 일할 수 있도록 돕고 있습니다.

바디숍은 시어버터shea butter의 원료인 시어나무 열매shea tree를 현지 시장가격보다 50% 높은 수준에서 구매하였습니다. 농부들의 소득을 높여서 이들이 교육 및 마을 개발에 투자할 수 있도록 도왔습니다. 그러자 농부들은 다른 종류의 농작물 생산을 그만두고 시어트리만을 재배하기 시작했습니다. 바디숍이 원하는 수량보다 네 배 가량 많은 생산이 이루어졌습니다. 하지만 이듬해 바디샵이 구매량을 줄이자 시어트리 열매의 가격은 폭락을 피할 수 없었습니다. 농부들은 더 큰 어려움에 직면해야 했습니다.

현재 커피 원두 가격이 낮은 이유는 사람들이 커피를 많이 마시지 않기 때문입니다. 국제적인 빈민구호단체 옥스팜Oxford Committee for Famine Relief의 조사에 따르면, 2000년대 초반의 커피 생산량은 사람들이 마시고 있는 것보다 대략 천만 개 정도의 커피백만큼 많았다고 합니다. 필요하지도 않은 커피가 생산되고 있고, 남는 것은 사실상 폐기되고 있습니다. 이런 상황에서 소비자들의 자비심에 기대어 높은 가격을 유지한다면, 이는 문제를 해결하는 것이 아닙니다. 오히려 장기적으로는 문제를 악화시킬 가능성이 많습니다. 시어트리의 경우와 마찬가지입니다. 농부들은 계속 커피를 재배할 것입니다. 그러나 높은 가격을 지불하는 것이 더 이상 지속 가능하지 않을 때, 이들은 더욱 어려운 삶을 살아내야 합니다.[7]

이처럼 시장가격 이외의 대안을 생각하기는 쉽지 않습니다. 시장가격이 정당하지 않다면 시장가격보다 높거나 낮은 가격을 정당하다고 해야 하는데, 어떤 식의 대안도 부작용을 야기하고 누군가로부터는 부당하다는 비판을 받을 수밖에 없습니다. 정당한 가격에 대한 질문은 그치지 않겠지만, 아마도 영원히 속시원한 대답을 듣지 못할 것입니다.

공정무역을 위해 애쓰는 지인들을 몇 명 알고 있습니다. 더 나은 세상을 꿈꾸고 세상의 을들을 돕기 위해 자신의 삶을 헌신한 사람들입니다. 이들의 삶을 들여다보면, 제 삶은 쪼그라들며 미안함과 부끄러움을 느낍니다. 이 글을 읽고 화를 내거나 실망하면 어쩌나 하는 걱정을 합니다. 경제학을 우울한 학문이라고 계속 부를 수밖에 없습니다.

다행히 기쁜 소식이 있습니다. 국제커피기구ICO에 따르면, 향후 5년 동안 세계의 커피 수요량은 25% 이상 상승할 전망입니다.[8] 국제무역의 혜택으로 빈곤을 벗어나고 경제 성장을 경험하고 있는 중국과 인도 사람들이 커피를 마시기 시작했습니다.

---

7   Joseph Heath, *Economics without illusions* (Crown Pub, 2010).
8   Nicholas Bariyo, "Coffee consumption expected to jump", *The Wall Street Journal*, 2015년 2월 16일.

보이는 가격, 보이지 않는 소득

사회심리학자들의 연구에 따르면, 진보적인 사람들은 약자에 대한 공감 능력이 상대적으로 뛰어납니다. 진보적인 사람들은 국가가 나서서 취약 계층의 인간적 삶을 보장해 주어야 한다고 생각합니다. 두 가지 방식으로 이루어질 수 있는데, 하나는 기본 서비스의 가격을 낮추는 것이고, 다른 하나는 소득을 보조해 주는 것입니다. 그런데 소득 보조의 방법을 무시하고, 가격 인하를 주장할 때가 많습니다. 상대적으로 가격이 쉽게 눈에 띄기 때문일까요. 진보적 포퓰리즘의 흔한 실수는 보이는 가격에만 집중하는 오류입니다.

원가 이하로 유지되고 있는 수도요금을 생각해 봅시다. 저소득층과 취약 계층의 기본권을 위해서 요금 인상을 반대하는 이들이 있습니다. 수도 같은 서비스는 가난한 사람들에게 상대적으로 더 중요하다는 근거를 들기도 합니다. 왜냐하면 소득에서 차지하는 수도요금 비중이 가난한 사람들에게 더욱 크기 때문입니다.

그러나 가격을 통해 돕는 방식은 과도한 소비를 가져올 뿐만 아니라, 정작 부자들이 더 많은 혜택을 얻는 역진적 효과를 낳을 수밖에 없습니다. 정부가 수도요금을 시장가격의 절반으로 유지하고 있는 간단한 상황을 생각해 봅니다. 연간 소득이 1억 원인 갑이 수도요금으로 일년에 100만 원 정도를 내고 있고, 연간 소득이 1,000만 원인 을이 20만 원 정도 내고 있습니다. 갑은 소득의 1%를 수도요금으로 쓰고 있고, 을은 소득의 2%를 쓰고 있습니다. 그러나 갑은 대략 100만 원의 보조를 받고, 을은 20만 원의 보조를 받고 있다고 할 수 있습니다.

비슷한 문제가 무상급식 논쟁에서 불거졌습니다. 다양한 층위의 논의가 있지만, 무상급식이 갖는 역진적 성격을 부인할 수는 없습니다. 저소득층에게만 선별적으로 무상급식을 줄 때 생기는 우려들, 특히 가난한 아이들이 눈칫밥을 먹어야 한다는 염려에 공감합니다. 그러나 낙인 효과의 문제를 다른 방식으로 해결해 보려고 노력하지 않은 점은 아쉽습니다. 진보적 포퓰리즘이 지닌 순진함이라고 비판할 수 있을까요.

프랑스 파리 근교의 초등학교 급식 방식이 보도되어 화제가 되었습니다.[9] 학교가 식비를 관리하지 않습니다. 시청이 가정의 소득 보고 및 납세 기록에 따라 등급을 정하고, 부모에게 서로 다른 식비 고지서를 보냅니다. 이는 가격을 통제하는 것이 아니라, 사실상 소득을 보조하는 방식입니다. 동시에 가격 차별로도 볼 수 있지만, 눈칫밥을 먹지 않고 역진적이지도 않습니다.

보수가 약자에 대한 공감 능력을 키우고, 진보는 보이는 가격 말고도 보이지 않는 소득을 꿰뚫어 보는 능력을 키울 수 있다면!

여전히 던져야 할 질문들 — 독점성과 공공성

가격이 수요와 공급에 의해 결정된다는 의미를 충분히 이해하면, 시장가격에 대한 문제 제기들 중 상당수는 설득력을 잃을 것입

---

9 서경채, "'부자가 더 내는' 유상급식… '눈칫밥 낙인' 없다", 「SBS 뉴스」, 2015년 4월 18일.

니다. 그러나 여전히 던져야 할 날카로운 질문들은 남아 있습니다.

첫째, 시장이 충분히 경쟁적인지, 혹시 시장지배력을 가진 기업들의 담합이 이루어지고 있지는 않은지를 물어야 합니다. 독점력과 담합에 의해 형성된 가격은 시장가격이라 할 수 없습니다.[10] 수요와 공급에 의해 결정된 것이 아니라 기업에 의해 결정된 것이기 때문입니다. 앞서 지적한 2만 원짜리 치킨의 경우, 프랜차이즈의 독과점이 높은 가격의 숨은 이유일 수 있습니다. 치킨 시장에서 프랜차이즈 치킨 전문점의 시장점유율이 높고, 이들은 유통시장까지 수직 계열화하여 높은 시장지배력을 가지고 있기 때문입니다.

둘째, 상품이 순수 사유재인지, 혹시 공공성을 가지고 있지는 않은지를 물어야 합니다.[11] 공공재의 속성을 지닌 상품의 경우, 사람들이 정말 원하는 바가 무엇인지 따져 보아야 하기 때문입니다. 이는 시장의 수요가 어떻게 생겼는지를 묻는 것이기도 합니다.[12] 무상급식 논쟁이 치열했던 이유는 바로 여기에 있습니다. 앞서 가격 규제가 낳는 왜곡을 설명하기 위해 무상급식의 문제를 지나치게 단순화했지만, 논쟁의 방점은 '무상'에 있는 것이 아니라 '급식'에 있습니다. 많은 사람들은 학교 급식을 보편적 복지라고 판단합니다. 복지적 성격

10 미시경제학이 가르치는 것처럼, 독점 시장에서는 공급 곡선이 존재하지 않습니다. 이 경우, 저는 가격을 시장가격이라 부르지 않아야 한다고 생각합니다. 그러나 일상적으로 사용되고 있는 '시장가격'이라는 표현은 경쟁 시장과 독점 및 담합에 의한 가격을 구분하지 않고 있습니다.

11 사유재와 공공재의 차이에 대해서는 '정부는 왜 존재하는가 | 공공재의 경제학'에서 자세히 설명합니다.

12 사유재의 경우, 시장 수요곡선market demand curve은 개인 수요곡선들individual demand curve의 수평적 합으로 도출됩니다. 반면 공공재의 경우, 시장 수요곡선은 개인 수요곡선들의 수직적 합으로 도출됩니다. 재화 및 서비스의 성격에 따라, 사람들이 원하는 바가 달라지는 것처럼, 수요곡선의 도출 방식이 달라집니다.

을 띤 교육 정책으로 생각하는 이들도 있습니다. 즉 급식 서비스에는 공공성이 담겨 있다는 것입니다. 무상급식 논쟁이 치열하고 종종 평행성을 달릴 수밖에 없는 이유는, 사람들마다 급식 서비스의 성격을 달리 보고 있기 때문입니다.

시장가격이 공정하냐는 질문은 끊임없이 제기되겠지만, 만족스런 대답을 얻기는 쉽지 않을 것입니다. 시장가격의 공정성 여부에 대한 논쟁은 유의미한 논지를 만들지 못하고, 비생산적이기 쉽습니다. 사실 '치킨이 너무 비싸다', '무상급식을 찬성/반대한다' 같은 문제 제기들은 시장가격의 공정성에 대한 논쟁이 아닙니다. 앞의 것은 시장가격이 아니라 독점가격일 수 있다는 지적이고, 뒤의 것은 학교 급식이 공공성을 띠고 있는지에 대한 논쟁입니다. 이처럼 가격에 대한 문제 제기와 토론을 올바로 하기 위해서는 공정성 여부가 아니라, 독점성 여부와 공공성 여부를 따져 보아야 합니다.

원조와 짝퉁
시장주의

정실자본주의의 경제학

1600년에 설립된 동인도 회사East India Compay는 엘리자베스 1세 Elizabeth I(1533~1603)로부터 동인도 지역의 무역 독점권을 획득했습니다. 독점권은 15년 동안 주어졌지만 영국 의회는 1694년에 이르러서야 다른 경쟁 업체에게도 무역권을 허가합니다. 그러나 실질적 경쟁이 이루어지기는 쉽지 않았습니다. 동인도 회사는 이미 오랜 기간 동안 시장을 독점하고 막강한 정치적 영향력을 행사하고 있었기 때문입니다.

형식적이라 할 수 있던 경쟁 업체마저도 금방 사라졌습니다. 동인도 회사의 주주들은 경쟁 업체의 주식을 사들였고, 인수합병을 통해 다시 독점적 위치를 지켜냈습니다. 이와 동시에 동인도 회사는 영국 재무부에 자금을 빌려주고, 그 대가로 3년의 독점권을 다시 얻어냈습니다. 이후로 끝없는 로비와 뇌물을 통해서 3년 동안 주어지는 독점권을 갱신해냈고, 결국 1833년까지 독점적 무역권을 지켜냈습니다. 최초 15년 동안 주어진 독점권이 233년으로 늘어난 것입니다.

원조 시장주의

배타적 특권이 없을 때, 거의 성공하지 못했습니다. 배타적 특권이 있을 때조차도, 자주 성공하지 못했습니다.

『국부론』의 일부입니다. 경제학의 아버지라 불리는 **애덤 스미스**는 기업에 대해 회의적이었습니다. 동인도 회사가 독점을 유지하는 방식을 보면서, 기업이 얼마나 쉽게 부패할 수 있는지를 목격했기 때문입니다. 기업은 정치적 힘을 키워 배타적 특권을 가지려는 본성을 지니고 있고, 결국 경쟁을 저해할 것이라고 판단한 것입니다.

많은 이들이 놀라야 하는 대목입니다. 애덤 스미스는 사익 추구를 자본주의의 원동력이라고 가르치지 않았습니까. '사익 추구가 공익을 낳는다'는 명제는 『국부론』의 핵심 주장으로 알려져 있습니다. 1776년 책이 출간된 후, 경제학도들은 이 명제를 소중하게 배웠습니다. 경제학 수업을 들은 이들은 애덤 스미스, 이기심, 이윤 추구, 자유 시장, 보이지 않는 손, 작은 정부, 효율성, 경제 성장 등의 단어를 조합해서 다양한 문장을 만들 수 있는 능력을 지니고 있습니다.

애덤 스미스가 기업을 부정적으로 보았다는 것에 놀라는 이유는, 그를 자주 인용하는 이들이 시장과 기업을 동의어로 사용하기 때

문입니다. 그러나 애덤 스미스에게 있어서 시장과 기업은 반대말에 가깝습니다. 기업은 어떻게 해서든 경쟁을 회피하려고 하기 때문입니다. 애덤 스미스가 가르친 원조 자유시장주의는 기업의 과도한 지배력이 시장 경쟁을 훼손한다는 사실을 분명하게 인식하고, 공정한 경쟁을 보장하는 것을 시장경제의 필요조건으로 간주합니다.

짝퉁 시장주의

원조는 온데간데없이 사라지고 시장과 기업을 동의어로 사용하는 짝퉁 시장주의가 판을 치고 있습니다. 자유경제원은 스스로를 "시장경제에 대한 오해, 불신, 미신과 맞서는 기관"으로 소개합니다. 이들에게 있어서 친기업 정책은 친시장 정책이고, 친서민 정책은 반시장 정책입니다.[13] 자유경제원이 언론에 배포한 보도자료들 중 일부를 살펴봅니다.

"배임죄, 기업의 경쟁력 떨어뜨리는 가혹한 규제"

"기업인 사면, 과잉처벌의 덫에 걸린 기업인들 현장으로 돌아갈 새로운 기회"

"독점에 대한 고정관념에서 벗어나자."

"기업하기 좋은 2016, 규제만능 공화국에서 벗어나야"

"나홀로 증세, 법인세 인상은 경제 전체의 소득 감소 유발"

"기업 격차는 자연스러운 현상…대기업 수 많다는 것은 경제 상황 좋다는 의미"

"각종 법률에 숨어 있는 기업규모별 규제 해소해야"

"기업 관련 세법 개정안 긴급 간담회: 투자세액공제제도 개정안, 경제 성장 훼손시켜"

"자유기업원, 친서민 정책 비판 세미나 개최"

짝퉁들의 특징이 진짜와 가짜의 구분을 모호하게 만드는 것이 듯, 자유경제원은 친시장과 친기업, 이윤과 경쟁, 자유와 특권을 혼용하면서, 자유시장과 정실자본주의의 차이를 모호하게 만드는 역할을 하고 있습니다.

---

13 이들의 짝퉁 시장주의 정체성은 옛 이름에 잘 담겨 있습니다. 자유경제원의 원래 이름은 자유기업원입니다.

자본주의 최대의 적, 정실자본주의

정실자본주의란 기업의 성공이 정부 및 정치권력과의 관계에 달려 있는 경제체제를 의미합니다. 이윤 극대화를 추구하는 기업의 속성은 로비와 뇌물을 통해 국가의 법, 규제, 세금 정책 등을 자신에게 유리하게 만들고 경쟁을 줄이려고 합니다. 특히 시장지배력이 큰 기업일수록 이러한 인센티브와 능력을 더 많이 가지고 있습니다.

마이크로소프트와 구글은 역사상 가장 대표적인 혁신 기업입니다. 압도적인 기술 우위를 통해 관련 산업에서 최고의 시장점유율을 가지게 되었습니다. 이제 시장지배력을 유지하는 방법은 두 가지입니다. 하나는 지속적으로 혁신하는 것이고, 다른 하나는 정부의 힘에 기대는 것입니다. 기업은 둘의 최적 조합을 찾아낼 것입니다. 시장지배력이 높을수록 힘겨운 혁신을 줄이고 정부에게 의지하려고 들 것을 예상할 수 있습니다. 2000년대 후반부터 두 기업은 가장 많은 정치 자금을 기부하고 있습니다.[14]

시장주의자들은 정실자본주의를 자본주의의 최대의 적으로 생각합니다. 그러나 원조와 짝퉁 사이에는 미묘하지만 선명한 차이가 있습니다. 짝퉁 시장주의자들은 정실자본주의의 모든 책임을 정부에게만 전가합니다. 이들은 정부를 시장의 반대말처럼 사용합니다. 로널드 레이건Ronald W. Reagan(1911~2004) 대통령은 "정부가 우리 문제의 해답이 아니라, 정부 그 자체가 문제"라고 말했습니다. 자유경제

---

14 Tom Hamburger, Matea Gold, "Google, once disdainful of lobbying, now a master of Washington influence", *The Washington Post*, 2014년 4월 12일.

원은 정부 규제와 정부 독점을 모든 악의 근원으로 생각합니다. 전기, 가스, 수도, 전화, 지역 버스 서비스와 같은 독점적 정부 프랜차이즈를 비롯하여, 면허, 관세, 물량 규제, 가격 규제, 정부가 기업을 소유하거나 보조금을 주는 행위 등을 모두 반대합니다. 어떤 산업도 예외일 수 없습니다. 심지어 공정거래법조차 폐지해야 한다고 주장합니다.

반면 원조 시장주의자인 애덤 스미스는 영국 왕실이 아닌 동인도 회사에 문제를 제기합니다. 짝퉁이라면 영국 왕실을 탓할텐데, 원조는 왜 동인도 회사를 비판하는 것입니까. 짝퉁은 병의 증상만 탓하는 것이고, 원조는 병의 원인을 고치려는 것일까요. '닭이 먼저냐, 달걀이 먼저냐'라는 논쟁으로 빠지기보다, 정부가 특혜를 주거나 기득권을 보호해 주는 메커니즘을 살펴봅시다.

금융 위기를 생각한다

1998년 미국의 대형 금융기업인 씨티그룹은 대형 보험회사인 트래블러스와 인수합병Merger and Acquisitions(M&A)을 시도합니다. 이것은 투자은행investment bank과 상업은행commercial bank을 분리하고 있는 글래스-스티걸 법안Glass-Steagall Act을 위배하는 것이었습니다. 그러나 트래블러스의 최고경영자 샌포드 웨일Sanford Weill은 이미 연방은행 및 재무부와 충분히 상의한 일이라고 말하며 인수합병을 밀어붙였습니다.

당시 재무장관은 로버트 루빈Robert Rubin입니다. 평소 금융권을 보호하기 위해 언제나 구제금융bailout을 지지하던 사람입니다. 그는 1999년 글래스-스티걸 법안 폐지에 나섰고, 동료 민주당 의원들을 설득하여 관련 법안을 하원에서 통과시키는 데 성공합니다. 바로 다음 날 재무장관에서 사임하였는데, 곧바로 많은 은행에서 고액 연봉을 제시받았습니다. 결국 1,500만 달러라는 천문학적 연봉을 제시한 씨티그룹의 기업 자문관으로 입사합니다.[15]

많은 경제학자들은 글래스-스티걸 법안의 폐지가 금융 위기를 초래했다고 지적하고 있습니다. 법안 폐지는 규제 완화를 통한 단기적 효율성을 제고했는지도 모르지만, 결국 금융산업의 거대한 정치적 영향력이 금융 위기의 배경이 되었기 때문입니다. 이 뒤에는 로버트 루빈으로 상징되는 정치적 거래가 존재했습니다. 특혜를 제공하고 고액 연봉의 재취업 기회를 얻는 것이 정실자본주의의 뿌리입니다.

삼성을 생각한다

삼성 주요 계열사 사장과 구조본 팀장들 중에는 자신들이 실제로 국가를 운영하고 있다고 믿는 이들이 많았다. … 아주 시시콜콜한 정부 방침까지 구조본 팀장회의에 올라오곤 했다.

『삼성을 생각한다』(사회평론, 2010)의 일부입니다. 이 책을 쓴 김용철 변호사는 삼성의 비자금과 각종 비리를 폭로했습니다. 삼성이 온갖 로비와 여론 조작을 통해 사실상 정부를 운영했다고 주장합니다.

---

15 William D. Cohan, "Rethinking Robert Rubin", *Bloomberg Businessweek*, 2012년 9월 30일.

정부기관, 검찰, 법원에서 일하던 이들이 삼성으로 이직하는 경우도 많았습니다. 한미 FTA를 이끌었던 김현종 전 통상교섭본부장이 대표적인 경우입니다. 그는 2009년 3월 삼성전자 법무팀 사장으로 이직합니다. 김용철 변호사에 따르면, 김현종 씨는 첫 사장단 회의에서 "기업 이익을 지키는 게 나라의 이익을 지키는 일이라고 생각한다"고 말했다고 합니다. 삼성그룹의 사외이사들도 절반 가까이 재경부, 국세청, 금감원, 공정위와 같은 정부 공무원 출신으로 알려져 있습니다.[16]

김용철 변호사는 이런 이야기도 전하고 있습니다. 법조계와 언론계에서 빨갱이보다 더 무서운 낙인은 반기업적이라는 평판입니다. 예를 들면, 반기업적이라고 알려진 판사는 퇴임 후 대형 로펌에 취업할 수 없습니다. 반기업적이 되지 않기 위해 몸을 사리는 분위기가 사회 지도층에 만연하다고 합니다. 저는 학계도 이로부터 얼마나 자유로울지 의심합니다.

흥해라, 원조 자유시장주의!

최근 보도에 따르면, 전경련(전국경제인연합회)은 자유경제원에 매년 거액의 돈을 지원한 것으로 밝혀졌습니다.[17] 자유경제원은 실상

---

16 김상조, 『종횡무진 한국 경제』 (오마이북, 2012). 이 책의 일부를 소개합니다. "1998년이후 2005년까지 삼성그룹 주요 계열사의 사외이사를 지낸 인물 총 109명 가운데 관료 출신이 53명(48.6%)인데, 그 상당수가 재경부·국세청·금감위(금감원)·공정위 등 규제 감독 관련 정부 부처 출신이었으며, 심지어 법원 고위 판사나 검찰 특수부 출신 법조인도 여럿 있었다. 이들은 삼성그룹의 경영권 승계 및 지배 구조와 관련한 법률적 현안이 발생했을 때 대거 영입되었다."

기업의 정치적 영향력과 사회지배력의 확장을 위해 봉사하면서 정실
자본주의의 촉매제 역할을 하고 있습니다.[18] 마치 독재자의 최고 전
략은 이웃 나라의 독재자를 비난하는 것이듯, 정실자본주의에 기생
하는 짝퉁 시장주의는 정부에게 모든 책임을 전가합니다.

시장주의자를 자처하는 시카고 대학교의 뤼기 징갈르스 교수는
글래스 스티걸 법안의 폐지가 자유시장의 원칙에 맞고 옳은 결정이
었다고 주장해 왔습니다. 그러나 최근 그는 이렇게 고백합니다.

오랫동안 그들이 틀렸다고 생각했다. 나는 전문가이고 무엇이 최선인
지 알고 있다고 생각했다. 결국 내가 틀렸다는 것을 깨달았다. 글래스-
스티걸 법안이 가장 효율적인 형태의 규제는 아니었지만, 60년 동안 잘
작동했다. 사람들은 금융산업의 정치적 힘이 과도하다는 것을 알고 있
었고, 그것을 통제하기를 원했다. 비록 그들이 세련된 경제적 논리를
이해하지 못했지만, 핵심을 간파하고 있었던 것이다. 최선의 대안에 집
착하는 것은 오히려 해가 될 수 있다. 최선의 규제를 얻으려고 하다가,
우리는 실현 가능한 규제조차 얻지 못한다.[19]

그는 경쟁법 또는 반독점법의 목적에 대해서도 비슷한 주장을

17 곽정수, "전경련, '위장계열사' 자유경제원에 20년간 매년 거액 지원", 「한겨레」,
    2015년 11월 18일.
18 최근 자유경제원은 역사교과서의 정부 독점을 위해 목소리를 높이고 있습니다.
    평소의 논리라면 검정제도마저 폐지해야 한다고 주장해야 하지만, 이번에는 국
    정화를 통해 균형 있는 교과서를 만들자고 합니다. 그들의 경전을 쓴 사도 하이
    에크Friedrich Hayek가 '치명적 자만'fatal conceit이라고 불같이 화를 낼 듯합니다.
19 Luigi Zingales, *A capitalism for the people: Recapturing the lost genius of American
    prosperity* (Basic Books, 2012).

펼칩니다. 흔히 반독점법의 정신은 경쟁자를 보호하는 것이 아니라 경쟁을 보호하는 것으로 묘사됩니다. 많은 시장주의자들은 대기업에 대한 규제를 반대하기 위해 이 논리를 자주 사용합니다. 예를 들면, 대기업이 골목 상권에 진출할 때, 반독점법의 목적은 중소상인들을 보호하는 것이 아니라고 즐겨 말합니다. 그러나 징갈르스 교수는 반독점법이 기업의 정치적 힘을 줄이는 목적을 가지고 있다고 말합니다. 기업이 충분히 크면 정부를 움직여서 이윤을 추구하려고 들고, 경쟁은 훼손될 수밖에 없기 때문입니다.

시장과 기업을 동일시하고 시장과 정부를 대결시키는 프레임은 짝퉁 시장주의입니다. 진정한 시장주의는 기업의 힘을 믿는 것이 아니라 공정한 경쟁의 힘을 믿는 것입니다. 기업이 과도한 힘을 가지고 있는지 항상 의심하는 것입니다. 진정 시장경제를 통해 더 나은 세상을 만들고자 하는 이들이라면, 기업하기 좋은 나라가 아니라, 기업이 경쟁하는 나라를 주장해야 합니다.[20]

흥해라, 이런 자유시장주의!

---

20 짝퉁이 아닌 원조 시장주의가 필요하다는 주장은 개혁적이고 진보적 성향을 지닌 여러 경제학자들의 주장과 맥을 같이 합니다. 장하성의 『한국 자본주의: 경제민주화를 넘어 정의로운 경제로』(헤이북스, 2014)와 김상조의 『종횡무진 한국 경제』(오마이북, 2012)는 한국 경제의 문제를 '신자유주의의 과잉 및 구자유주의의 결핍'으로 진단하고 있습니다. 『종횡무진 한국 경제』의 일부를 소개합니다. "한국 경제는 중상주의에서 신자유주의로 바로 건너뛴 것과 같다고 할 수 있다. 그 결과 서구의 고전적 자유주의가 이룩한 성과, 즉 법치주의 내지 '법 앞의 평등한 정의'로 요약되는 절차적 정당성을 확보하는 메커니즘이 확립되지 못했다. … 한편에는, 법치주의 내지 공정 경쟁 질서의 확립 등과 같은 구자유주의적 과제가 자신의 역사적 책무임도 깨닫지 못하는 한국의 보수 진영이 있다. 다른 한편에는, 그러한 구자유주의적 과제는 나의 것이 아니라고 방기하는 한국의 진보 진영이 있다. 그 사이의 공백을 정치적·경제적·관료적·기득권 세력이 차지하면서 지배력을 유지하고 있는 것이다. 그런 의미에서, 매우 역설적이게도 신자유주의를 극복하면서 동시에 구자유주의를 확립하는 것이 이 시대 한국의 개혁·진보 진영의 과제다."

기업을 어떻게
오해하는가

기업 조직의 경제학

화성인이 망원경으로 지구의 경제 활동을 들여다봅니다. 화성인은 지구의 경제를 빨간 선과 녹색 점이 뒤섞인 거미줄처럼 그려 보려고 합니다. 그들은 시장 거래를 빨간색 선으로 표시하고 기업을 녹색 점으로 표시합니다. 화성인은 이를 어떻게 묘사할까요.

그들은 "녹색 점을 연결한 빨간 선 네트워크"라고 하지 않고, "빨간 선으로 연결된 거대한 녹색 동그라미들의 집합"이라고 묘사합니다. 1978년 노벨 경제학상을 수상한 허버트 사이먼(1916~2001)의 비유입니다.[21] 화성인이 '시장경제'라는 말을 듣는다면 깜짝 놀랄 것

---

21 Herbert Simon, "Organizations and markets", *Journal of Economic Perspectives* (1991), 5(2): 25~44.

이라고도 말합니다. 시장을 통하지 않은 기업의 내부 거래가 전체 경제에서 차지하는 비중이 생각보다 훨씬 크기 때문입니다. 실상 순수한 시장 거래는 현대 자본주의 경제 활동의 절반에도 미치지 못하는 것으로 알려져 있습니다.

기업의 존재, 시장실패의 증상

놀라지 마십시오. 기업 조직을 연구하는 경제학자들은 기업의 존재를 시장실패의 증상이라고 생각합니다. 경제학자들과 대중 사이의 간극이 여기저기에 많지만, 기업에 대한 경제학적 이해는 가장 알려져 있지 않고 가장 잘못 이해되고 있는 것들 중 하나입니다. 흔히 규제 완화와 기업하기 좋은 환경이 동의어로 사용됩니다. 반독점법이나 공정거래를 위한 규제는 시장에 대한 정부의 부당한 개입으로 묘사될 때가 많습니다. 기업과 자유시장은 마치 한 몸처럼 여겨집니다. 경제학을 공부한 이들의 어법과 인식도 다르지 않을 때가 많습니다.

만약 시장이 완벽하게 효율적이면 기업이 존재할 필요가 없습니다. 완벽한 시장경제 시스템이라면, 생산자는 개인의 단위로 존재합니다. 시장의 가격은 생산자들 사이의 수많은 계약을 조정하고 모든 상품과 서비스를 생산 가능하게 합니다. 애덤 스미스의 '보이지 않는 손', 자유시장경제가 효율적이라는 것을 증명한 일반균형 이론이 작동하는 방식입니다. 마치 진공상태처럼 아무런 마찰이 없는 자유시장은 기업을 필요로 하지 않습니다.

로널드 코스(1910~2013)는 왜 기업이 존재하는가를 다음과 같이 설명합니다.[22] 현실의 복잡한 경제 환경에서는 다양한 형태의 거래비용이 존재합니다. 거래 상대자를 찾고, 경쟁 업체의 상품과 서비스 품질을 비교하고, 계약을 맺기 위해 협상하는 과정에는 많은 시간과 노력이 들어갑니다. 계약 이행 여부를 감독하고, 수시로 발생하는 분쟁을 조정해야 합니다. 이처럼 거래비용이 큰 경우에는 기업가가 이끄는 중앙집중형 경제가 분권적인 시장 거래를 대체합니다. 즉 기업은 시장이 완벽하지 않고 실패했기 때문에 나타난 것이라고 할 수 있습니다. 이후로 조직경제학 연구자들은 자발적 시장 거래에 비해 기업 통제하의 내부 거래가 가진 장점들을 연구해 왔습니다. 예를 들면, 기업은 상급자의 리더십과 권위, 하급자의 충성, 팀워크, 활발한 의사소통 등을 통해 기회주의적 행위를 줄일 수 있습니다.[23]

한발 더 나아가 기업은 시장실패의 증상일 뿐만 아니라, 시장경제와 대척점을 이루고 있는 사회주의경제와 가장 닮아 있습니다. 시장경제에서의 거래는 보이지 않는 손, 가격을 바탕으로 이루어집니다. 가격이 마음에 들면 사고, 그렇지 않으면 사지 않으면 그만입니다. 반면 기업 내에서의 거래는 대부분 상급자의 계획과 명령에 따라 이루어집니다. 한국의 재벌처럼 덩치가 큰 기업들은 명령과 통제를 바탕으로 한 사회주의 체제와 더욱 닮아 있습니다. 김용철 변호사에 따르면, 삼성은 '이건희 회장 지시사항'을 헌법처럼 받들었다고 합니다.[24]

22 Ronald H. Coase, "The nature of the firm", *Economica* (1937), 4(16): 386~405.
23 John Roberts, *The modern firm: Organizational design for performance and growth* (Oxford University Press, 2007).
24 "돈을 받지 않는 권력자에게는 와인이나 호텔 할인권을 건네주라거나, 삼성에 비판적인 보도를 하는 언론사에 대해서는 광고를 조정하는 것을 검토하라는 것

시장의 우월성을 이야기할 때마다 시장주의자들은 기업의 효율과 혁신을 자랑합니다. 이들이 펼치는 가장 흔한 논리는 기업과 공공 부문을 비교하는 것입니다. 대표적인 예가 1980년대 이후, 영국과 미국을 중심으로 이루어진 공기업 민영화입니다. 민영화는 많은 경우 기업의 이윤을 증가시켰고, 높은 질의 상품을 낮은 가격에 제공함으로서 소비자에게 혜택을 주었습니다. 이를 위해 많은 해고가 이루어진 것도 사실이고, 어떤 산업에서는 고용이 증가한 것도 사실입니다. 다수의 산업에서 민간 기업이 공공 부문보다 효율적인 것으로 나타났습니다. 물론 전부는 아닙니다. 그러나 이 둘의 비교를 통해 시장의 우월성을 주장하는 것은 어색한 면이 있습니다. 기업은 시장이 아니라 시장실패의 증상이고 계획경제planned economy이기 때문입니다. 시장과 기업을 동의어처럼 사용하는 이들은 실상 시장주의자가 아니라 기업주의자라고 해야 옳을 것입니다.

시장과 기업은 동의어일까

애덤 스미스는 기업 조직의 미래에 대하여 회의적이었습니다. 경영자가 자신의 돈이 아닌 다른 이들의 돈을 관리하면 문제가 생길 수밖에 없다고 지적했습니다. 그의 지적은 옳았습니다. 현대 기업은

따위가 이 문건에 담긴 내용이다. … 삼성에서 회장 지시사항은 북한에서 김일성이 내린 교시와 비슷한 위상을 갖고 있다. … 삼성에서 회장 지시사항은 헌법 이상의 권위가 있었고, 구조본 팀장들은 이행 상황을 수시로 확인해 보고해야만 했다." 김용철, 『삼성을 생각한다』(사회평론, 2010).

소유와 통제가 분리된 형태를 가지고 있습니다. 기업의 주인은 주주이지만, 경영권을 행사하는 것은 경영자입니다. 이런 식의 주인-대리인 관계는 경영진과 직원들 사이에도 존재합니다. 경영자들과 직원들의 도덕적 해이가 다양한 형태로 나타납니다. 예산 책정시 비용을 과장하는 일이 다반사입니다. 연구자들의 추정에 따르면, 기업 예산의 평균 20~25% 정도는 쓸데없는 곳에 쓰이고 있습니다.

애덤 스미스의 부정적 전망에도 불구하고, 기업은 적어도 차선의 대안으로 살아남았습니다. 기업이 생존할 수 있었던 이유는 아이러니하게도 시장의 힘 때문입니다. 기업은 생산품 시장에서 소비자들의 선택을 받기 위해 경쟁을 펼쳐야 합니다. 높은 품질과 저렴한 가격으로 소비자를 만족시켜야만 살아남을 수 있습니다. 금융시장은 생산 비용 절감과 신제품 개발 같은 기업의 혁신을 가능하게 합니다. 경영자의 능력이 떨어지거나 도덕적 해이가 나타나면 주가 하락이라는 처벌 메커니즘이 작동합니다. 시장실패가 기업을 낳았지만, 기업을 효율적으로 작동하게 만드는 힘도 바로 시장입니다. 기업과 시장의 관계는 이렇게 모순적이면서도 보완적입니다.

시장주의자들은 의도적으로 기업과 시장을 동의어처럼 사용합니다. 기업과 시장을 한데 묶어 신자유주의로 비판하는 이들도 마찬가지입니다. 결국 '기업하기 좋은 나라'를 외치면 시장주의자라고 불리고, 기업을 경쟁시키는 시장 환경을 만들어야 한다고 말하면 반시장주의자로 불리게 되었습니다. 양시론兩是論과 양비론兩非論 모두가 시시비비를 가리지 않고 허망한 결론을 내듯이, 기업과 시장을 묶어 쓰는 이들의 결론도 답답할 때가 많습니다. 어디서부터 풀어야 할지 모를 또 하나의 실타래입니다.

누가 시장경제를
망가뜨리는가

신뢰의 경제학

태정산업 권광남입니다. 직접 찾아뵙고 말씀드려야 옳으나 이렇게 글월로 올리는 것을 이해 바랍니다. 저는 올해 법정관리에 들어가 이제 인가 절차를 거치고 있습니다. … 여러 가지 일들을 법원 판사님께 통제를 받다 보니 삼성의 협조사항에 대책을 세우지 못했습니다. 상무님, 올해는 제가 운신할 수 있는 폭이 거의 없습니다. 우선 회생 인가를 받고 내년에는 삼성의 도움이 되는 협력 업체로 거듭나도록 하겠습니다. 죄송스런 마음 그지없습니다. 너그럽게 용서 바랍니다.

대기업의 갑질

「뉴스타파」의 보도에 따르면, 삼성전자는 협성회 소속의 업체들에게 200억 정도의 돈을 요구합니다.[25] 협성회란 삼성전자 생활가전 부문의 주요 협력 업체 모임입니다. 위의 글은 태정산업의 권광남 회장이 삼성전자의 모 상무에게 보낸 문자메시지입니다. 태정산업은 삼성전자에게 성의 표시를 하지 못했습니다. 1988년부터 삼성에 납품하기 시작했지만, 결국 이 일이 있은 후 28년 만에 협성회로부터 탈락 통보를 받았습니다. 수주 물량도 큰 폭으로 줄었습니다. 이처럼 하도급 업체들에게 기금을 만들도록 하거나, 협의를 거치지 않고 일방적으로 납품 단가 인하를 요구하는 것은 하도급법 위반의 불공정 행위입니다.

대기업은 다양한 방식으로 중소기업에게 갑질을 하고 있습니다. 협력 업체에게 공동 사업을 제안하지만 기술을 가로챕니다. 하청 업체의 사업을 낚아채서 직접 계열사를 차립니다.[26] S전자는 반도체 장비를 납품하던 J업체와의 거래를 끊고 계열사를 통해 제품을 직접 생산하기 시작했습니다. 계열사의 제품을 쓸 것을 강요합니다. S전자에서 S카드를 쓰라고 한다거나, H전자가 H자동차 등의 구매를 요구하는 것입니다.

자본주의를 반대하는 사람들은 자본주의를 파괴하기 위해 두

---

25 최경영, "삼성전자 협성회 긴급 모임…각사별로 협조하실 금액은", 「뉴스타파」, 2016년 5월 10일.
26 박진호, "중소협력사, 대기업과 공동 사업하면 기술 빼앗기기 십상", 「중소기업신문」, 2014년 11월 20일.

가지 행동을 제안합니다. "구매하지 말자", "지불하지 말자"는 것입니다. 시장 거래가 없으면, 자본주의가 성립할 수 없기 때문입니다. 순진한 방식의 싸움 전략이라고 생각합니다. 지갑을 열고 구매하라고 유혹하는 기업들의 광고를 이길 수 있겠습니까. 하지만 이미 대기업들은 납품 단가를 지불하지 않고 있고, 사업 낚아채기 등을 통해서 거래를 하지 않고 있습니다. 순진하지 않은 대기업들이야말로 반자본주의 운동을 충실하게 수행하고 있는 것 아닙니까.

계약의 불완전성과 홀드업 문제

하청 기업 을은 원청 기업 갑에게 부품을 납품하고 있습니다. 을의 생산 비용이 100원이라고 합시다. 갑은 최고 400원까지 지불할 용의가 있습니다. 이런 경우 갑과 을의 협상력에 따라 가격은 100원과 400원 사이에서 결정될 것입니다. 갑의 협상력이 크므로 납품 가격은 150원으로 결정되었다고 합시다.

원청 기업과 하청 기업 사이의 납품 거래에 대한 간단한 묘사입니다. 소비자가 가격을 지불하고 시장에서 물건을 사는 것과 크게 다르지 않아 보입니다. 하지만 대부분의 거래 계약은 이보다 훨씬 복잡합니다. 수많은 불확실성이 존재해서 어떤 상황이 펼쳐질지 알 수 없고, 각 상황마다 계약 내용을 명시하기가 쉽지 않습니다. 품질 평가를 두고 갑과 을의 의견이 다르고, 원자재 가격이 예상치 못하게 상승하여 원자재 가격의 납품 단가 반영 정도를 두고도 분쟁할 수 있습니다. 원청 기업 갑은 납품 단가 인하를 요구할 수도 있고, 납품 대금 결제일을 연기할 수 있으며, 납기일의 단축도 요구할 수 있습니다. 또한 하청 기업 을에게 특허 기술과 관련한 자료를 제출해 달라고 요구하기도 합니다. 이런 식의 다양한 분쟁이 발생할 때, 어떤 식의 조정 절차를 거칠지 정해야 합니다. 과연 어느 정도의 벌금을 지불할지도 정해야 합니다. 끝이 없는 불확실성 때문에, 사실 계약은 본질적으로 불완전합니다.[27]

계약의 불완전성은 기회주의적 행위를 낳습니다. 하청 업체 을은 연구 개발 투자 비용을 지출해서 부품의 생산 비용을 50원으로 낮췄습니다. 원청 업체로부터 부품 하나당 150원을 받고 100원의 이윤을 얻을 수 있게 되었습니다. 그러나 이 사실을 알게 된 갑은 을에게 납품 단가 인하를 요구합니다. 50원에 생산할 수 있으니 100원만 주겠다고 합니다. 더 심한 경우도 있습니다. 심지어 생산 단가만큼의 가격도 지불하지 않겠다고 합니다. 만약 이런 일이 반복된다면, 을은 더 이상 연구 개발에 투자하지 않을 것입니다. 경제학은 이것을 홀드업 문제hold-up problem라고 부릅니다.

불공정성이라는 개념은 자발적 거래가 이루어지는 경제 모델에서 정의하기 매우 힘든 개념입니다. 계약의 불공정성에 대한 경제학자들의 연구를 거의 찾기 힘든 이유입니다.[28] 그래서 홀드업 문제가

---

27 계약의 불확실성을 설명하기 위해 소개된 일련의 사항들은 실제로 하청 기업들이 납품 거래 시 갖는 가장 큰 애로 사항들입니다. 김승일의 『대·중소기업 납품 거래 실태 조사』(중소기업연구원, 2008) 일부를 소개합니다. "요소 납품 거래 시의 가장 큰 애로 사항을 파악한 결과, 38.3%의 기업이 지나친 납품 단가 인하를 지적하였으며, 12.9%의 기업이 결제일의 장기화, 11.7%의 기업이 지나친 품질 수준 요구, 8.0%의 기업이 납기 단축, 7.2%의 기업이 원자재 상승과 납품 단가 하락, 6.6%의 기업이 불규칙한 발주 등을 들었음."

28 Benjamin Klein, "Transaction cost determination of unfair contractual arrangements", edited by Donald A. Wittman, *Economic Analysis of the Law* (2003).

갖는 의미가 매우 큽니다. 경제학자들이 홀드업 문제에 대해서는 열심히 연구하고 있는데, 그 이유는 홀드업 문제가 투자와 거래를 위축시키는 비효율성을 낳기 때문입니다. 대기업의 갑질을 불공정 거래라는 이름으로 규제하기는 하지만, 실상 경제학적 이론의 근거는 갑질이 낳는 경제적 비효율성이라고 할 수 있습니다.

시장경제의 두 바퀴, 가격과 신뢰

대기업의 갑질은 가격만으로 모든 거래가 체결되지 않는다는 사실을 잘 보여 줍니다. 가격 시스템이 완벽하게 작동하면 갑질할 수 있는 여지는 없습니다. 단가를 낮추지 못한다고 해서 중소기업 회장이 대기업 상무에게 죄송하다는 문자를 보낼 필요가 없습니다. 정해진 가격을 지불하고 물건을 거래하면 그만입니다. 흔히 시장경제를 가격 시스템으로 표현하기도 하지만, 이는 시장경제를 굴러가게 하는 두 개의 바퀴 중 하나일 뿐입니다. 가격 시스템은 계약이 비교적 완벽하게 이루어질 수 있는 환경에서만 작동할 수 있습니다.

계약이 불완전할 때, 거래를 가능케 하는 것은 바로 신뢰입니다. 원청 업체 갑이 납품 단가 인하를 추가로 요구하지 않겠다는 신뢰가 있을 때만, 하청 업체 을은 연구 개발에 투자할 수 있습니다. 원래 약속한 가격을 받을 수 있다는 신뢰가 있을 때만, 품질을 유지하기 위해 애쓸 수 있습니다. 그렇다면 신뢰는 어떻게 생기는 것입니까.

신뢰 게임, 복수는 나의 것

이 질문에 답하기 위해, 경제학자들은 신뢰 게임trust game 실험을 하였습니다. 실험 참가자 을은 100달러를 가지고 있습니다. 을은 얼마의 돈을 갑에게 투자할 수 있고, 갑은 투자한 돈의 네 배를 가질 수 있습니다. 만약 100달러 모두 투자하면, 갑은 을에게 받은 100달러에 투자 수익 400달러를 더해 500달러를 갖게 됩니다. 갑은 이 중의 일부를 다시 을에게 돌려줄 수 있습니다. 갑과 을이 기회주의적으로 행동한다면 홀드업 문제와 비슷한 상황이 펼쳐질 것입니다. 갑은 돈을 돌려주지 않고, 이를 예상한 을은 투자를 하지 않을 것입니다. 대부분의 실험 결과에 따르면, 많은 이들이 약간의 돈을 투자하지만, 투자한 돈보다는 조금 적게 돌려받습니다.[29]

게임의 마지막 단계에서 을이 갑을 응징할 수 있는 기회를 부여해 봅니다. 자신의 돈 10달러를 써서 상대방의 돈 20달러를 없앨 수 있습니다. 이기적 인간이라면 응징을 선택하지 않습니다. 자신에게 손실이 되는 행위이기 때문입니다. 하지만 많은 이들은 복수를 선택합니다. 이를 예상한 갑은 공평한 분배를 선택하고, 역시 이를 예상한 을은 기꺼이 많은 돈을 투자합니다.

신뢰와 복수심은 동전의 양면입니다. 신뢰 관계는 복수와 처벌에 대한 두려움이 있는 사회에서 가능합니다. 신뢰를 유지하는 연료는 불공평에 대한 분노와 복수심입니다. 이기적 인간이 가격이라는

29 Joyce Berg, John Dickhaut, Kevin McCabe, "Trust, reciprocity, and social history", *Games and Economic Behavior* (1995), 10(1): 122~142.

바퀴를 돌린다면, 분노하고 복수하는 인간이 신뢰라는 바퀴를 돌립니다. 시장은 가격과 신뢰로 움직입니다.

천민자본주의, 처벌의 부재

한국의 천민자본주의Pariakapitalismus를 비판할 때, 많은 이들이 이기심의 과잉을 지적합니다. 저는 복수와 처벌의 결여가 더 큰 문제로 봅니다. 신뢰를 배반했을 때 민주적이고 합법적인 절차를 통한 처벌 메커니즘이 작동해야 하지만, 한국의 기득권층은 어떤 식의 처벌도 거부하고 있습니다.

불법적 병역 면제, 위장 전입, 땅 투기 등을 한 사람들이 아무렇지도 않게 장관으로 임명되고 국회의원으로 당선됩니다. 탈선, 회계, 횡령, 분식회계 등의 판결을 받았지만, 재벌 총수들은 특별 사면을 받습니다. 대기업의 갑질은 시장경제를 망가뜨리고 있지만, 약간의 과징금을 지불하여 퉁칠 수 있습니다.[30]

---

30 신뢰의 문제는 한국 사회 전반에 걸쳐 나타나고 있습니다. 총체적 불신사회입니다. 위증과 무고 같은 거짓말 범죄가 늘어나고 있습니다. 이미 선진국 최고 수준으로, 인구 비율로 따지면 일본의 20배가 넘는다고 합니다. 세계 가치조사기구ASEP/JDS에 따르면 한국의 사회적 신뢰 지수는 56.9점으로 세계 66위입니다 (2015년 1월 기준). 김윤종, "미래세대까지 불신의 늪… 중고생 12%만 한국 사회 신뢰", 「동아일보」, 2014년 9월 2일.

스테판 에셀은 자본주의의 폭력에 맞서 "분노하라"라고 요청합니다.

시장경제의 동력, 분노와 두려움

유엔 프랑스 대사를 지낸 레지스탕스 스테판 에셀Stephane Hessel
(1917~2013)은 자본주의의 폭력에 맞서 "분노하라"라고 요청합니다.
그의 의도는 아니겠지만, 분노하라는 요구는 자본주의 시장경제의
지속가능성을 위해서도 절실하고도 타당합니다. 갑이 신뢰를 저버리
면 을은 분노해야 합니다. 한국 사회에서는 더욱 긴급한 요청이 있습
니다. "두려워하라"입니다. 갑은 을의 분노를 두려워할 줄 알아야 합
니다. 분노와 두려움은 마치 수요와 공급처럼 작동하여 신뢰라는 균
형을 낳기 때문입니다. 힘이 있다고 해서 두려워하지 않는 이들은 자
본주의 시장경제를 뒤엎는 사람들입니다.

따뜻한 자본주의는
가능한가

기업의 사회적 책임의 경제학

    주식회사 오뚜기가 시식사원을 모두 정규직으로 채용하여 화제가 된 적이 있습니다. 개념 소비자들은 이제 "라면은 진라면만 먹겠다"며 착한 기업을 칭찬했습니다. 그러나 「시사인」의 후속 보도에 따르면 해프닝 성격이 짙다고 합니다. 다른 경쟁 기업들도 대부분 이들을 정규직으로 채용하고 있습니다. 시식사원의 경험과 전문 역량이 중요한 업계의 특성상, 정규직 채용이 기업에게 더 합리적인 선택이라는 것입니다.[31]

    2013년 한겨레경제연구소는 사회책임경영 우수기업 부문에 삼성전자 등을 선정했습니다. 삼성전자에 따르면 약 5,000억 원 규모의

---

31 이상원, "언론이 빚은 어떤 기업만의 미담?", 「시사인」, 434호, 2016년 1월 11일.

사회 공헌 비용을 집행했습니다. 삼성전자의 임직원 중 87%가 기부하여 200억 원 이상의 사회공헌기금을 조성하기도 했고, 임직원의 79%가 봉사 활동을 펼쳤다고 자랑했습니다. 삼성은 직원들을 '또 하나의 가족'이라고 부릅니다. 그러나 오랜 기간 동안 노조를 탄압하고 반도체 직업병 문제에 대해 무책임한 대응을 보였습니다. 사회적 책임을 위해 애쓰는 기업이 왜 노조와 직업병 문제에는 무책임한 것입니까.

사회적 책임이라는 마케팅

기업의 사회적 책임Corporate Social Responsibility이란 노동자, 소비자, 지역사회 같이 기업을 둘러싼 다양한 이해관계자들의 이익을 함께 추구하는 의사 결정 및 활동입니다. 예를 들면, 친환경 경영, 윤리 경영, 사회 공헌 등입니다.

자유시장의 전도사 밀턴 프리드먼은 기업의 역할을 이윤 극대화에 국한해야 한다고 주장합니다. 기업은 주주의 소유이고 주주의 이익을 위해 존재할 뿐입니다. 노동자, 소비자, 지역사회의 이익을 생각하는 것은 옳지 않습니다. 기업의 사회적 책임이 수단으로서는 정당화될 수 있다고 했습니다. 이윤 극대화를 위한 전략적 선택이라면 허용할 수 있다는 것입니다. 그는 어느 인터뷰에서 다음과 같이 말했습니다. "차를 팔기 위해 미녀를 차 앞에 세워 두는 것이라면, 괜찮다." 경영학의 아버지라 불리는 피터 드러커Peter F. Drucker(1909~2005)도 말했습니다. "만약 기업의 사회적 책임을 내세우는 경영자가 있다면, 해고하라."[32]

프리드먼은 기업의 사회적 책임이 마케팅이어야만 한다고 **규범적** 주장을 펼쳤습니다. 많은 **실증적** 연구들은 실제로 기업의 사회적 책임이 마케팅 전략으로 사용되고 있다는 증거들을 제시하고 있습니다. 예를 들어 친환경 상품, 공정무역 같은 활동은 가격 차별 및 상품 차별화 전략의 하나입니다. 가격 차별은 환경 및 사회적 인식이 높은 소비자들에게 높은 가격을 받는 마케팅 전략입니다. 상품 차별화는 다른 일반 제품과의 경쟁을 줄여 이윤을 증가시키는 마케팅 전략입니다.

책임과 무책임, 동전의 양면

런던 정치경제대학교 마거릿 오미스턴과 캘리포니아 주립대학교 일레인 왕은 「포춘」Fortune이 선정한 500대 기업을 대상으로 사회적 책임과 사회적 무책임 사이의 관계를 살펴보았습니다.[33] 놀랍게도 사회적 책임에 투자를 많이 했던 기업들이 나중에는 무책임한 행동을 한다는 결과를 보여 주었습니다. 이들은 도덕적 허가 효과moral licensing effect로 설명합니다. 과거 선행이나 도덕적 행동을 하면, 도덕성에 대한 자기 이미지self-image가 강해집니다. 그러나 긍정적 자기 이미지는 자기 정당화의 방편으로 사용될 수 있습니다. 이미 착한 일을

---

32 Joel Bakan, *The Corportion: the pathological pursuit of profit and power* (Free Press, 2005).

33 Margaret E. Ormiston, Elaine M. Wong, "License to ill: The effects of corporate social responsibility and CEO moral identity on corporate social irresponsibility", *Personnnel Psychology* (2013), 66: 861~893.

많이 했기 때문에 이 정도 나쁜 일은 괜찮다고 생각하는 심리입니다. 삼성의 이중성도 경영진의 도덕적 허가 효과에서 비롯되었을까요.

에너지 회사였던 엔론Enron Corporation은 사회적 책임 및 기부의 대명사였습니다. 인권과 환경, 안전, 보건 등의 이슈에 책임을 다할 것을 서약하였고, 매년 관련 활동을 소개하는 보고서를 발간하였습니다. 각종 시민단체와 파트너십을 형성하고 재정적 지원을 아끼지 않았습니다. 이처럼 건실한 회사로 알려졌으나, 실상 안은 곪아 있었습니다. 무분별하게 사업을 확장하고 각종 유령회사를 세워 부채를 은폐하는 회계 부정을 저질렀습니다. 결국 2001년에 파산했습니다.

실증적positive
규범적normative

경제학에서 실증적이라는 의미는 객관적 사실과 현상을 있는 그대로 진술하고, 경제 현상의 인과관계를 밝히는 것입니다. 실증적 주장은 입증되거나 반박될 수 있습니다. 반면 규범적이라는 의미는 세상이 어떠해야 하는지, 바람직한 경제 상태는 무엇인지를 규정하고 처방하는 것입니다. 주관적 가치 판단이 개입되므로, 규범적 주장은 동의하거나 반대할 수 있지만, 입증과 반박될 수 있는 성질의 것은 아닙니다.

영국의 석유업체 BP의 최고경영자였던 토니 헤이워드Tony Hayward는 BP의 안전 기준이 동종 업계 최고라고 자랑했습니다. 실제로 직원들을 대상으로 안전 교육을 의무화하고, 다양한 노력을 펼쳤습니다. 그러나 2010년 경영진은 중요한 안전 요소를 무시하였고, 미국 맥시코만에서 딥워터 호라이즌Deepwater Horizon 기름 유출 사고를 일으켰습니다. 5개월 동안 대량의 원유가 유출된 사고였습니다.

소비자라고 예외는 아닙니다. 토론토 대학교 로트만 경영대학원의 니나 마자르와 첸보종 교수는 학생들을 대상으로 다음과 같은 실험을 하였습니다.[34] 학생들은 친환경 제품과 일반 제품 사이에서 선택을 합니다. 그리고 컴퓨터 키보드를 이용한 간단한 작업을 합니다. 작업의 성과에 따라 상금을 받습니다. 이때 본인이 직접 돈 봉투에서 상금을 꺼내 가질 수 있습니다. 아무도 모르게 돈을 훔칠 수 있는 것과 같습니다. 실험 결과에 따르면 친환경 제품을 구매한 이들이 더 많은 돈을 꺼내 갖습니다.

도덕적 인간과 비도덕적 기업

조금 순진한 이들은 자신의 도덕성을 자신합니다. 지나치게 순진한 이들은 기업의 도덕성을 신뢰합니다. 도덕적 인간들이 투자하고, 도덕적 인간들이 경영하며, 도덕적 인간들이 노동한다고 할지라도, 기업은 비도덕적일 수밖에 없습니다. 이것은 신학자 라인홀드 니버 Reinhold Niebuhr(1892~1971)가 『도덕적 인간과 비도덕적 사회』(문예출판사, 2004)에서 제시한 통찰이기도 합니다. 개인적으로는 도덕적인 사람들도 어떤 집단에 속하면 집단적 이기주의를 추구하게 된다는 주장으로, 이는 경제학적으로도 타당합니다. 권한과 책임이 분산되면, 공공성은 무임승차 문제에 빠질 수밖에 없습니다.

기업이 간혹 공공성을 추구하는 활동을 벌이고 이를 크게 자랑합니다. 이를 두고 따뜻한 자본주의라 부르고 '자본주의 4.0' 시대로 명명하는 이들도 있습니다. 그러나 기업의 사회적 책임 활동은 우리

---

34 Nina Mazar, Chen-Bo Zhong, "Do green products make us better people", *Psychological Science*, (2010), 21 (4): 494~498.

가 지닌 알량한 공공성을 이용해서 이윤을 증가시키는 전략이기도 합니다. 뻔히 알지만 속아 주는 것이 더 나은 세상일까요. 이렇게 의심하지만 어느새 진라면을 사왔습니다. 어떻게 살아야 할지, 모르는 것 투성이입니다.

기업은 왜 책임을
떠넘기는가

부정적 외부효과의 경제학

1993년 크리스마스의 늦은 밤, 한 여인이 네 명의 아이들을 태우고 GM의 1979년 산 말리부 차량를 운전하고 있었습니다. 빨간불 앞에서 잠시 정차하고 있던 중 갑자기 뒤에서 한 차량이 추돌하였고, 곧 그녀와 아이들이 탄 차량은 불길에 사로잡혔습니다. 세 명의 아이는 전신 60% 이상의 화상을 입었고, 그녀는 한 손을 절단해야 했습니다. 이후 지루한 법정 공방을 통해서 밝혀진 사실에 따르면, GM 경영진은 사고 시 큰 화재가 날 수 있다는 사실을 사전에 인지하고 있었습니다.

GM은 다음과 같은 비용편익분석을 수행했습니다. 예상 사망자 500명, 사망자당 평균 보상 비용 20만 달러, 예상 판매 대수 4,100만 대입니다. 결국 차량 한 대당 사고에 따른 기대 비용을 약 2.40달러로 계산했습니다. 반면 사고 시 연료탱크 화재 방지를 위한 차량 설계는 대당 8.59달러를 필요로 했습니다. 결국 한 대당 6.19달러의 비용을 절약하기 위해 연료탱크를 차량축 바깥에 설치하기로 결정했습니다.[35]

기업의 본질, 비용의 외부화

기업이 지닌 본질적 속성 하나는 비용의 외부화입니다. 상품과 서비스의 생산을 위해 마땅히 스스로 지불해야 할 비용이지만, 다양한 방법을 통해 제삼자가 지불토록 만드는 것입니다. GM은 안전한 차량을 만드는 데 따르는 추가 비용을 피하기 위해서, 다른 이들로 하여금 사랑하는 이들을 잃는 비용을 지불토록 하였습니다.

경제학 교과서는 이를 두고 외부효과externality라고 부르고, 비효율적 자원 배분을 낳는 시장실패라고 가르칩니다. 외부효과란 어떤 경제 주체의 행동이 제삼자에게 긍정적 또는 부정적 영향을 미치고, 그에 대한 대가나 보상 같은 금전적 거래가 이루어지지 않는 것을 말합니다. 부정적 외부효과의 교과서적인 예들은 농장 폐수, 간접흡연, 운전 중 문자메시지 발송 등입니다. 이들 예에서 보는 것처럼, 의사결정자가 자신의 행동이 야기할 수 있는 비용을 모두 지불하지 않기 때문에 외부효과가 존재합니다.

---

35 Joel Bakan, *The Corportion: the pathological pursuit of profit and power* (Free Press, 2005).

일본의 후쿠시마 원전은 GE가 생산하는 Mark 1 비등수용 원자로Boiling water reactor를 사용하고 있었는데, 이는 경쟁 상품보다 위험하지만 값싼 것으로 알려져 있습니다. 원자력규제위원회는 연료봉이 과열되고 녹는 사고 발생 시 90% 이상의 확률로 폭발할 수 있다고 경고했습니다. 그럼에도 불구하고 후쿠시마 원전은 사고 시 발생할 비용을 무시하고 구매 비용만을 고려해 값싼 원자로를 산 것입니다.[36]

딥워터 호라이즌 기름 유출 사고도 마찬가지입니다. 2010년 4월 미국 멕시코만에서 석유시추시설이 폭발하고 5개월 동안 대량의 원유가 유출되었습니다. 영국의 석유회사인 BP는 콘크리트 작업을 핼리버턴Halliburton이라는 회사에 하청을 주었는데, 이 기업은 비슷한 작업을 해 본 경험이 없었습니다. BP는 사고가 가져올 환경오염 비용보다는 당장의 사업 비용을 줄이기 위해 핼리버턴에 하청을 주고 작업을 적절히 감독하지도 않았습니다.

삼성전자 반도체 공장이 노동자들로 하여금 보호 장비 없이 유해 물질을 다루도록 한 것, 옥시가 가습기 살균제의 위해성을 사전에 제대로 조사하지 않은 것, 현대중공업과 현대건설에서 산재 사망 사고가 끊이지 않는 것, 코레일의 잦은 열차 고장과 사상 사고, 세월호의 증개축과 화물 과적, 평형수 부족 등 이 모든 문제의 핵심은 바로 비용의 외부화라고 할 수 있습니다.

반면 때마다 언론이 즐겨 쓰는 수식어는 도덕 불감증, 윤리 의식 부재 같은 것들입니다. 이런 식의 진단은 문제를 소수 특정 기업들에

---

36 Robert B. Reich, *Saving capitalism: For the many, not the few* (Knopf, 2015), 안기순 옮김, 『자본주의를 구하라』(김영사, 2016).

만 해당되는 것으로 축소시키는 결과를 낳을 수 있습니다. 착한 기업이 되기를 바라는 비현실적이고 몽롱한 대안으로 이어지기도 합니다. 대중은 잠시 불매운동으로 반응할 뿐입니다. 문제의 심각성은 오히려 드러나지 않습니다.

정신분열증을 앓을 수밖에 없는 사람, 기업

—

쉽게 증명하기 어려울 뿐이지, 기업의 거의 모든 의사 결정에서 비용의 외부화는 벌어지고 있다고 보아야 합니다. 대규모의 주식회사들은 소유와 경영이 분리된 지배 구조를 가지고 있습니다. 의사 결정을 내리는 경영자가 모두 책임지지 않아도 된다는 것을 의미합니다. 기업을 소유한 주인도 책임지지 않기는 마찬가지입니다. 주식회사의 주인인 주주들은 유한책임limited liability의 보호를 받기 때문입니다. 예를 들면, 백만 원의 주식을 소유한 주주는 원자로가 폭발하고 원유가 유출되어도 딱 그만큼만 책임질 뿐입니다. 게다가 수천, 수만 명의 주주들은 다들 무명의 주인 역할 노릇을 할 뿐이고, 무임승차의 문제를 피할 수 없습니다.

거대한 조직은 복잡한 주인-대리인 관계의 거미줄로 이루어져 있어서 책임은 분산되어 있습니다. 기업의 의사 결정과 행위에 대한 책임 당사자를 찾기는 쉽지 않습니다. 법을 어기고 범죄를 저질러도 책임을 지우는 일이 쉽지 않은 이유입니다. 비록 기업은 사람들로 구성되어 있지만, 결코 사람일 수 없는 이유입니다.

그러나 기업 그 자체는 권리능력이 부여된 법적 사람, 법인法人

으로 존재합니다. 더욱 흥미롭게도 기업은 스스로를 인격적 존재처럼 사랑을 갈구합니다. 20세기 초반 최대 규모의 기업이었던 AT&T는 소비자들로 하여금 자신을 이해하고 사랑하게 만들기 위하여, 스스로를 "친구이자 이웃"으로 부르기 시작했습니다. 이에 질세라 다른 기업들도 스스로를 사람처럼 행세하며 사랑 쟁취의 싸움에 뛰어들었습니다. GM은 스스로를 "가족"이라 불렀습니다. 그래서 삼성전자는 어쩔 수 없이 스스로를 "또 하나의 가족"이라 부른 것일까요.

사람들로 구성되었지만 책임질 수 없기에 사람이 아니라고 합니다. 그러나 권리를 누려야 하기에 법적 사람으로 다시 태어납니다. 이제 사람인 척하며 사랑을 갈구하지만, 비용을 전가시키기 위해 사람들의 행복과 생명을 희생시키는 데 주저하지 않습니다. 이런 이유 때문에 브리티시 컬럼비아 대학교의 법학자 조엘 바칸Joel Bakan 교수는 『기업의 경제학』(이창신 옮김, 알에이치코리아, 2013)에서 기업을 정신병을 가진 존재로 묘사하고 있습니다.

경제학 교과서가 낳는 부정적 외부효과

요술램프의 요정이 나타나 소원 하나를 들어 주겠다고 제안한다면, 모든 경제학 교과서의 '외부효과' 단원을 고쳐 달라고 부탁하겠습니다. 현재는 농장 폐수와 같은 예들이 간단하게 소개되고, 그래프와 수식에 대한 설명이 대부분의 분량을 차지하고 있습니다. 최소한 이 단원의 절반은 기업이 가진 본질적 한계가 어떻게 부정적 외부효과를 낳을 수밖에 없는지를 설명해야 합니다.[37] 가능한 한 많은 사

례들을 담아 달라고 부탁하겠습니다. 외부효과가 얼마나 만연한지를
충분히 설명하지 못하는 교과서라면, 그것이야말로 경제학 교과서가
야기하는 부정적 외부효과라 할 수 있습니다.

37 Rod Hill, Tony Myatt, *The economics anti-textbook: A critical thinker's guide to microeconomics* (Zed Books, 2010). 로드 힐과 토니 마이어트 교수는 이 책에서 경제학을 수강하는 학생들에게 다음과 같은 질문을 교수에게 던지라고 요청합 니다. "외부효과가 가장 큰 시장실패의 문제라면, 왜 교과서는 거의 마지막에 이 르러서야 약간의 언급만 하고 넘어갑니까?" 이 책은 그 제목이 말해주듯, 경제학 이 가르쳐지는 방식에 대해 비판적 고찰을 하고, 경제학 개론에서 다루는 각 이 슈마다 학생들이 교수에게 던져야 할 질문들을 소개하고 있습니다.

정부는 왜
존재하는가

공공재의 경제학

세월호 사고가 있은 후, 많은 이들이 "정부는 왜 존재하는가?"를 물었습니다. 팽목항에 선 부모님들이 애타게 책임자와 구조대를 찾을 때, 함께 마음을 졸이고 눈물을 흘리다가도 제 무심한 감수성은 공공재의 정의를 떠올립니다.

정부가 존재해야 할 최소한의 이유는 공공재의 문제 때문입니다. 공공재란 많은 사람들이 동시에 소비해도 경합이 일어나지 않고, 소비에 따른 대가를 지불하지 않아도 배제할 수 없는 재화 및 서비스를 말합니다. 비경합성non-rival과 배제불가능성non-exclusive으로 간단하게 표현하기도 합니다. 경제학 교과서가 즐겨 드는 예는 국방 서비스의 제공과 법질서입니다. 이런 것들은 시장에 의해 제공될 수 없습니다. 무임승차의 문제를 피할 수 없고, 소비자들로부터 돈을 받을 수 없기 때문입니다. 정부가 강제력을 행사하여 세금을 통해 서비스를 제공합니다. 하드코어 시장주의자와 자유주의자 들까지도 부인하지 않는 정부 존재의 이유입니다.

세월호와 공공재

아이들의 생명을 지켜내는 것은 정부가 제공해야 하는 공공 서비스입니다. 아이들을 구해낸다면, 그 기쁨에는 경합성이 존재하지 않고 누구도 그 기쁨에서 배제될 수 없기 때문입니다. 진상을 규명하고 책임자를 가리고 처벌하는 일도 마찬가지로 공공재입니다. 우리 사회가 허술하지 않다는 것, 생명의 가치를 소중히 여긴다는 것, 내 가족의 생명도 지켜줄 것이라는 사실을 확인시켜 주는 일이기 때문입니다.

정부의 존재 이유를 묻고, 대통령의 부재와 컨트롤 타워의 무능을 추궁하고, 세월호를 기억하고, 사고의 원인을 찾으려는 노력은 공공재를 공급하라는 보수적인 경제학의 요구라 할 수 있습니다. 이것이 마치 진보 진영의 목소리로만 치부되는 것이 아이러니합니다.

아이들을 구해내는 것, 정말 공공재일까

세월호 참사를 전혀 다른 시각으로 보는 이들이 있습니다. 새누리당의 주요 당직자들은 세월호 사고를 두고 교통사고와 다를 바 없다고 말한 바 있습니다.[38] 보상을 받고 마무리하면 된다고 보는 국민들도 적지 않습니다. 이들은 국가의 무능을 탓하지 않습니다. 경제학적으로 보자면, 이들은 구조 서비스 및 진상 규명의 문제를 공공재라고 생각하지 않습니다. 세월호 참사를 피해자와 가해자의 문제로 축소시키며, 사고의 처리를 사유재의 거래처럼 보는 것입니다. 누구는 명백한 공공재라 판단하지만, 누구는 사유재라고 판단하고 있습니다.

사실 공공재와 사유재를 가르는 경합성과 배제성 여부를 칼로 무자르듯 결정하기가 쉽지 않습니다. 구조 서비스는 대부분의 나라에서 정부에 의해 공급되고 있으므로 순수 공공재처럼 생각하기 쉽습니다. 그러나 세월호 사고를 교통사고로 이해하는 이들처럼, 구조 서비스조차 얼마든지 경합성과 배제성을 지니고 있다고 주장할 수 있습니다. 제한된 구조 인력이 모든 사건 사고에 출동할 수 없으므로 경합성을 띠고 있습니다. 돈을 낸 사람만을 구조하기로 결정한다면 배제성을 띠고 있습니다.

실제로 미국의 어느 시 정부는 요금을 낸 주민들에게만 소방 서비스를 제공하고 있습니다. 요금을 미납한 사람의 집에 불이 난 적이 있는데, 전화를 받은 교환원은 서비스를 제공할 수 없다고 답변했습니다. 집주인은 지금이라도 요금을 낼 테니 불을 꺼 달라고 부탁했지만, 제안은 받아들여지지 않았습니다. 나중에서야 소방차가 출동하기는 했지만, 그냥 멀리서 지켜보기만 했습니다. 이웃의 집에 불이 옮겨붙는 경우를 대비하기 위해서였는데, 이웃은 요금을 지불했기 때문입니다.[39]

---

38 진명선, "새누리 또 유족 가슴에 '못질'…홍문종 '세월호는 일종의 교통사고'", 『한겨레』, 2014년 7월 29일.

이처럼 경합성과 배제성의 여부는 어느 정도 우리 사회의 선택에 달려 있습니다. 구조 서비스를 모든 사람들이 당연히 누려야 할 서비스라고 판단하면, 정부는 마을마다 소방서를 설치하고 누구나 긴급 도움을 요청할 수 있는 119 응급안전센터를 운영합니다. 구조 서비스의 배제성과 경합성을 줄이는 노력을 펼치는 것입니다. 반면 그렇지 않다고 판단하면, 보통의 사유재처럼 시장이 제공하도록 만들 수 있습니다.

심지어 모두가 동의하는 공공재의 사례인 국방 서비스도 마찬가지입니다. 국가 영토 밖에 거주하는 국민들을 보호할 것인가의 문제는 정치적인 판단에 달려 있습니다. 완전히 배제불가능하다고 볼 수 없습니다. 뿐만 아니라 국가의 강제력을 바탕으로 세금을 내지 않는 이들을 추방할 수도 있습니다. 이렇게 하지 않는 이유는 국가가 그러면 안 된다는 사회적 합의가 있기 때문입니다. 공공재를 만드는 것은 전적으로 재화의 속성이 아니라, 사회적 선호와 결정에도 달려 있습니다.[40]

---

39 NBC News, "No pay, no spray: Firefighters let home burn", *MSNBC.COM*, 2010년 10월 7일.

40 경제학 교과서는 재화의 종류를 설명할 때, 2×2 매트릭스의 그림을 보여 줍니다. 경합성 여부와 배제불가능성 여부에 따라 공공재, 사유재, 공유재, 클럽재가 존재할 수 있습니다. 이와 같은 단순 명쾌한 방식의 설명은 현대 경제학의 아버지라 불리는 폴 새뮤얼슨의 업적입니다. 그는 최초로 공공재를 비경합적이고 배제불가능한 재화와 서비스로 정의하였습니다. 명료하고 간단한 정의는 모든 경제학 교과서를 바꾸었습니다. 언제나 그렇듯, 단순 명료함은 비용을 야기합니다. 모호한 현실의 문제가 무시되기 쉽습니다. Paul A. Samuelson, "The pure theory of public expenditure", *Review of Economics and Statistics* (1954), 36(4): 387~389.

좋은 나라, 공공성을 토론하는 사람들

공교육과 사교육의 역할 분담을 어떻게 할 것인가, 의료보험 제도를 한국처럼 공공 의료보험으로 할 것인가 미국처럼 민간 의료보험으로 할 것인가, 초등학교의 급식을 무상으로 할 것인가 말 것인가 등과 같이, 정부의 역할을 두고 펼치는 논쟁은 종종 공공재와 사유재 사이의 줄다리기 싸움인 경우가 많습니다.

이들 질문은 "당신은 어떤 아파트에서 살고 싶습니까?"라고 묻는 것과 크게 다르지 않습니다. 당신이 살고 있는 아파트 주민 연합회에서 다음과 같은 안건들을 토의한다고 생각해 봅시다. "아파트 단지 곳곳에 나무를 심고 조경을 바꿉시다", "놀이터 시설을 만듭시다", "헬스장을 만듭시다" 같은 제안은 아파트 단지 내의 사람들에게 있어서 사유재를 공공재로 바꾸자는 것입니다. 모두가 지불해야 하는 아파트 관리비는 늘어날 것입니다. 논쟁이 벌어질 것은 분명합니다. 은퇴한 노인들은 조경을 다시 하자고 목소리를 높입니다. 아이들을 키우는 부모들은 놀이터를, 젊은 부부는 헬스장을 만들어야 한다고 주장합니다. 앗, 1층과 2층에 사는 주민들은 엘리베이터 사용을 유료화하여 아파트 관리비를 줄이자고 제안합니다.

경제학 수업을 듣는 학생들은 어떤 재화가 사유재인지 공공재인지를 묻는 질문에 답해야 하지만, 공공재와 사유재의 구분이 언제나 명확하지는 않습니다. 공공성의 정도를 '모 아니면 도'처럼 단순하게 정의할 수 없기 때문입니다. 우리 사회의 선택에 의해 공공재가 될 수도 있고, 사유재가 될 수도 있고, 둘 사이의 어느 중간이 될 수도 있습니다. 어떤 사회가 더 바람직한 사회입니까. 공공재의 요소가 많아지는 사회입니까, 사유재의 요소가 많아지는 사회입니까.

어떤 선택이 더 좋은지 한데 묶어 대답하기는 어렵습니다. 각 사안마다 비용과 편익을 비교해 볼 필요가 있고, 사회 구성원들의 민주적 합의가 이루어지는지를 살펴볼 필요가 있습니다. 공공성의 여부와 정도를 결정하는 과정 자체가 정부에 의해 제공되어야 할 공공서비스이기도 합니다. 정부가 존재해야 할 가장 근본적인 경제학적 이유입니다.

나쁜 나라, 공공재를 사유화하는 사람들

공공성에 대한 인식은 지역과 시대에 따라 다르고, 사회 구성원은 서로 다른 의견을 가지고 있습니다. 좋은 나라가 무엇인지에 대해서는 의견이 분분할 수밖에 없습니다. 한 가지 분명한 사실은 있습니다. 명백한 공공성을 사유화하는 곳은 나쁜 나라입니다.

"지금 VIP(대통령) 보고 때문에 그러는 데, 영상으로 받은 거 핸드폰으로 보내 줄 수 있느냐", "사진 한 장이라도 빨리 보내 달라", "(현장) 영상 갖고 있는 해경 도착했느냐", "아, 그거 좀 쏴 가지고 보고 좀 하라고 하라니까, 그거 좀!"

"166명이라고? 큰일 났네. 이거 VIP까지 보고 다 끝났는데…", "아까 (진도 행정선이) 190명 구조했(다고 전달받았)을 때 너무 좋아서 VIP님께 바로 보고했거든. 완전 잘못 브리핑된 거네. 이거 여파가 크겠는데…"

한 가지 분명한 사실이 있습니다. 명백한 공공성을 사유화하는 곳은 나쁜 나라입니다.

2014년 4월 16일 오전, 그 위기의 순간, 청와대는 구조팀에게 대통령을 위한 영상을 찍어 보내라고 명령합니다. 공공재를 공급할 역할을 맡은 이들이 오직 최고 권력을 위한 서비스를 제공하라고 말합니다. 구조된 인원이 예상보다 적다고 확인되었지만 절박함이나 안타까움을 표현하지 않습니다. 대통령에게 잘못 브리핑했다는 것을 걱정할 따름입니다. 세월호 참사의 경제학적 이유는 바로 이것입니다. 마땅히 공공재여야 할 서비스를 정부 관료들이 사유화한 것입니다.

이뿐입니까. 아이들의 생사도 확인하지 못한 때에 당시 청와대 홍보수석이었던 이정현 의원은 KBS 보도국장에게 전화를 걸어 해경 및 정부 비판을 자제하라고 압력을 넣었습니다.[41] 대통령은 구조 실패의 책임을 묻기 위해 해경을 해체했지만, 당시 해경 책임자들은 모

---

41 최원형, "이정현, 세월호 보도 KBS 국장에 '해경 비판 나중에' 압박", 「한겨레」, 2016년 6월 30일.

두 승진을 거듭했습니다.[42] 2년이 흘렀지만 아직도 사건의 원인을 명확하게 해명하지 못하고 있고, 제주 해군기지 건설용 철근을 과적했다는 등의 사실 등이 새롭게 드러나고 있습니다.[43] 세월호의 선체가 아직 인양되지 않았음에도, 정부 여당은 서둘러 세월호 참사 특별조사위원회의 활동을 종료하려 합니다.[44]

정부의 역할이 무엇인지도 모르고, 스스로 정부이기를 포기한 양아치 같은 이들이 국가 권력을 잡고 있습니다.

42 문형구, "해경 해체는커녕 세월호 책임자들 줄줄이 승진", 「미디어오늘」, 2016년 6월 14일.
43 김미영, 김진철, 최현준, "철근 410톤 실은 세월호는 그날 밤 왜 홀로 떠났을까?", 「한겨레」, 2016년 6월 28일.
44 유정인, 김한솔, "끝까지 벽만 쌓은 여당… '세월호 특조위' 종료", 「경향신문」, 2016년 6월 30일.

이론과 권위에
속는다

최저임금제의 정치경제학

최근 오바마 대통령이 제안한 최저임금 인상안에 대한 의견을 학생들에게 물었습니다. 최저임금제는 언제나 뜨거운 감자입니다. 학생들은 불꽃 튀듯이 의견을 개진합니다. 토론 후 찬반을 묻자, 수업을 듣는 40명의 학생들 중 대략 절반은 찬성하고 절반은 반대하였습니다.

최저임금제란 고용인이 노동자에게 지급해야 할 최소한의 임금입니다. 수요공급 모델이 예측하는 바는 단순하고 명쾌합니다. 시장임금보다 높은 수준의 최저임금은 실업을 야기합니다. 중소기업의 경영 부담으로 인해 저임금 노동자들의 고용 감소가 나타납니다.

이러한 교과서 내용을 간단하게 살핀 후, 최저임금 인상에 대한 의견을 다시 물어보았습니다. 이제 절대 다수가 반대한다고 손을 들었습니다. 40명의 학생들 중 세 명을 제외하고 모두가 반대하였습니다.

2006년 경제학자들을 대상으로 한 설문조사에서는 47%가 최저임금제 인상을 반대하였고, 14%는 현행 수준의 유지, 38%는 인상을 찬성하였습니다. 시카고 대학교 부스 경영대학원이 운영하는 IGM 포럼 소속의 경제학자들을 대상으로 한 설문조사 결과도 눈여겨볼 만합니다. IGM 포럼은 최상위권 경제학 프로그램에서 일하고 있는 40여 명의 교수들로 이루어져 있습니다. 지리적, 정치적, 연령별로 균형 있게 구성되어 있습니다. 2013년에 이루어진 설문조사에 따르면, 최저임금 인상이 저숙련 노동자의 고용 감소를 가져올 것이냐는 질문에 거의 동일한 비중으로 찬성과 반대가 갈렸습니다. 더욱 중요한 지점은 이들 중 누구도 강하게 찬성하거나 강하게 반대하지 않았다는 점입니다.[45]

최저임금제 반대

경제학자들 대상의 설문조사에서 드러난 것처럼, 최저임금제에 대한 오랜 논란은 판가름하기가 쉽지 않습니다. 반대하는 이들이 즐

---

45 2013년 2월에 이루어진 이 설문조사는 최저임금을 9달러로 인상할 때 저숙련 노동자의 취업이 어려워지는가를 질문했습니다. 경제학자들은 다섯 가지―(1) 매우 동의, (2) 동의, (3) 불확실, (4) 동의하지 않음, (5) 매우 동의하지 않음―중 하나를 선택할 수 있었습니다. 0%가 '매우 동의', 34%가 '동의', 24%가 '불확실', 32%가 '동의하지 않음', 0%가 '매우 동의하지 않음'을 선택했습니다. IGM 포럼은 2015년 9월, 최저임금이 15달러로 상승했을 경우에 대해 다시 대답했습니다. 5%가 '매우 동의', 21%가 '동의', 38%가 '불확실', 24%가 '동의하지 않음', 0%가 '매우 동의하지 않음'을 선택했습니다. IGM Forum, http://www.igmchicago.org.

겨 내세우는 근거는 세 가지입니다. 첫째, 앞서 이야기한 것처럼 고용 감소를 가져옵니다. 둘째, 최저임금제가 저소득층을 돕는 효과가 크지 않다는 주장입니다. 최저임금의 혜택을 받는 근로자들 중 생계를 위해서 일하는 성인의 비중이 크지 않다고 주장합니다. 다수는 중산층 가정의 청소년들로서 용돈을 벌기 위해 일하고 있다는 것입니다. 마지막으로, 최저임금 인상은 청소년들의 탈학교 가능성을 높인다는 점도 지적합니다.

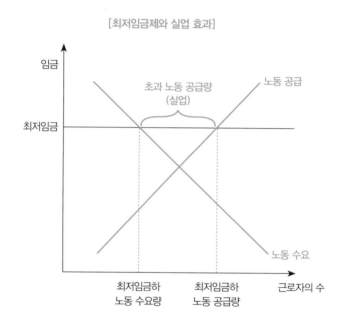

[최저임금제와 실업 효과]

최저임금제 찬성

반면 인상을 찬성하는 입장의 근거는 다음과 같습니다. 수많은 실증적 연구들이 행해졌지만, 최저임금제 인상으로 인해 고용 감소

효과가 뚜렷하게 관찰되지 않습니다.[46] 수요공급 모델이 이론적으로 보여 주는 것과는 대조적인 결과입니다. 수요공급 모델은 완전경쟁이라는 비현실적 상황을 상정하고 있다는 점을 기억해야 합니다. 현실에서는 기업들이 더 높은 협상력을 지니고 있습니다.

예를 들면, 120만 명의 노동자를 고용하고 있는 월마트는 저임금 노동시장에서 상당한 수요독점력을 지니고 있습니다. 월마트의 임금 정책이 다른 업체에게도 커다란 영향을 미친다는 사실은 잘 알려져 있습니다.[47] 이처럼 완전경쟁적인 시장이 아니라면, 최저임금의 상승이 고용 감소를 일으키지 않으면서, 수요독점으로 인한 시장의 비효율성을 해소하는 효과를 가질 수도 있습니다.

또한 미국의 최저임금 명목가격은 꾸준히 증가하였으나, 실질가격 측면은 60~70년대보다 크게 감소하였습니다. 경제학적으로 의미 있는 지표는 인플레이션이 반영된 실질가격입니다. 오바마의 제안대로 최저임금을 7.25달러에서 10.10달러로 인상한다고 해도 예전 수준 정도를 유지하는 것에 불과합니다. 마지막으로 미국은 OECD 및

---

46 카드와 크루거 교수는 1994년 발표한 논문에서 미국 뉴저지 주의 패스트푸드 산업 고용 변화를 살펴본 후 최저임금 인상이 고용을 증가시켰다고 주장하였습니다. David Card, Alan Krueger, "Minimum wage and employment: A case study of the fast-food industry in New Jersey and Pennsylvania", *American Economic Review* (1994), 84(4): 772~793. 이에 대해 뉴마크와 와스처 교수는 반론을 제기하는 논문을 2000년에 발표하였습니다. 다른 방식으로 통계 자료를 수집해 보니, 오히려 뉴저지 주 패스트푸드 산업의 고용이 3.9~4.0% 정도 줄었다는 결과를 제시합니다. David Neumark, William Wascher, "Minimum wage and employment: A case study of the fast-food industry in New Jersey and Pennsylvania: Comment", *American Economic Review* (2000), 90(5): 1362~1396. 카드와 크루거 교수는 다시 재반론을 내놓았는데, 노동통계청 자료을 이용해 다시 분석해 보아도, 최저임금 인상의 고용 감소 효과는 일어나지 않았음을 확인합니다.

47 Sarah Nassauer, "Wal-Mart to boost wages for most U.S. store workers", *The Wall Street Journal*, 2016년 1월 20일.

비교 가능 국가들 중에서 비교적 낮은 수준의 최저임금을 지불하고 있습니다.

이처럼 경제학자들의 의견이 갈리는 것은 이해할 만합니다. 최저임금제는 혜택과 비용 모두를 지니고 있기 때문입니다. IGM 포럼의 경제학자들은 '혜택이 비용보다 큰가?'라는 질문에 47%가 '그렇다', 32%가 '불확실하다', 11%가 '그렇지 않다'고 답했습니다.

권위의 정치경제학

가장 논쟁적이고 가장 잘못 이해되고 있는 이슈 중 하나인 최저임금제를 가르치면서 학생들에게 꼭 이야기하려는 것은, 우리는 얄팍한 지식과 권위에 쉽게 휘둘린다는 사실입니다. 영어도 어설픈 동양인 교수가 조악한 수요공급 모델을 바탕으로 최저임금제의 부정적 효과를 무미건조하고 짧게 언급했을 뿐입니다. 이론이라 부르거나 특히 권위 있는 사람이 그 이론을 사용하면 대단히 과학적이라고 느끼게 됩니다. 최저임금제에 대한 뿌리 깊은 오해가 여기서 비롯될 때가 많습니다. 자세한 논의를 전개하지 않았다면, 이들 다수는 소위 전문가 의견이라는 힘에 기대어 최저임금제 인상 반대를 주장하고 다녔을지도 모릅니다.

학생들만 그러겠습니까. 대중들을 대상으로 소위 경제 전문가를 자처하는 칼럼니스트들의 글에서도 느낄 수 있습니다. 제가 쓰는 어설픈 글도 마찬가지입니다. 무엇보다 자유시장주의에 대한 지나치게 강한 호불호야말로 얄팍한 지식에서 비롯되었을 가능성이 높습니다.

다른 이슈들도 마찬가지이지만, 특히 최저임금제에 대해서는 균형 있는 입장을 가져 달라고 학생들에게 부탁합니다. 텔레비전에 나오는 경제 전문가들은 상대방은 틀리고 자기만 옳다고 말하며 첨예하게 논쟁하지만, 학계에서 권위 있는 대부분의 경제학자들은 극단적이지 않고 균형 있는 의견을 제시합니다. 이들에 대한 설문조사 결과를 보여 주면서 학생들을 설득해 봅니다. 경제학적 사고방식은 '도 아니면 모'식의 결론보다는, 거의 항상 균형을 이룬 형태를 지지합니다.

최저임금제에 대한 도전

최근 최저임금제에 대한 가장 강력한 도전이 제기되고 있습니다. 이는 최저임금제의 고용 변화에 대한 찬반 논쟁의 승패와 상관없이 이루어지고 있습니다. 캘리포니아 주립대학교의 데이비드 뉴마크 교수와 하버드 대학교의 그레고리 맨큐 교수는 각각 「뉴욕타임스」에 기고한 칼럼에서 말하길, 근로장려세제Earned Income Tax Credit(EITC)가 최저임금제에 비해 더욱 효과적으로 저소득층 가계를 도울 수 있다고 주장했습니다.[48] 강력한 도전에 직면하니, 그간의 찬반 논쟁이 싱겁게 느껴지는 것이 사실입니다.

최저임금제가 지닌 장단점, 그 실질적 효과에 대한 논쟁, 이제 최저임금제 이외의 대안까지 고려하니, 최저임금제에 대한 지지 여

---

48 David Neumark, "The minimum wage ain't what it used to be", *The New York Times*, 2013년 12월 9일; Gregory Mankiw, "Help the wrong poor, but share the burden", *The New York Times*, 2014년 1월 4일.

부를 비용편익분석에 의해 판단하는 일은 더욱 어려워진 듯합니다. 제가 온건한 수준의 최저임금제를 지지하는 것은 다소 비경제적인 이유 때문입니다. 최저임금제는 우리 사회가 가장 밑바닥에 속한 노동을 소중히 여기고 있다는 합의라고 생각합니다. 노동을 인간됨의 필수 조건으로 여긴 마르크스의 생각을 빌리지 않더라도, 노동이 우리 삶의 큰 축이라는 사실을 부인할 수 없습니다. 우리는 자기 자신을 소개할 때 자기가 하는 일을 먼저 말하지 않습니까. 이런 점에서 최저임금제는 자본주의 경제가 인간의 얼굴을 지니기 위해 갖춰야 할 최소한의 조건 중 하나가 아니겠습니까.

파 배달꾼과 경영자

노동가치의 경제학

가락시장에서 열두 시간의 야간 노동을 하는 파 배달꾼은 왼손 검지와 중지를 이용하여 10kg의 파 열 단을 가지런히 쌓아야 합니다. 4,000단을 쌓으면 손이 떨리고 손가락의 감각은 사라지며, 파 냄새로 뒤덮여 아침을 맞이해야 합니다. 그리고 6~8만 원의 일당을 받습니다.

하루에 200통의 전화를 걸고 그중 절반 정도 통화를 하면, 한 달에 약 4,000명의 남성들과 이야기를 합니다. 욕 한 바가지를 먹고 나면 머리를 조아리며, "네. 네. 죄송합니다, 고객님" 하고 답해야 합니다. 놀란 가슴을 진정시킬 틈도 없이 계속 전화를 걸어야 합니다. 이렇게 해서 월 100만 원 정도의 수입을 얻습니다.

패밀리 레스토랑이 문을 닫는 11시가 되면, 독한 주방 세제를 붓고 찌든 기름때를 닦기 시작합니다. 쉬는 시간은 한 번, 새벽 2시에 20분 정도를 쉴 수 있습니다. 한 달 동안 청소하는 면적을 합하면 월드컵경기장의 두 배가 넘습니다. 그리고 100만 원의 수입을 얻습니다.

벼랑에 선 사람들의 한계생산성

세명대학교 저널리즘스쿨대학원의 제정임 교수와 단비뉴스 취재팀이 함께 쓴 『벼랑에 선 사람들』(오월의봄, 2012)의 일부를 간추린 내용입니다. 대학원 학생들이 벼랑 끝에 놓인 삶의 현장들을 직접 찾아가 경험하고 써낸 책입니다.

경제학 개론의 설명은 단순하고 명쾌합니다. 한계생산성 이론에 따르면, 모든 노동자는 자신이 생산에 기여하는 가치만큼 수입을 얻게 됩니다. 파 배달꾼의 가치는 기껏해야 하루 8만 원입니다. 텔레마케터, 출장 청소부, 특급 호텔 하우스맨의 가치는 월 100만 원 입니다.

그들도 한계생산성 이론theory of marginal productivity을 이해하고 있는 것일까요. 다들 생계에 허덕여야 하는 수준의 수입을 얻고, 그마저도 일을 못한다며 욕을 먹을 때에도 모두 '내 탓'이라고 생각합니다. 자신의 낮은 생산성을 알고 있다는 말처럼 들립니다.

경영인들의 한계생산성

오라클Oracle의 회장 래리 엘리슨Larry Ellison의 연봉은 7,000~

9,000만 달러, 스프린트Sprint Nextel의 회장 댄 헤세Dan Hesse의 연봉은 5,000만 달러에 달합니다. 경영진의 수입이 너무 높지 않느냐는 비판이 많지만, 한계생산성 이론을 지지하는 경제학자들은 다음과 같이 대답합니다. "능력 있는 경영자가 기업에게 300억 달러의 이익을 가져다 준다고 해 봅시다. 추가로 50억 달러 정도의 월급을 준다 해도 무엇이 문제입니까?" 단순 명쾌한 설명입니다. 그러나 몇 십 년 전까지만 해도 노동자들의 평균임금에 비해 30~50배에 불과하던 경영진의 소득이 최근에 이르러서야 300~400배에 달한다는 사실을 설명하기는 좀 벅차 보입니다.

누가 노동의 가치를 결정하는가

무엇보다 생산성의 가치를 과연 누가 평가하고 있는지 질문해야 합니다. 경제학 교과서는 이에 대하여 '완전경쟁시장'perfectly competitive market이라고만 답합니다. 어느 누구도 힘과 특권을 지니지 않은 순전무결한 시장이 존재하고, 바로 그 시장이 중립적으로 각 노동의 가치를 결정한다는 것입니다. 한계생산성 이론의 수학적 도출에는 치밀함을 잃지 않았지만, '생산성의 가치를 누가 결정하는가?'라는 가장 중요한 질문에 대해서는 이렇게 허망한 답변을 제시할 뿐입니다.

경영진들의 천문학적 연봉을 결정하는 이들은 기업의 이사회입니다. 경영자 자신이 이사회 일원이고, 이사의 대다수는 다른 기업의 경영진들입니다. 친구들끼리 서로의 생산성 가치를 결정해 주고 있는 상황입니다.[49] 그렇다면 일용직 노동자들의 생산성 가치를 결정하는 사람들은 누구입니까. 벼랑에 선 이들의 삶을 결정하는 법과 제도 그리고 정책들이 누구에 의해 만들어지고 있습니까.

49 Lucian Bebchuk, Jesse Fried, *Pay without Performance: The Unfulfilled Promise of Executive Compensation* (Harvard University Press, 2006).

우리는 연대해야
할 운명이다

임금 결정의 경제학

제가 대학을 다니던 90년대 중후반 대학생의 과외비는 월 30만 원 정도였습니다. 지금도 비슷한 수준이라고 합니다. 당시 짜장면은 2,000원, 버스 요금은 320원, 『수학의 정석』은 7,800원, 『성문기본영어』는 6,000원, 대학 등록금은 사립대 기준 160~190만 원 정도였습니다. 왜 과외비는 오르지 않았습니까.

임금 뒤에는 노동수요와 노동공급이 있습니다. 경제학 개론 교과서는 이를 한마디로 임금의 한계생산성 이론이라 부릅니다. 수요와 공급이 만나는 지점에서 결정된 30만 원의 과외비는 우리 사회가 부여하는 대학생 과외의 노동생산성이라 할 수 있습니다. 노동생산성이란 자신이 생산하는 상품과 서비스의 시장가치입니다.

20년이 흘렀지만 과외비가 오르지 않았다는 것은 대학생 과외가 올려줄 수 있는 수능 점수의 폭이 크게 달라지지 않았기 때문이라고 할 수 있습니다. 가장 두드러진 공급 요인은 대학생 수의 증가이고, 수요 요인은 입시 제도의 다양화 정도로 판단됩니다.

당신을 두고 경쟁하고 있는 직업은?

—

종종 천천히 아침을 먹고 아이들을 학교에 데려다준 후 출근합니다. 차를 한 잔 끓이고, 컴퓨터를 켠 후, 페이스북을 한참 둘러보며 키득거리며 웃기도 하고, 어려운 처지에 놓인 지인들의 딱한 사정에 가슴 졸이기도 합니다. 미국과 한국의 신문들을 최대한 빨리 살펴보지만, 재미있는 동영상을 지나칠 수 없어 훌쩍 시간이 흐릅니다. 급하게 강의 준비를 하여 강의실로 갑니다. 두텁고 딱딱한 영어 악센트와 단조로운 수학 공식으로 가득한 경제학 이론에 지친 학생들의 얼굴을 마주합니다. 재미있고 유익한 강의를 하지 못한다는 자괴감에 사로잡힐 때가 많지만 돈을 벌기 위해 꾸역꾸역 해내야 합니다.

학생 중 두 명은 저와 나이가 비슷한데, 늦은 대학 졸업장을 따기 위해 애쓰고 있습니다. 한 명은 아마존의 창고에서 물건을 나르고 있고, 다른 한 명은 몇 곳의 패스트푸드 점포에서 일하고 있습니다. 이들의 고단한 삶을 쉽게 확인할 수 있습니다. 종종 수업에 올 수 없다는 이메일을 받습니다. 임금의 한계생산성 이론을 가르치는 대목에서, 제 노동이 그들의 노동보다 몇 배의 가치를 창출하기 때문에 그만큼의 임금을 더 받고 있다고 말하려면, 조금 미안한 마음이 들기도 합니다.

자본주의사회에서 임금은 노동생산성에 따라 결정됩니다. 어렵고 힘든 일이라고 해서 반드시 높은 임금을 받는 것은 아닙니다. 자본주의에 대한 불신과 비판이 여기서 비롯될 때가 많습니다. 당연히 받아야 할 만큼의 임금을 받지 못한다고 생각하는 사람들이 많이 있습니다. 노동의 강도가 세고, 작업 환경이 더럽고 힘들고 위험한 경우에 더욱 그렇습니다.

경제학자들이 임금을 생각하는 방식은 조금 독특합니다. 임금은 다양한 직업이 노동자들을 두고 펼치는 경쟁에 의해 결정됩니다. 그 의미는 지금의 직업을 그만둔다면 다른 어떤 직업이 나를 고용할 것인가를 묻는 것과 같습니다. 즉 외부 대안이 임금 수준을 결정합니다. 힘든 일을 하는 사람들이 대체로 낮은 임금을 받는 이유는 더 높은 임금을 제공하는 곳이 그들을 원하지 않기 때문입니다. 임금은 우리가 현재 하고 있는 일만 아니라, 대신 선택할 수 있었던 일에 의해 결정됩니다.

우리는 이미 연대하고 있었다

그렇다면 임금 수준이 사회 전체의 생산성, 즉 사회 전체가 생산하는 상품과 서비스의 시장가치에 달려 있다는 점을 이해할 수 있습니다. 우리와 직업이 같지만, 인도 같은 저개발국에서 일하는 사람들의 임금을 생각해 보십시오. 선진 세계에 살고 있는 우리가 더 높은 임금을 받는 이유는, 우리가 대신 선택할 수 있었던 직업군의 종사자들이 높은 노동생산성을 가지고 있기 때문입니다. 간단하게 표현하면 사회 전체의 생산성이 높기 때문입니다.

최근 세탁기가 고장 나 수리 비용을 알아보았습니다. 수리기사의 출장비만 100달러입니다. 비슷한 문제를 겪은 이들이 지불한 수리비를 알아보니 쉽게 200달러는 넘을 듯합니다. 10년 전 300달러를 주고 산 것이고, 같은 모델이 지금도 비슷한 가격에 팔리고 있는데 말입니다. 미국에 사는 한인들이 자주하는 불평이지만, 미국의 인건비는 너무 비쌉니다. 가난한 나라에 살면 하인을 몇 명 두고 살 수 있을 만큼의 소득을 얻고 있지만, 부자 나라인 미국에 살면서 가구를 직접 옮겨 조립하고 집을 직접 고치며 지냅니다. 그 이유는 바로 부자 나라에서 살고 있기 때문입니다. 생산성이 높고, 그에 따라 높은 임금을 받기 때문입니다.

문학, 역사, 철학을 가르치는 교수들의 생산성은 100년 전이나 지금이나 크게 달라지지 않았습니다. 그럼에도 불구하고 이들의 임금이 상승한 것은 이들의 생산성이 그만큼 증가했기 때문이 아니라, 공학과 경영학처럼 새로 생겨난 전공들의 생산성이 증가했기 때문이고, 이들이 공대 또는 경영대 교수가 될 수 있었던 가능성 때문입니다.

직업에 따라서 우리 중 어떤 이들은 다른 이들의 임금을 높여 주는 역할을 하고 있고, 반대로 다른 이들로부터 혜택을 보고 있는 이들도 있습니다. 자본주의가 인간관계를 파편화시킨다는 비판에 많이 공감하지만, 자본주의사회에서도 우리는 이렇게 끈끈하게 엮여 살아가고 있다는 사실도 자각합니다.

연대의 붕괴, 노동생산성과 임금의 괴리

가락시장의 파 배달꾼, 하루 200통의 전화를 거는 텔레마케터,

심야 레스토랑 청소부들이 왜 턱없이 낮은 임금을 받고 있을까요. 교과서의 대답은 바로 노동자의 평균 생산성이 낮기 때문입니다. 교과서 속의 모델에서는 임금과 생산성이 일치하기 때문입니다. 하지만 교과서와 다른 현실이 있습니다. 노동자의 평균임금이 생산성보다 현저히 낮다는 것입니다. 장하성 교수에 따르면, 지난 10년 동안 한국 경제는 45.6% 성장했는데, 실질임금은 그의 절반인 23.2% 증가하는 데 그쳤습니다.[50]

임금 상승 없는 성장이 이루어지고 있는 이유는 우리 경제가 교과서의 경쟁 시장처럼 작동하지 않고 있다는 의미입니다. 기업이 더 능력 있는 노동자들을 고용하기 위해 경쟁을 펼쳐야 하는데, 오히려 노동자들이 극심한 고용 불안에 시달리고 있는 상황입니다.[51]

정규직과 비정규직, 대기업과 중소기업, 원청 기업과 하청 기업 노동자의 커다란 임금 격차는 임금을 둘러싼 우리의 연대가 깨어졌다는 것을 보여 줍니다. 마치 서로의 몸을 끈으로 잇고 산을 오르는 이들처럼, 사회 전체의 생산성은 다 함께 밀고 끌며 성장합니다. 그러나 곳곳에서 펼쳐지는 양극화는 자본주의를 지탱하는 연대의 끈을 끊어 버리고 있습니다. 도대체 누가 자본주의를 망가뜨리고 있는 것입니까.

---

50 장하성, 『한국 자본주의: 경제민주화를 넘어 정의로운 경제로』 (헤이북스, 2014).
51 다양한 지표가 한국의 심각한 고용 불안 상황을 나타내 주고 있습니다. 비정규직 노동자 10명이 있다면, 1년 후 오직 1명만 정규직 직장을 얻고 있고, 7명은 비정규직에 머무르며, 나머지 2명은 아예 비정규직 직장마저 잃고 실업에 놓입니다. 3년이 흘러도 2명만 정규직 직장을 얻고, 5~6명은 비정규직, 2~3명은 직장을 잃습니다. 한국 노동자의 평균 근속 연수를 살펴보면, OECD 31개 국가 중에서 1년 미만 동안 같은 직장에서 근무하는 비율은 두 번째로 높고, 5년 이상 근무하는 노동자의 비율은 가장 낮습니다. 장하성, 『왜 분노해야 하는가: 분배의 실패가 만든 한국의 불평등』 (헤이북스, 2015).

경쟁하며
살 수 있을까

비정규직 차별의 경제학

연말이 다가오자 회사는 직원들에게 간단한 선물을 합니다. 정규직 안영이, 장석기, 한석율은 5만 원짜리 스팸햄 세트를 받고 퇴근을 합니다. 비정규직 장그래는 1만 원 정도하는 식용유 세트를 들고 회사 문을 쓸쓸하게 나섭니다.[52] 정규직의 대략 절반 정도인 비정규직의 임금도 큰 문제이지만, 기업은 왜 연말 선물마저도 고작 4만 원 정도를 아끼려는 것입니까. 인간적인 경영자라면 명절 같은 때만이라도 비정규직 직원들에게 좋은 선물을 주며 미안한 마음을 표시해야 하는 것 아닙니까.

부산의 D조선업체는 통근버스의 좌석을 분리했습니다. 자동차

---

52 드라마 「미생」(2014) 14화에 등장하는 장면입니다.

「미생」시즌1은 2014년 10월부터 tvN에서 방영된 20부작 드라마로, 윤태호 작가의 동명 웹툰을 원작으로 하고 있습니다. 바둑이 인생의 전부였던 주인공 장그래(장시완 역)가 프로 입단에 실패한 후, 대기업 종합상사의 계약직 직원으로 입사하면서 펼쳐지는 이야기를 담고 있습니다. 드라마의 홈페이지에선 장그래를 "'갑'의 세계에 들어간 '이방인'"으로 소개하고 있습니다.

회사 G는 이름표 색깔을 달리했습니다. 강남 S병원은 식권 색깔을 달리했습니다. 자동차회사 H의 지방 공장은 야간조 간식을 정규직에 게만 주었습니다. 항의가 일자 비정규직에게도 제공하기 시작했는데, 그마저도 다른 종류의 간식입니다. 안산의 H업체는 회사 창립일을 맞아 정규직에게만 특식을 제공했습니다.[53]

임금 격차를 줄이는 시장의 힘

시장경제는 직업별로 상이한 임금과 노동조건을 제공합니다. 노

---

53 권혁률, "한국판 인종 차별 정규직과 비정규직", 「노컷뉴스」, 2009년 1월 1일.

가다라 불리는 건설 현장 일용근로자의 일당은 수수료 떼고 9만 원입니다. 황교안 총리나 안대희 전 대법관은 변호사 시절 억 대의 고액 수수료를 받았습니다. 이런 점을 지적하며 자본주의 시장경제는 본질적으로 차별적이라고 비판하는 이들이 많습니다. 그러나 인간이 복잡한 존재이듯, 인간의 집합인 시장경제도 복잡한 존재입니다. 시장경제는 차별을 야기하기도 하지만, 임금과 노동조건의 차이를 줄이는 강력한 힘을 가지고 있기도 합니다.

임금은 우리가 선택한 직업뿐만 아니라, 대안적으로 선택할 수 있었던 외부 대안에 의해 결정됩니다. 달리 표현하면 다양한 직업군이 더 능력 있는 노동자를 고용하기 위해 경쟁을 펼치는 것입니다. 몇십 년 전이나 지금이나 교회 목사들의 일은 크게 달라진 게 없고, 딱히 생산성이 증가하지도 않았습니다. 순전히 자기의 생산성대로 임금을 받는다면, 목사의 임금 상승폭은 다른 직업과 비교할 때 아주 낮아야 합니다. 그러나 목사의 평균임금도 시장의 전체 추세에 맞춰 상승했습니다. 그 이유는 다른 직업군이 목사가 될 수 있는 능력의 사람들을 두고 경쟁을 펼쳤기 때문입니다. 시장경제는 전체 노동자의 임금 분포를 평균 생산성 중심으로 압축시키는 역할을 합니다.

게다가 우리에게 임금을 제공하는 기업, 정부, 학교는 임금 차이를 추가적으로 대폭 축소시킵니다. 같은 조직에서도 사람들이 하는 일은 다양하고 조직에 기여하는 바도 큰 차이를 보입니다. 그러나 조직은 거의 비슷한 수준의 임금을 주고 있습니다. 사람들은 경제적 불평등을 거부하는 본성을 가지고 있기 때문에, 임금 차이가 생기면 내부 갈등이 벌어질 것입니다. 즉 임금의 차이를 제한하는 이유는 바로 내부 갈등으로 인해 조직의 생산성에 문제가 생기는 것을 방지하기

위해서입니다.[54]

　조직 간 경쟁은 임금 차이를 더욱 축소시키는 역할을 합니다. 미국의 스포츠 시장은 오랫동안 인종적 장벽을 가지고 있었지만, 경쟁이 치열해지자 차별이 현저하게 줄었습니다. 여성에 대한 차별도 경쟁적인 산업일수록 빠르게 감소했습니다. 미국의 은행은 남성과 여성의 임금 격차가 두드러진 대표적 산업이었지만, 규제 완화에 따른 은행 간 경쟁이 심화되자 그 격차가 대폭 줄었고, 여성의 경영진 진출도 크게 늘어났습니다.[55]

시장 경쟁을 압도하는 힘

　정규직과 비정규직의 임금 차이, 사용자들의 비인간적 차별은 시장의 경쟁 메커니즘이 잘 작동하지 않기 때문에 벌어지고 있습니다. 기업과 고용주의 힘이 시장의 경쟁을 압도하고 있다는 의미입니다. 지배력을 지닌 고용주가 선택하는 인센티브 제공 방식은 바로 지위의 격차를 만드는 것입니다. 동기 부여 방식이 꼭 금전적인 보상일

54　경제적 불평등을 거부하는 인간의 본성을 행동경제학에서는 불평등 회피inequality aversion라고 합니다. 가진 자와 못 가진 자 모두에게서 불평등 회피 성향이 나타납니다. 독재자 게임에서 독재자가 자신의 소유를 응답자와 나눠 갖는 것은 가진 자가 불평등을 회피하는 경향을 가지고 있기 때문입니다. 반면 최후통첩 게임 Ultimatum Game에서 불평등한 제안을 받을 때 응답자가 손실을 감수하면서까지 제안을 거절하고 제안자를 처벌하는 것은 못 가진 자가 불평등을 회피하는 경향을 보여 주는 것입니다.

55　Orley Ashenfelter, Timothy Hannan, "Sex discrimination and product market competition: The case of the banking industry", *Quarterly Journal of Economics* (1986), 101(1): 149~173.

필요는 없습니다. 사람들은 사회적 지위 상승을 위해서도 열심히 일을 하기 때문입니다.

"인간은 부자가 되려고 한다기보다, 남보다 더 부자가 되려고 한다"는 **존 스튜어트 밀**의 통찰은 다양한 연구로 입증되고 있습니다. 다트머스 대학교의 경제학자 루트머 교수는 동네 이웃의 소득이 높을수록 행복도가 감소한다는 것을 보여 줍니다.[56] 워릭 대학교의 심리학자 브라운 교수 연구팀은 연봉 차이가 노동자들의 행복도에 어떻게 영향을 주는지 연구하였습니다.[57] 1만 6,000여 명의 영국 노동자들을 대상으로 한 조사에 따르면, 노동자들의 행복 및 직업 만족도는 절대적인 임금 수준에 영향을 받지 않고, 자신이 속한 조직에서의 임금 서열에 영향을 받는 것으로 나타났습니다.

따라서 고용주는 수직적 구조를 만들어 지위 상승의 인센티브를 주기 위해서, 정규직과 비정규직의 임금과 근무 여건의 차이를 두고 있다고 볼 수 있습니다. 비정규직에 대한 과도한 차별은 돈을 들이지 않고도 인센티브를 줄 수 있는 조직 관리 전략일 수 있습니다.[58]

---

56 Erzo F. P. Luttmer, "Neighbors as negatives: Relative earnings and well-being", *Quarterly Journal of Economics* (2005), 120(3): 963~1002.

57 Christopher J. Boyce, Gordon D.A. Brown, Simon C. Moore, "Money and happiness: Rank of income, not income, affects life satisfaction", *Psychological Science* (2010), 21(4): 471~475.

갑, 좋아할 일이 아니다

저는 의심합니다. 정규직과 비정규직의 임금 차이를 늘리고, 비인간적 차별을 서슴지 않는 이유 중 하나는 정규직의 임금을 줄이기 위해서가 아닙니까. 이는 사실 경제학의 계약 이론이 담고 있는 교과서적인 메시지입니다. 계약 이론은 조직 내에서 주인(고용주)이 대리인(노동자)에게 인센티브를 제공하는 문제를 연구합니다. 그 핵심은 주인이 대리인의 협상력을 줄이기 위해 계약 형태를 수직적으로 차별화하고, 하층부와의 계약을 과도하게 하방 왜곡시킨다는 것입니다.

고용주가 두 명의 노동자와 계약을 맺는 상황을 생각해 봅시다. 고용주는 노동자 을의 업무와 임금을 과도하게 차별적이고 비효율적인 수준에서 계약합니다. 이는 반드시 을로부터 이익을 얻기 위해서가 아닙니다. 비효율적인 계약으로 인해 고용주도 손실을 감수해야 할지도 모릅니다. 그러나 이를 통해 노동자 갑과의 계약을 유리하게 만들 수 있습니다. 갑의 외부 대안을 왜곡시킴으로서 갑의 협상력을 줄이고, 갑에게서 더 많은 이득을 얻는 것입니다. 을이 차별받는 상황을 갑이 좋아해서도 안 되고 지켜보고만 있어서도 안 될 이유입니다.

하지만 우리는 지위의 격차에서 오는 만족감을 누리고, 차별하는 것을 통해서도 만족감을 누립니다. 사회학자 오찬호에 따르면, 대

---

58 지위 격차를 만들어 인센티브를 제공한다는 두 편의 이론적 논문을 소개합니다. Emmanuelle Auriol, Régis Renault, "Status and incentives", *RAND Journal of Economics* (2008), 39(1): 305~326, Timothy Besley, Maitreesh Ghatak, "Status incentives", *American Economic Review* (2008), 98(2): 206~211.

학 서열에 중독된 이들은 아직 경험하지 않은 직장 내 갑을관계와 비정규직 차별을 찬성한다고 합니다.[59] 아! 우리는 비참한 사람들입니다. 누가 우리를 건져 줄까요.

공정한 시장 경쟁

과도한 임금 차이와 차별은 시장경제가 낳은 문제라기보다는, 시장의 실패가 낳은 문제입니다. 교회의 목사가 지나치게 높은 임금을 받는다면 경쟁의 힘이 아니라 다른 권력이 작동하고 있는 것입니다. 황교안, 안대희 같은 이들이 억 대의 수임료를 챙길 수 있었던 것은 전관예우라는 권력이 작동하고 있기 때문입니다. 모두 시장의 경쟁이 공정하게 작동하지 않아서 생긴 문제입니다. 시장실패입니다.

경제학자들은 시장과 시장실패를 엄격하게 구분해서 사용합니다. 반면 진보적 지식인들은 둘을 마치 하나로 생각하는 경향이 있고 대중의 인식도 크게 다르지 않습니다. 시장은 실패할 수밖에 없다고 믿는 이들이 시장과 시장실패를 구분하지 않는 것입니다. 그러나 비판만 할 수 없는 경제학자들은 문제의 처방을 내리기 위해서 둘을 명확하게 구분합니다.

경제학자들의 운명은 시장을 거부할 수 없습니다. 경제학자들의 사명은 공정한 시장 경쟁을 찬양하는 것입니다. 우리의 경전인 경제학 교과서에 따르면, 공정한 경쟁은 소비자의 친구이고 노동자의 친

---

59 오찬호, 『우리는 차별에 찬성합니다』(개마고원, 2013).

구입니다. 경쟁을 회피하고 싶은 이들은 바로 기업입니다. 공정한 경쟁이 펼쳐지려면 정규직과 비정규직 사이의 이동이 자유롭게 가능해야 합니다. 이는 정규직과 비정규직의 차별을 해소할 것이고, 노동자들의 연대를 가져올 것입니다.

경제학 교과서대로 자신 있게 가르칠 수 있는 날이 올까요.

현재에 만족할
수만은 없다

비교우위의 경제학

경제학 입문 교과서는 비교우위 이론을 소개한 후 서둘러 단원을 끝맺습니다. 비교우위 이론의 한계를 소개받지 못하고 무역이 좋다라는 결론만 배우게 됩니다. 교과서를 열심히 공부할수록 자유무역주의자가 될 가능성이 높습니다.

자유무역과 아이티

비교우위 이론을 가르친 후 사진 한 장을 보여 주고, 무엇인지 학생들에게 묻습니다. 아직 정답을 맞춘 미국의 대학생을 만나지 못했습니다. 아이티 아이들이 먹는다는 진흙쿠키입니다. 아이티의 어머니들

아이티의 어린아이들은 진흙쿠키를 먹습니다. 고산 지대의 진흙을 물에 불리고 버터와 소금을 조금 넣어 섞습니다. 5시간 햇볕에서 말리면 진흙쿠키가 완성됩니다. 진흙쿠키 3개가 40원 정도에 팔린다고 합니다.

은 아이들의 배고픔을 달래기 위해 진흙을 구워서 먹인다고 합니다.

1980년대 초반까지 아이티는 주식인 쌀을 스스로 생산할 수 있었습니다. 그러나 아이티는 선진국들이 가르친 자유무역의 교리를 문자 그대로 신봉하고 시장을 개방하였습니다. 세계무역기구WTO는 아이티의 신실한 믿음을 칭찬하였습니다. WTO 보고서에 따르면, 아이티는 남미와 캐리비언 국가들 중에서 자유무역화를 가장 잘 실천한 국가가 되었습니다. 처음에는 소비자들이 미국의 값싼 쌀을 구매할 수 있어서 좋았습니다. 하지만 전체 인구의 2/3가 농업 및 관련 산업에 종사하고 있었기 때문에 엄청난 실업이 발생했습니다. 쌀 가격도 서서히 오르기 시작했습니다. 이제 아이티는 서반구에서 가장 가난한 나라가 되었습니다. 자유무역의 결과 진흙쿠키를 자유시장에서 사고팔게 되었습니다.

2010년 아이티의 대지진으로 30만 명이 넘는 사람들이 사망한 어떤 경제 주체가 다른 경제 주체에 비해서 특정 상품을 더 낮은 기회비용으로 생산할 수 있을 때, 비교우위를 가진다고 말합니다. 반면 절대우위는 다른 경제 주체에 비해서 더 많이 만들 수 있는 능력을 가진 것을 의미합니다. 운동신경이 뛰어난 르브론 제임스는 집 마당의 잔디를 누구보다 빨리 깎을 수 있으므로, 잔디 깎는 일에 절대우위를 가지고 있다고 말할 수 있습니다. 그러나 잔디를 깎는 기회비용은 다른 누구보다 클 것이므로, 르브론 제임스는 잔디 깎는 일에 비교우위를 지니고 있지 않습니다. 국가 간의 무역도 마찬가지여서, 비록 한 나라가 대다수의 재화 및 서비스에 절대우위를 가지고 있다 해도, 모든 부문에서 비교우위를 가지고 있지는 않습니다. 비교우위 이론은 각 국가가 비교우위를 지닌 산업 부문에 특화하여 서로 무역을 하면, 모든 국가가 이득을 얻을 수 있음을 보여 주는 경제학 이론입니다.

후, 클린턴Bill Clinton 전 대통령이 UN 특사 자격으로 아이티를 방문하였습니다. 사실 그는 아이티의 시장 개방에 큰 영향력을 미쳤던 사람입니다. 아이티의 상황을 목격한 후에야 이렇게 고백했습니다. "우리의 정책이 아칸소에 있는 일부의 농부들에게는 좋았지만, 그것은 실수였습니다."[60]

비교우위 이론의 한계

경제학자 중에서 무역을 반대하는 사람은 없습니다. 무역은 경제 발전의 큰 동력이 된다는 것을 잘 알고 있습니다. 무역을 통해 경제 성장을 이룬 한국 사람들은 경제학자가 아니어도 몸소 알고 있는 내용입니다. 그러나 일반적으로 무역이 좋다고 해서 자유무역까지

---

60 Alex Dupuy, "One year after the earthquake, foreign help is actually hurting Haiti", *The Washington Post*, 2011년 1월 7일.

무조건 좋을 수는 없습니다. 지식인의 죄성은 어설프게 아는 것을 서둘러 교조화하여 가르치고 싶은 욕망인 것 같습니다. 경제학을 조금 배운 사람들이 종종 비교우위 이론을 바탕으로 자유무역을 지지합니다.

경제학 모델처럼 세상이 움직이면 좋겠다는 상상을 할 때가 있습니다. 비교우위 이론을 설명하는 수학 모델에서처럼, 오늘의 농부가 내일에는 컴퓨터 엔지니어가 될 수 있다면 얼마나 좋을까요. 그렇다면 FTA를 한다고 농성하는 일은 없을 것입니다.[61] 수학 공식의 등호처럼 공정한 장에서 경쟁할 수 있다면 얼마나 좋을까요. WTO는 동등한 경기장에서 경쟁하자며 유혹하지만, 선진국들이 자국의 농업에 지급하고 있는 보조금은 사하라 이남 아프리카 국가들의 GDP를 모두 합친 것보다 많습니다. 저개발국가의 비교우위마저 빼앗는 격입니다.[62]

61 David H. Autor, David Dorn, Gordon H. Hanson, "The China shock: Learning from labor market adjustment to large changes in trade", *NBER Working Paper* (2016), No. 21906. MIT 대학교의 데이비드 오토 교수 연구팀은 이 논문에서 중국과의 무역이 미국 노동시장에 끼친 효과를 분석하였습니다. 경제학 모델에 따르면, 중국으로부터의 노동집약적 공산품 수입은 미국 노동자들을 노동집약적 산업에서 다른 산업으로 이동시켜야 합니다. 그러나 오토 교수의 연구에 따르면, 미국 노동자들은 시장을 이동하기보다 노동시장 자체에서 퇴출된 것으로 나타났습니다.

62 비교우위 이론에 대한 또 하나의 도전은 폴 크루그먼이 이끌고 있는 신무역 이론입니다. 오늘날의 무역은 비교우위가 서로 다른 국가 사이보다, 비교우위가 서로 비슷한 국가 사이에서 더욱 많이 이루어지고 있습니다. 예를 들면, 미국과 한국이 서로 자동차를 수출입하는 경우입니다. 게다가 같은 산업 내의 상품을 서로 교역하고 있는데, 서로 차별화된 상품을 수출입하고 있는 것입니다. 폴 크루그먼의 2008년 노벨경제학상 수상 강연을 참조하십시오. Paul Krugman, "The increasing returns revolution in trade and geography", *American Economic Review* (2009), 99(3): 561~571.

역동적 비교우위

    장하준 교수의 책 『나쁜 사마리아인들』(이순희 옮김, 부키, 2007)에 소개된 이야기입니다. 이 회사는 1938년에 설립되어 생선, 야채, 과일 등을 수출하기 시작했습니다. 이 회사가 있는 나라는 1960년대 초반까지 일인당 연소득이 82달러에 불과했고, 아프리카에 있는 어느 나라보다도 가난했습니다. 1970년 초반까지 이 회사의 주사업은 설탕 가공과 모직 산업이었습니다. 1970년대 중반을 넘어서며 갑작스레 반도체 산업에 뛰어들겠다는 황당한 시도를 시작합니다. 1970년대 후반 볼품없는 컬러텔레비전을 제작하며, 미국과 일본의 반도체 회사들을 따라잡겠노라며 큰소리를 칩니다. 하지만 아무도 거들떠보지 않았습니다. 삼성의 초기 역사입니다. 삼성 및 우리나라의 경제 발전은 비교우위 이론을 정면으로 거스르며 이루어낸 것입니다.

    노벨상을 수상한 컬럼비아 대학교 조셉 스티글리츠 교수는 역동적 비교우위dynamic comparative advantage라는 개념을 제시합니다. 교과서의 비교우위 이론은 어떻게 제한된 자원을 단기적 관점에서 효율적으로 사용하는가를 설명합니다. 이는 경제 발전을 어떻게 가져오는가와 같은 장기적 관점을 무시하고 있습니다. 그는 한국의 예를 들며 이렇게 설명합니다.[63] "40년 전, 한국의 비교우위는 쌀 생산이었다. 만약 그 비교우위만 고수했다면 현재의 산업국가가 되지 못했을 것이다. 어쩌면 세계에서 가장 효율적인 쌀 생산국이었을지는 모르지만 여전히 가난했을 것이다."

---

63 Joseph Stilglitz, "From resource curse to blessing", *Project Syndicate*, 2012년 8월 6일.

노동 착취인가
빈곤 탈출인가

국제무역의 경제학

경제학 개론에서 가장 가르치기 난처한 주제는 국제무역입니다. 비교우위 이론에 따르면 무역은 모든 국가의 사회 후생을 증가시킵니다. 각 국가 안에서는 누가 이득을 보고 누가 손해를 보는지를 설명할 수 있습니다. 어떤 경우든지 이득의 크기가 손해의 크기를 상쇄할 정도로 큽니다. 이론은 이렇게 단순하지만 현실은 그렇지 않습니다.

미국으로 대표되는 선진국가들은 저개발국가들에게 시장을 개방하고 자유무역에 참여하라고 요구합니다. 그러나 정작 이들이 국내 산업을 보호할 때가 많습니다. 보수적인 정권은 작은 정부를 주장하며 국가가 나서서 이익집단을 보호하는 것을 반대합니다. 그러나 정작 이들이 특정 산업 보호를 위해 무역 제한 조치를 단행할 때가 많습니다. 자유무역 지지자들은 국가 간 무역의 장벽을 모두 해체하자고 주장합니다. 그러나 정작 이들이 노동력의 무역이라 할 수 있는 이민에 대해서 강하게 반대하기도 합니다.

이처럼 위선과 모순으로 가득한 무역정책 현실을 토론하자면, 교과서에 실린 연습문제의 정답을 맞추기가 더욱 어려워집니다. 알면 알수록 정답과 오답의 경계가 희미해지지만, 교수들의 채점 방식은 단호해서 단 하나의 정답이 존재합니다. 자유무역은 국가의 부를 증가시킬 뿐입니다. 무엇보다 가장 어려운 대목은 무역이 빈곤국에 어떠한 영향을 미치는가입니다.

무역, 저개발국 노동의 착취인가

파키스탄 아이들은 축구공을 바느질합니다. 인도의 아이들은 성냥갑 상자를 접고 한 웅큼의 성냥을 담습니다. 스리랑카의 아이들은 벽돌을 만듭니다. 몇 해 전 중국의 십 대 미성년자들이 삼성전자의 중국 하청 업체에 고용되어 초과 근무를 강요받은 것도 언론에서 크게 다루어졌습니다.[64] 아이폰 생산을 담당하는 중국 업체 폭스콘에서는 노동자들이 잇달아 자살했습니다.[65] 방글라데시의 공장에서는 수시로 화재 사고가 발생하고, 급기야 2013년에는 한 의료공장의 붕괴로 인해 1,129명의 사람들이 목숨을 잃었습니다.[66]

---

64 조찬제, "삼성 휴대폰 하청 중국 부품업체서 미성년 고용 확인", 「경향신문」, 2014년 7월 11일.
65 조일준, "또… 폭스콘 노동자 14번째 자살", 「한겨레」, 2011년 1월 13일.
66 오한아, "라나 플라자 붕괴 1년, 정치적인 너무나 정치적인", 「슬로우뉴스」, 2014년 4월 21일.

세계화 반대론자들은 다국적기업의 탐욕을 비난합니다. 이들에 따르면 다국적기업은 저개발국의 값싼 노동력을 착취합니다. 선진 세계는 세계화라는 이름으로 후진국의 경제를 장악하려는 의도를 가지고 있습니다.

무역, 빈곤 탈출의 동력인가

제프리 삭스Jeffrey Sachs 교수는 빈곤과의 싸움의 최전선에 선 경제학자 중 한 명입니다. 그는 이렇게 묻습니다. "무역 없이 가난을 벗어나 경제 성장을 이룬 나라가 있는가?" 가난한 나라들이 빈곤 상황을 벗어나기 위해서는 무역을 통해 선진국과 세계의 시장에 물건을 팔 수 있어야 합니다. 1980년대 초중반까지만 해도 하루 1.25달러 이하로 살아가는 절대 빈곤층이 가장 많은 곳은 동남아시아였습니다. 사하라 이남 아프리카가 아니었습니다. 그러나 중국과 인도가 세계화에 동참하고 활발한 무역의 길로 들어서자, 두 나라의 빈곤 문제가 크게 감소하였습니다. 가난한 나라의 안을 들여다보아도, 가장 높은 임금을 받는 이들은 수출 산업에서 일하는 사람들입니다.

노벨 경제학상을 수상한 진보적 경제학자의 대명사인 폴 크루그먼은 「뉴욕타임즈」에 기고한 칼럼에서 다음과 같이 말합니다.[67]

---

67 Paul Krugman, "Reckonings; Hearts and heads", *The New York Times*, 2001년 4월 22일.

1993년 방글라데시의 어린아이가 생산한 의류가 월마트에 납품되었다. 톰 하킨 상원의원은 아동 노동이 이루어지고 있는 나라로부터 수입 금지 법안을 제안했다. 법안의 직접적 효과는 방글라데시 의류공장의 아동 고용을 멈추게 하는 것이다. 그렇다면 아이들은 학교로 돌아갈까? 아이들은 행복한 가정으로 돌아갈까? 옥스팜의 조사에 따르면, 공장을 벗어난 아이들은 더 나쁜 노동을 해야 하거나 길거리로 내몰렸다. 상당수의 아이들은 매춘에 나서야 했다.

자유시장의 맹렬한 지지자들이 시장실패를 야기하듯이, 세계화에 대한 무책임한 문제 제기는 정작 빈곤의 사슬에 묶인 이들의 삶을 더욱 비참하게 만들기도 합니다.

저널리스트인 중국계 미국인 레슬리 장은 무역에 의한 노동 착취 현장을 경험하기 위해 중국 서부의 공장 도시에서 2년을 살았습니다. 그는 미국의 수요와 중국의 공급으로 표현되는 무역시장의 현장에서 어린 도시 노동자들을 만났습니다. 그는 세계화에 대한 논쟁에서 정말 간과하고 있는 것은 바로 노동자들의 목소리라고 지적합니다.

그는 「TED」강의를 통해 다음과 같은 이야기를 들려줍니다.[68] 중국의 노동자들은 10명 또는 15명이 함께 한 방을 쓰고, 50명이 하나의 화장실을 공유하고, 하루 종일 작업시간에 따라 기계적으로 살아가고 있습니다. 그런데 이러한 상황에 대해 심하게 불평하지 않습

---

68 Leslie T. Chang, "The voice of China's workers", *TED* (2012), http://goo.gl/ngqW5l.

니다. 대다수가 시골에서 온 그들은 더욱 열악한 곳에서 살았기 때문입니다. 대다수의 노동자들은 자신이 만드는 제품의 용도를 모르고 있기도 하고 제품을 구매하는 사람들이 누구인지에 대해서도 관심이 없습니다. 그들은 얼마만큼의 돈을 버는지, 다른 공장으로 이직할지 말지, 어떤 사람과 결혼하고 싶은지에 대해서 이야기합니다. 더 나은 삶을 위해서 공부를 하고 싶다는 희망을 가진 이들이 많습니다. 그들은 이렇게 조금 더 나은 환경에 만족하고, 평범한 꿈을 가진 사람들입니다.

무역이 빈곤을 줄일 수 있는 조건

무역이 빈곤 문제를 언제나 해소하는 것은 아닙니다. 아시아와 달리 중남미와 아프리카의 저개발국가들 다수는 시장 개방 이후에도 별다른 진전을 보이지 않습니다. 오히려 상황이 악화된 국가들도 있습니다. 세계화가 옳은가 그른가를 따지는 호사가들의 논쟁이 그치지 않는 이유입니다. 이런 경우 경제학자들의 주요 업무는 바로 '조건'을 찾는 일입니다. 언제나 흑이거나 언제나 백인 일들은 세상에 많지 않습니다. 언제 흑이 되고 언제 백이 되는지를 따져야 합니다.

그렇다면 어떤 조건하에서 무역은 빈곤 탈출을 도울 수 있을까요. 세계은행에서 일하고 있는 경제학자 라주 잔 신크는 30개의 아프리카 국가들을 상대로 자유무역화가 빈곤을 줄이는 효과를 살펴보았습니다.[69] 그의 연구에 따르면 세 가지 조건이 만족되어야 합니다. 금융시장이 발달해 있고, 교육 수준이 높아야 하며, 국가의 지배 구조가 안정되어 있어야 합니다. 이들은 자원이 더욱 생산적인 산업으로 이동하게 만드는 데 꼭 필요한 요소들입니다. 금융시장은 이러한 산업에 신용을 제공합니다. 교육을 받은 이들이 빠르게 성장 산업으로 이동하여 일을 시작할 수 있습니다. 좋은 정부는 분쟁을 조정하고 안정적인 시장 거래를 가능케 합니다.

자유무역은 각 나라의 조건에 맞춰서 점진적으로 진행되어야 합니다. 조셉 스티글리츠와 앤드루 찰턴Andrew Charlton 교수가 함께 쓴 책『모두에게 공정한 무역』(송철복 옮김, 지식의숲, 2007)의 핵심 주장입니다. 아프리카와 중남미 국가들은 기본적인 운송 시스템과 기반 시설이 없기 때문에 비교우위 이론이 적용되지 못합니다. 비교우위 산업이 존재한다 하여도 노동과 자원의 이동이 가능하지 않기 때문입니다. 게다가 부자 나라들이 자국의 섬유산업을 보호하고, 농업에 천문학적인 보조금을 제공하고 있습니다. 이는 가난한 나라들의 비교우위마저 빼앗는 것과 같습니다. 따라서 이들이 제시하는 또 하나의 조건은 부자 나라들이 먼저 자유무역의 장벽 요인을 제거하는 것입니다.

아직도 답하지 못하는 질문

—

무역은 선진국, 개발도상국, 저개발국 등의 모든 나라에서 승자

---

69 Maelan Le Goff, Raju Jan Singh, "Does trade reduce poverty? A view from Afraica", *Journal of African Trade* (2014), 1(1): 5~14.

와 패자를 낳습니다. 승자의 이득이 패자의 손실보다 크기에, 경제학자들은 무역을 지지합니다. 다만 패자가 짊어지는 손실의 크기가 너무 커서 삶의 자리를 송두리째 빼앗는다면, 승자의 이득을 패자에게 나눌 수 있는 정책들을 제안합니다.

2000년대 초반까지 폴 크루그먼 교수는 미국 제조업의 낮은 임금 수준에 대해 전체 이득을 위해 짊어져야 할 손실 정도로 평가했습니다. 그러나 미국 임금 수준의 3~4%로 평가받는 중국과의 무역으로 인한 영향이 매우 커지자 사회안전망을 확대해야 한다고 주장했습니다.[70] 이는 한국의 상황에서도 매우 절실한 제안일 것입니다.

언제나 그렇지만 삶의 어려운 문제가 닥쳐도 부유한 사람들은 이럭저럭 해결 방안을 모색할 수 있습니다. 가난한 집은 그렇지 못합니다. 미래를 위해서 교육을 받는 것이 좋다는 것을 뻔히 알지만, 당장 먹고살기 위해서 아이는 노동 현장으로 가야 합니다. 닭장 같은 의류공장에서 12시간을 견뎌내야 하지만, 이것이 주어진 최선의 여건입니다. 선진 세계의 소비자들이 비인간적인 처사라며 기업에 항의하고 보이콧 캠페인을 벌이면, 이들은 그마저의 처지도 잃습니다.

어느 학생이 질문합니다. "무역이 빈곤 문제를 해결하는 데 가장 큰 힘인 것은 알겠어요. 그렇다고 해서 아동 노동과 비인간적인 작업 환경을 보고만 있어야 하나요?" 저도 같은 질문을 할 뿐이라며 서둘러 끝맺고, 저와 세상을 미워합니다.

---

70 Paul Krugman, "Trouble with trade", *The New York Times*, 2007년 12월 28일.

정부가
독점하라

장기 매매 시장의 경제학

신장이식을 기다리고 있는 사람들은 실제 기증자보다 약 10배 많다고 합니다. 질병관리본부에 따르면 운이 좋아 기증받는 사람도 평균 4.9년 정도를 기다려야 합니다.[71] 무엇이든지 부족 현상이 발생하면, 경제학자들은 불안한 마음을 감추지 못합니다. 수량 부족에 대해서는 확실한 해결책을 알고 있기 때문입니다. 경제학자들에게 있어서 이보다 쉬운 문제는 없습니다. 가격이 너무 싸기 때문에 부족 현상이 벌어지는 것입니다. 시장이 작동하여 가격이 올라가면 될 일입니다.

---

71 노지현, "신장이식 받으려면 평균 5년 걸린다", 「동아일보」, 2012년 12월 3일.

장기 매매, 비판과 반론

신장 부족 현상은 합법적인 시장 자체가 존재하지 않아서 발생합니다. 오직 가격이 공짜인 자발적 기증에만 의존하고 있기 때문에, 많은 환자들이 고통을 겪으며 기다림의 시간을 보내고 있습니다. 신장 거래가 자유로워지면, 시장가격은 자연스럽게 형성될 것입니다.[72] 몇백만 원이 될지 몇천만 원이 될지 정확히 알 수는 없지만, 부족 현상이 사라질 것은 확실합니다. 사려는 사람과 팔려는 사람의 수가 일치하고, 대기자 리스트 자체가 사라질 것입니다. 오랜 시간을 기다려야 한다는 불평과 이에 대한 기사도 사라집니다.

경제학자들은 이것을 시장균형이라 부르고, 판매자와 구매자 모두의 후생이 극대화되었다고 평가합니다. 상품 또는 서비스가 가장 지불 의사가 높은 소비자들에 의해 소비되고, 가장 효율적인 생산자들에 의해 생산되기 때문입니다. 한마디로 표현하면, 모든 자발적 거래는 자신들에게 이득이 되어서 하는 것이므로 사회 후생을 증가시킨다는 것입니다. 그래서 시장주의 경제학자들은 장기 거래 시장을 합법화해야 한다고 오래 전부터 주장해 왔습니다.

---

72 시카고 대학교의 베커 교수와 뉴욕 주립대학교의 엘리아스 교수는 신장 가격을 1만 5,200달러 정도로 추정합니다. 근거는 다음과 같습니다. 첫째, 신장 기증자가 이식 수술 과정에서 사망할 확률은 1/1000이고, 젊은이의 통계적 생명의 가치는 통상 500만 달러로 여겨지므로, 이에 대한 기대 보상 금액은 $5,000,000 \times 0.001 = 5,000$ 달러입니다. 둘째, 이식 후 회복 과정에서 4주 정도의 소득 손실이 예상되므로, 평균 소득 3만 5,000달러를 얻는 이의 소득 손실 2,700달러를 보상해야 합니다. 셋째, 고혈압을 얻게 될 가능성이 증가하거나 예상치 못한 부작용으로 삶이 질이 떨어질 가능성이 있으므로, 이에 대한 넉넉한 보상으로 7,500달러를 포함합니다. 결국 $5,000 + 2,700 + 7,500 = 1$만 5,200달러입니다. Gary S. Becker, Julio Jorge Elías, "Introducing incentives in the market for live and cadaveric organ donations", *Journal of Economic Perspectives* (2007), 21(3): 3~24.

몇 가지 반론이 가능합니다. 첫째, 오직 비싼 가격을 지불할 수 있는 부자들만 장기를 구매할 수 있습니다. 불공평한 분배가 이루어진다는 것입니다. 둘째, 가난한 사람들이 주로 장기를 팔려고 나설 것입니다. 경제적으로 궁핍한 상황에 놓인 이들이 어쩔 수 없이 장기 판매에 나서거나, 미성년자들이 섣부르게 장기 판매를 결정하거나, 또는 채무를 진 이들이 강박에 의해 장기를 팔아야 하는 상황에 내몰릴 수 있습니다.

적절한 비판이지만 시장주의자들의 반론도 만만치는 않습니다. 이들 비판은 장기뿐만 아니라 모든 상품과 서비스에 해당한다는 것입니다. 부자들만 살 수 있고, 가난한 사람들만 팔려고 하는 상품과 서비스는 많이 존재합니다. 부자들만 렉서스를 살 수 있고 고급 식당을 이용합니다. 가난한 사람들만 더럽고 힘들고 위험한 일에 기꺼이 노동을 제공합니다. 그렇다면 왜 장기 거래에만 문제를 제기하냐는 것입니다.

장기는 생명과 직접적으로 관련되어 있는 특수한 상품이라고 반박할 수 있습니다. 이 비판 역시 부메랑이 되어 돌아옵니다. 지금과 같이 신장 이식이 턱없이 모자란 상황에서 고통받는 환자들의 처지를 두고 보는 것도 비판받아 마땅하다고 말입니다.

차선과 차악의 최적 조합

절충적 대안이 있습니다. 정부가 장기 구매의 독점적 구매자 역할을 하는 것입니다. 정부가 통제하는 가격을 지불하여 장기를 구매한 후, 대기자들에게 순차적으로 공급하는 것입니다. 이는 적어도 부자들만 신장을 구매할 수 있다는 문제점을 해소할 수 있습니다. 목돈이 필요한 처지의 사람들이 사실상 강제에 의해 판매에 나선다는 문제는 여전히 남습니다. 이 문제도 어느 정도 해결 가능합니다. 예를 들면, 장기 판매 가격을 오랜 기간에 걸쳐 연금 형태로 지불하는 방식을 생각해 볼 수 있습니다. 그렇다면 미성년자 또는 악성 채무에서 비롯된 장기 판매도 통제 가능합니다.

이러한 방식이 새로운 것은 아닙니다. 직업군인 제도는 정부가 독점력을 가진 노동시장입니다. 미국 남북전쟁 시 군인으로 차출된 이들은 합법적으로 돈을 주고 대체 복무자를 구매할 수 있었습니다. 자유시장을 통해 전쟁터에서 싸울 군인들의 서비스를 거래한 것입니다. 장기 매매 시장이 가질 수 있는 문제점들을 똑같이 지적할 수 있습니다. 부자들만 대체 복무를 구매할 수 있고, 가난한 사람들만 군대에 끌려간다는 것입니다. 아마도 절대 다수의 사람들은 군 복무 서비스의 자유시장 거래를 반대할 것입니다. 반면 직업군인 제도에 대해서는 합리적인 공감대를 형성하고 있습니다. 마찬가지로 정부의 구매 독점을 바탕으로 한 장기 구매 시장도 사회적 공감대 속에서 지지받을 가능성이 있습니다.[73]

시장은 절대선이 아니어서 수요와 공급의 균형이 우리 삶의 복잡한 문제를 단번에 해결하지는 못합니다. 정부는 절대악이 아니어

---

[73] 장기 매매 또는 장기 기증에 따른 금전적 보상을 제시하면, 많은 사람들은 장기 밀매가 증가할 것이라고 우려합니다. 그러나 정부의 독점 구매 방식하에서 장기 밀매가 더 증가할 것이라고 볼 근거는 부족합니다. 암시장black market에서는 가격이 비쌀수록 장기 밀매가 늘겠지만, 정부 공급이 증가함에 따라 가격은 떨어지고 장기 밀매는 줄어들 가능성이 높습니다.

서 무조건 거부할 필요도 없습니다. 시장과 정부는 모두 불완전하지만, 차선과 차악의 최적 조합은 삶의 질을 높이고 고통받는 사람들을 도울 수 있습니다.

당신도
속고 있다

사이비 시장의 경제학

　전쟁이나 종말을 예언하는 사이비 종교인들을 종종 볼 수 있습니다. 한 번씩 큰 소동이 벌어지기도 합니다. 수요와 공급이라는 안경을 쓴 경제학자는 이마저도 하나의 시장 거래로 이해합니다. 사이비 종교를 생산·공급하는 사람과 수요·소비하는 사람들의 욕구가 만나서 소동이 펼쳐지는데, 그 또한 시장균형의 한 모습입니다. 초현실적인 메시지를 사고팔고 있지만 여전히 돈거래가 펼쳐지고 있다는 점이 흥미롭습니다. 수요와 공급에 따라 결정되는 가격의 힘을 확인하면서, 경제학자는 웃음을 짓지 않을 수 없습니다.

사이비 상품의 가격이 비싼 이유

사실 꽤 많은 시장이 사이비 종교 시장과 닮아 있습니다. 홍보관 또는 다단계 방식으로 판매되는 의료기기 시장이 그렇습니다. 성능도 확인할 수 없는 유령 의료기기들이 음이온, 저주파, 원적외선, 나노기술 등의 이름으로 비싼 가격에 팔리고 있습니다. 투자 비법이라는 이름으로 이루어지는 주식 예측 서비스, 심리 치료, 불치병에 대한 각종 대체 요법 등도 마찬가지입니다.

대부분의 시장에서는 사이비 상품과 서비스가 거래되지 않습니다. 경쟁 때문입니다. 생산자들 간의 경쟁은 소비자들을 만족시키기 위해서 더 좋은 품질의 상품을 더 싼 가격에 공급합니다. 전통적으로 경제학자들은 거짓·과대·부당 광고에 대해서조차 크게 염려하지 않았습니다. 경쟁만 잘 작동하면, 이들 기업들은 평판을 잃고 시장에서 자연스레 퇴출당할 것이라고 생각하기 때문입니다.

사이비 시장은 많이 다릅니다. 사이비 시장은 누구나 쉽게 진입할 수 있는 완전경쟁시장에 가까운 상황임에도 불구하고 거짓 광고와 주장은 사라지지 않고 있습니다. 게다가 경제학자들을 난처하게 만드는 것은 극단적이고 믿기 힘든 주장일수록 거래 가격이 높게 형성되고 있다는 점입니다. 품질이 낮을수록 더 높은 가격에 팔리고 있습니다.

돌팔이 의사 시장

이스라엘 경제학자 스피글러는 "돌팔이 의사 시장"이라는 제목의 논문에서 흥미로운 분석을 제시합니다.[74] 그는 전통적인 경제학자들의 믿음과 달리 소비자들의 합리성이 제한되어 있다고 생각합니다. 불확실한 상품의 품질을 평가할 때, 많은 소비자들이 확률적으로 사고하지 않고 일화(이야기)적으로 사고합니다. 지인이 돌팔이 의사의 치료를 받고 나았다는 이야기를 들으면, 그가 항상 치료할 수 있다고 믿습니다. 즉 어떤 사건이 우연히 일어날 수 있다는 가능성(불확실성)을 무시하고, 마치 사건이 항상 일어날 것이라는 강한 확신을 갖는 것입니다.[75] 이때 의사가 돌팔이일수록, 복수의 경쟁 돌팔이 의사에게서 치료받았다는 이야기를 들을 확률이 줄어듭니다. 따라서 돌팔이 의사일수록 서로 경쟁하게 될 경우의 수가 줄어들고, 결국 더 높은 독점적 가격을 책정할 수 있습니다.

74 Ran Spiegler, "The market for quacks", *Review of Economic Studies* (2006), 73(4): 1113~1131.
75 트버스키와 카너먼 교수는 이런 식의 확률적 사고의 오류를 '작은 수의 법칙의 오류'라고 부릅니다. 예를 들어, 서울시와 곡성군 중에서 여자아이가 태어날 비율이 더 높은 곳을 생각해 봅시다. 이를 위해 일 년 중 여자아이가 태어나는 비율이 55%가 넘는 날의 수를 세어 비교해 본다고 합시다. 서울시에 비해서 곡성군의 아이 출생수가 훨씬 작기 때문에, 여자아이의 비율이 55%가 넘는 일은 곡성군에서 훨씬 빈번하게 발생합니다. 또 다른 예입니다. 같은 수의 빨간색 구슬과 하얀색 구슬이 담긴 자루에서, 갑은 5개의 구슬을 꺼냈다가 다시 담고, 을은 2개의 구슬을 꺼냈다가 다시 담습니다. 이것을 10번 반복할 때, 꺼낸 구슬이 모두 빨간 색인 경우의 수가 많은 사람이 저녁을 사야 한다고 해 봅시다. 을이 밥을 사야 할 확률이 훨씬 높다는 것을 직관적으로 이해할 수 있습니다. 샘플 수가 적은 을에게 극단적인 결과가 더 자주 나타날 수밖에 없습니다. 이처럼 단지 샘플 수가 적기 때문에 얻은 결과를 마치 일반적인 특징으로 여기는 것이 '작은 수의 법칙의 오류'입니다. Amos Tversky, Daniel Kahneman, "Belief in the Law of Small Numbers", *Psychological Bulletin* (1971), 76(2): 105~110.

예를 들어, 두 돌팔이 의사가 환자를 치료할 확률은 우연히 나을 확률과 같은 1/5이라고 합시다. 돌팔이 의사에게 치료받더라도 다섯 명 중 한 명은 우연히 나을 수 있는 상황입니다. 합리적 소비자라면 돌팔이 의사에게 치료받을 이유가 전혀 없습니다. 그러나 일화적으로 사고하는 소비자들은 다섯 친구 중의 한 명에게 치료받은 이야기를 듣고, 돌팔이 의사를 대단한 명의라고 생각하게 됩니다. 이때 두 돌팔이가 모두 명의라고 생각하게 될 확률은 (1/5)×(1/5)=1/25입니다. 반면 돌팔이 의사의 치료 확률이 1/10이라면, 두 돌팔이를 모두 명의라고 생각할 확률은 (1/10)×(1/10)=1/100이 됩니다. 이때 돌팔이 의사 입장에서는 치료 확률이 적을수록 경쟁 압력이 줄어드는 것을 의미합니다.

스피글러는 진짜 의사들의 시장 참여가 증가해도 상황이 달라지지 않는다는 결과를 보여 줍니다. 경쟁을 만병통치약으로 생각하던 경제학자들에게는 꽤 충격적인 논문 중 하나입니다.

언제 사이비들이 판을 치는가

「내셔널지오그래픽」 채널에서 방영되고 있는 프로그램 「브레인 게임」Brain Games은 마그마 광석을 길거리에서 팔아 보는 실험을 했습니다. 잘생긴 판매원이 마지막 남은 것이라고 소리칩니다. 의미도 불분명한 몇 가지 용어를 쓰고 지구의 기운을 받을 수 있다고 말하면서 마그마 광석의 신비한 효능을 설명합니다. 판매원은 1시간 만에 145달러를 벌었습니다. 사실 근처 주차장에서 주운 몇 개의 돌멩이입니다.

사이비들이 판을 치는 시장의 특징은 다음과 같습니다. 첫째, 본질적으로 불확실할 수밖에 없는 것들을 진짜라고 반복해서 강조합니다. 둘째, 판매원들은 실체가 없는 언어를 주로 사용하며 신비감을 증폭시킵니다. 셋째, 소비자들은 확률적으로 사고하지 않고 '묻지 마' 믿음을 가지고 있습니다. 결국 사이비 상품과 서비스를 비싼 가격에 구매합니다.

당신은 합리적인 구매 의사 결정을 하고 있습니까. 사이비 종교, 유령 의료기기와 대체 요법, 투자 비법 같은 것을 믿지 않습니까. 너무 자신하지 마십시오. 우리 모두가 사이비 시장에서 자유로울 수 없습니다. '묻지 마 콘크리트 지지'가 구매한 정치 서비스를 보십시오. 약속했던 기초연금, 중증질환 진료비 국가 부담, 반값 등록금, 고교 무상교육, 돌봄학교 등의 정책들이 모두 후퇴, 연기, 취소되었습니다. 무능과 무지, 유체이탈 화법, 리더십 부재, 심지어 기본적인 언어 구사 능력조차 의심스러운 사람이 대통령을 하고, 탈법과 편법 및 각종 의혹으로 가득한 삶을 살았던 이들이 총리와 장관을 합니다.

우리가 지불하고 있는 높은 가격을 보십시오. 세월호 사건에서 잃었던 귀한 목숨들, 메르스의 공포, 위기의 순간마다 자신과 가족의 생존을 스스로 책임져야 하는 각자도생의 상황입니다. 박근혜 정부 시절 발표된 뉴스 방송 화면 모음이 화제가 된 적이 있습니다. 뉴스 제목들 중 일부를 소개하면 이렇습니다. "한국인 행복지수 OECD 최하위 수준", "한국 자살률 OECD 최고", "빈부 격차 최대…한국 노인 빈곤율 1위", "사회보장 비중 OECD 최하", "한국 고용 안정성 OECD 국가 중 가장 낮아", "직장인 유급 휴가 한국이 꼴찌", "전체 취업자 평균 근로시간 OECD 2위", "한국 출산율 세계 최하위권", "국민의료비 공공 부담, OECD 중 최하위", "서울 생활비 껑충…도쿄 제치고 8위", "한국 기업 신뢰도 꼴찌…정부 신뢰도 바닥", 등록금 부담 OECD 최고 수준", "아이들, 삶의 질 꼴찌", "한국 아동들 학업 스트레스 세계 최고", "교사 만족도 OECD 꼴찌", "한국 여성 사회 참여 OECD 꼴찌", "한국 국회의원 경쟁력 OECD 꼴찌 수준", "한국 언론자유지수 70위, 3년 연속 하락" 등등. 한국의 정치 시장이야 말로 사이비 시장을 닮아 있습니다. 이토록 비싼 가격에도 불구하고 형편없는 품질의 정치 서비스를 받아야 하는 이유는 바로 소비자들의 비합리적인 무조건적 지지 때문이었습니다.

박근혜 대통령은 신비한 언어로 우리를 설득해 왔습니다. "정말 간절히 원하면 우주가 나서서 도와 준다", "다 보면 그런 기운이 온다", "혼이 비정상이 될 수밖에 없다." 결국 우리는 '헬조선'이라는 약탈적 균형 속에서 살아가고 있습니다. 이처럼 한국의 정치 시장은 사이비 시장과 꼭 닮아 있습니다. 앗! 단순히 닮아 있기만 한 것이 아니라, 실제로 박근혜 대통령은 사이비 교주와 그의 딸에 의해 조종을 받고 있었다는 사실이 속속들이 밝혀지고 있습니다. 우리 국민 모두가 사이비 시장에서 자유롭지 못했습니다.

4

경제학자들의 생얼

흥미롭다

흥미로운 경제학

찰스 윌런은 『벌거벗은 경제학』(형선호 옮김, 황금가지, 2003)의 도입부에서 다음과 같은 이야기를 들려줍니다. 정부는 휘발유와 경유 가격을 올리기로 결정합니다. 환경오염, 교통 체증, 자동차 사고 같은 외부효과를 줄이기 위해서입니다. 그러자 높은 기름값 때문에 많은 사람들이 오토바이를 구매하기 시작합니다. 연구에 따르면, 흥미롭게도 기름값이 1달러 상승할 때 1,500명이 추가적으로 오토바이 사고로 사망합니다.

스티븐 랜즈버그의 『안락의자의 경제학』(노성태 옮김, 한화경제연구원, 1997)은 다음과 같은 이야기로 시작합니다. 교통사고로 인한 사망과 부상을 줄이기 위해 안전벨트 법이 통과되자 법의 긍정적 효과는 즉각적으로 나타납니다. 자동차 사고 시 운전자와 탑승자의 사망률이 급격하게 줄었습니다. 그러나 안전벨트를 맨 운전자는 과거보다 운전을 험하게 하는 경향을 보입니다. 전형적인 도덕적 해이 현상입니다. 흥미롭게도 사고 수는 늘었습니다. 결국 탑승자의 사망은 줄었지만 보행자의 사망은 오히려 증가했습니다.

스티븐 레빗과 스티븐 더브너는 『괴짜경제학』의 도입부에서 다음과 같은 이야기를 들려줍니다. 1990년대 초반 미국 사회는 폭력 범죄가 기승하여 몸살을 앓았습니다. 하루가 멀다 하고 신문은 총기 살인, 차량 절도, 마약, 강도, 강간 사건들을 보도했습니다. 특히 청소년들의 범죄가 극심했는데, 범죄학자, 사회학자, 정치학자 들은 너도나도 날이 갈수록 문제가 심각해질 것으로 예측했습니다. 문제가 너무 심각해서 전문가들은 마치 곧 세상의 종말이라도 올 것인양 분위기를 전했다고 합니다. 그러나 이들의 예측과는 달리 청소년들의 범죄율은 급격하게 떨어졌습니다. 그 이유는 흥미롭게도 **로 대 웨이드 판결**이라 불리는 대법원의 낙태 합법화 판결이 내려졌기 때문입니다. 잠재적 범죄자가 될 확률이 높은 결손가정의 아이들이 태어나지 않았습니다.

경제학자들이 쓴 유명 대중서적들의 공통점은 '흥미롭다'는 것입니다. 숨겨진 이면을 파헤칩니다. 결과는 대중의 순진한 직관을 뒤엎는 것이어야 합니다.

흥미롭다

경제학자들은 반反직관적인 사실을 좋아합니다. 원인과 결과가 너무 쉽게 이해되어서는 안됩니다. 흥미롭게 꼬인 논리 흐름이 있으면 좋은 논문으로 평가받는 경향이 있습니다. 제 뒤틀린 심사는 흥미롭게 꼬여 있는 논리를 들을 때마다 이런 생각을 합니다.

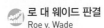

　논문을 발표하는 이는 자신이 얼마나 똑똑한지를 증명해야 합니다. 문제 제기와 문제 해결 방식은 최적의 수준으로 꼬여 있어야 합니다. 만약 논문이 너무 쉬우면 경제학 교수들로 이루어진 세미나의 청중은 급실망감을 표현할 때도 있습니다. 너무 어려워도 똑똑한 것을 증명할 수 없습니다. 비슷한 분야의 동료 연구자들이 조금 어렵다고 느낄 정도에서 이해시키면 최적입니다. 그러면 동료 연구자들은 "흥미롭다"는 말로 반응합니다. 저만의 상상은 아닌 듯합니다. 폴 크루그먼 교수는 『폴 크루그먼의 경제학의 향연』(김이수·오승훈 옮김, 부키, 1997)에서 이렇게 말합니다.

　… 논문을 쓰는 이들의 동기에 대해서는 냉소적으로 보기가 쉽다. 현실 경제의 실제적인 문제를 최소한 간접적인 방식을 통해서라도 해결해 낸다고 하여 경제학 교수로 커 나갈 수 있는 것이 아니다. 그보다는 주변 동료들로부터 명석함을 확실히 인정받아야 커 나갈 수 있다.

흥미롭다

아프리카의 절대 빈곤 문제를 연구하는 이가 정부의 정책 효과를 분석하는 논문을 발표합니다. 좋은 의도로 계획했고 좋은 결과를 기대했던 정책입니다. 그러나 사람들은 전혀 예상하지 못한 방식으로 정책에 반응했습니다. 결국 기아와 질병을 줄이는 데 실패했다는 결과를 소개합니다. 설명을 듣던 경제학자들의 감탄사가 터져 나옵니다. "안타깝네요"가 아닙니다. "흥미롭군요"입니다.

흥미롭다

서초동 법조타운 인근에 가면 유난히 뒷짐을 지고 걷는 젊은이들이 많다고 합니다. 판검사들은 뒷짐을 지고 걷는 것을 좋아하기 때문입니다.[1] 경제학자들을 알아보는 방법도 있을까요. 경제학자의 말과 글에서 자주 사용되는 연결 부사를 주목해 보십시오. 특히 어떤 질문에 답하거나 어떤 연구 결과를 소개할 때, 바로 직전에 쓰는 수식어를 살펴보십시오. 얼마나 자주 '흥미롭게도'를 사용하고 있는지 발견할 수 있을 것입니다. 물론 이 책에서도 많이 찾아낼 수 있습니다.

흥미롭죠?

---

1 김두식, 『불멸의 신성 가족』 (창비, 2009).

경제학자들의
실패

포획 이론의 경제학

진보와 보수 스펙트럼에서 미국 경제학자들은 다양하게 분포하는 반면, 한국 경제학자들은 보수 쪽에 거의 쏠려 있다. 이건 나의 오랜 풀리지 않은 의문이다. … 우리 경제학계의 이념적 지형은 참으로 이상하다. 내가 미국에 가면 중도밖에 안되고 '진보'로 불릴 수 없는데, 한국 사회에선 나를 진보 경제학자로 부르고 있다. 내게 '좌빨' 칭호가 붙었듯 자기와 다른 생각을 하는 사람을 좌빨로 매도하는 일반적인 경향이 있긴 한데, 경제학자 그룹 속에 가봐도 나는 상당히 진보적인 학자로 분류되고 있다. 기이한 일이다. 미국에서 경제학 박사과정 유학할 때 미국 지도교수는 진보적인 사람이 많은 편인데, 왜 한국에 돌아와서는 보수적인 태도를 보이게 되는 걸까?[2]

서울대 이준구 교수가 정년 퇴임을 앞두고 어느 언론사와의 인터뷰에서 했던 말입니다. 한국 경제학자들이 대체로 보수로 쏠려 있다는 그의 지적에 저는 크게 공감하고 있습니다. 경제학자들의 칼럼을 살펴보면, 시장의 실패를 지적하는 글보다 정부의 실패를 지적하는 글이 훨씬 많다는 인상을 받습니다. 시장 친화적인 것을 넘어서, 친기업적인 성향을 많이 보입니다. 언론에 노출이 많은 이들에게서 더욱 두드러지게 나타난다고 느끼고 있습니다.

포획된 경제학자들

보수적 경제학자들이 즐겨 지적하는 문제 중에 규제기관의 포획 이론Regulatory capture이 있습니다. 1982년 노벨 경제학상을 수상한 조지 스티글러George J. Stigler 교수는 정부 정책이 공공의 이익이 아닌 기업과 이익집단의 영향을 쉽게 받을 수 있다고 지적하였습니다. 예를 들면, 2011년 저축은행 사태 때, 금융감독원이 사실상 저축은행의 부실과 비리를 미리 알고 있었지만 오히려 뇌물을 받고 협조해 준 사실이 드러났습니다.[3] 스티글러는 이를 **정부실패**라 부르며, 비록 시장실패가 있다 하여도 정부의 개입이 더 큰 실패를 가져올 수 있다는 점을 역설했습니다.[4]

2 조계완, "[인터뷰] 내달 정년 퇴임하는 이준구 서울대 경제학 교수: 세금 더 걷더라도 자원 외교 같은 해괴한 데 말고 보육에 쓰자", 「한겨레」, 2015년 1월 22일.
3 곽정수, "금감원 출신 인사의 고백", 「한겨레21」, 861호, 2011년 5월 18일.
4 George J. Stigler, "The theory of economic regulation", *The Bell Journal of Economics and Management Science* (1971), 2(1): 3~21.

그렇다면 학자들은 기업의 포획으로부터 자유롭습니까. 뤼기 징갈르스 교수는 이를 살펴보기 위해 IGM 포럼의 경제학자들에게 물었습니다.[5] "미국 상장기업의 최고경영자들은 자신의 생산성 이상의 연봉을 받고 있는가?"

정부실패
government failure

시장실패를 교정하기 위한 정부의 시장 개입 행위가 완벽하지 않고, 오히려 자원 배분을 비효율적으로 왜곡시키는 현상을 일컫습니다.

사회과학대학보다 경영대학에서 일하는 교수들이 경영자들의 초고액 연봉에 관대한 입장을 보였습니다. 특히 기업의 이사진으로 일하고 있는 경제학 교수들은 그렇지 않은 이들에 비해 약 네 배 정도 더욱 우호적으로 대답했습니다.

물론 이것은 인과관계가 아닐 수 있습니다. 기업의 특성을 더 잘 이해하는 사람들이 경영자들의 높은 연봉의 필요성을 잘 이해하고 있을 수도 있기 때문입니다. 징갈르스 교수는 이를 판단하기 위해, IGM 포럼 경제학자들에게 자신의 답변에 얼마나 확신을 하고 있는지를 함께 물어보았습니다. 만약 기업 이사진으로 일하는 경제학자들이 자신의 대답에 더 큰 확신을 가지고 있는 것으로 나타난다면, 이들의 우호적 입장이 이해의 차이에서 비롯되었다고 볼 수 있기 때문입니다. 하지만 전혀 차이가 없는 것으로 나타났습니다.

경영대에서 일하거나 기업의 이사진으로 일하기 때문에 갖는 인센티브의 차이가 기업에 포획되는 결과를 낳을 수밖에 없습니다. 이를 뒷받침하는 점들이 또 있습니다. 종신교수직 심사를 받아야 하

5 Luigi Zingales, "Preventing Economist's capture", *Preventing Regulatory Capture: Special Interest Influence and How to Limit it*, eds. Daniel Carpenter and David Moss (Cambridge University Press, 2013), 124~151.

는 조교수들이 상대적으로 경영진의 고액 연봉에 대해 우호적입니다. 반면 투박한 억양을 가진 외국인 경제학자들은 상대적으로 덜 우호적으로 대답했습니다. 외국인의 경우, 기업의 데이터를 얻기가 쉽지 않기 때문에 기업의 포획으로부터 상대적으로 자유로운 사람들입니다.

징갈르스 교수는 의료산업 사례도 소개합니다.[6] 약품의 효능을 연구한 논문들을, 그 결과에 따라 긍정적, 중립적, 비판적으로 구분합니다. 각 논문의 저자들이 약품을 생산하는 제약회사로부터 금전적 도움을 받았는지를 확인하고, 논문의 결과와 어떤 상관관계를 가지고 있는지 살펴보았습니다. 약품의 결과를 긍정적으로 보고한 논문의 저자들 중 96%는 제약회사로부터 어떤 형태로든 금전적 혜택을 받은 이들입니다. 반면 중립적인 결과를 보고한 이들 중 60%, 부정적인 결과를 보고한 이들 중에서는 단지 37%만이 금전적 혜택을 받은 것으로 드러났습니다.

경제학자들은 인센티브에 반응한다

한국의 경제학자들은 왜 보수적이고 친기업적인 성향을 가집니까. 경제학 유학생의 절대 다수는 서울대, 연세대, 고려대 출신입니다. 경제학은 전체 유학생에서 차지하는 이른바 스카이의 비중이

---

6 Luigi Zingales, *A capitalism for the people: Recapturing the lost genius of American prosperity* (Basic Books, 2012).

가장 높은 전공 중 하나일 것입니다. 스카이 입학에 이어 유학을 가는 이들은 대부분 중산층 이상의 환경을 가지고 있습니다. 특히 최상위권 대학으로 유학을 다녀온 후, 대학과 주요 국책 연구소에 자리를 잡은 이들의 다수는 삼성, SK 같은 대기업이 제공하는 고액의 장학금을 받으며 넉넉한 유학 생활을 보냈습니다.

'인간은 인센티브에 반응한다.' 우리 경제학자들은 이를 두고 현대 경제학에서 가장 중요한 원칙이라고 수업에서 가르치고 있습니다. 경제학자들이라고 해서 예외이겠습니까. 경제학자들은 본인들이 가르치는 것처럼, 인센티브에 따라 행동하는 사람들입니다. 많은 경제학자들이 기업과 권력에 포획되어 있다고 보는 것은 과장된 주장이 아닐 것입니다. 정부 규제기관이 기업에 의해 포획된 것을 정부실패라 부르듯, 경제학자들이 기업에 의해 포획된 것을 경제학자들의 실패라 부를 수 있습니다.

경제학자들은 더 나은 세상을
만들 수 있을까

이기심의 경제학

우리가 저녁 식사를 기대할 수 있는 것은 정육점 주인이나 양조장 주인, 또는 빵집 주인의 자비가 아니라 그들이 자신의 사익을 추구하기 때문이다.

경제학에서 가장 많이 인용되는 구절 중에 하나입니다. 애덤 스미스가 쓴 『국부론』의 일부입니다. 모두가 이기적으로 행동할 때, 사회 전체의 부가 가장 극대화될 수 있습니다. 경제학을 처음 접하는 사람들에게는 놀랍고 반反직관적인 주장입니다. 보통 사람들은 이기심과 사회 전체의 이익이 서로 상반된다고 여기기 때문입니다.

경제학을 공부한 사람들은 잘 이해합니다. 통제되지 않은 이기심이 시장에서 경쟁을 펼치고 있지만, 시장경제의 역설은 소비자들의 요구에 부응해야만 경쟁에서 이길 수 있고 자신의 이기적 욕구도 실현할 수 있다는 점입니다. 보이지 않는 손, 시장경제의 가격 체계는 이기심이 마음껏 발현되도록 함으로써 전체 이익을 극대화하는 역할을 합니다. 인간의 이기심을 찬양하는 경제학자들을 심심치 않게 볼 수 있는 이유입니다. 혹시 그렇다면.

경제학도의 공공성

위스콘신 대학교의 마웰과 에임스 교수는 공공재 실험을 하였습니다.[7] 공공재 시장은 보이지 않는 손이 작동하지 않고 이기심에 의지할 수 없습니다. 경제학자들은 이를 시장실패라고 부릅니다. 실험 참가자들에게 각각 250개의 토큰을 주고, 주어진 토큰을 원하는대로 개인 계좌와 공공 계좌에 투자하라고 합니다. 만약 모든 참가자가 토큰 전부를 공공 계좌에 투자하면, 전체의 부가 극대화됩니다. 그러나 각 참가자는 무임승차를 통해 개인의 부를 극대화할 수 있습니다. 참가자들은 약 42%의 토큰을 공공 계좌에 투자합니다. 반면 위스콘신 대학교 경제학과 대학원생 32명은 평균 20% 정도만 공공 계좌에 투자하였습니다. 오직 두 명의 학생만이 이 실험이 공공재 이론 및 무임승차 효과와 관련되어 있음을 이해하고 있었습니다. 실험이 어떤 경제학 이론과 관련을 맺고 있는지를 이해하지 못했지만, 경제

7   Gerald Marwell, Ruth E. Ames, "Economists free ride, does anyone else?: Experiments on the provision of public goods, IV", *Journal of Public Economics* (1981), 15(3): 295~310.

학을 공부하는 그들은 본능적으로 이기적 행동을 한 것일까요.

워싱턴 대학교 경제학과의 바우만과 로즈 교수는 학생들에게 두 종류의 비영리 단체를 위해 3달러의 기부를 요청했습니다.[8] 하나는 정치적으로 진보적인 색채를 지닌 소비자 권익 단체이고, 다른 하나는 등록금 인하 운동을 펼치는 단체입니다. 이들 기관에 기부하는 것은 공공재 게임을 하는 것과 비슷합니다. 경제학 전공 학생들 중 5%만이 정치적 단체를 위해, 10%만이 소비자 권익 단체를 위해 기부하였습니다. 다른 전공의 학생들 중에는 8%와 15%가 각 단체를 위해 기부하였습니다.

독일 카셀 대학교의 프랭크 교수와 프라이부르크 대학교의 슐츠 교수는 뇌물을 받는 것에서도 전공별 차이가 있는지 실험해 보았습니다.[9] 당신이 속해 있는 동아리 방의 배수구가 고장났습니다. 배관 수리를 위해 10개의 업체 중 하나를 선택해야 합니다. 10개의 업체는 모두 다른 서비스 가격을 제시했고, 의사 결정권이 있는 당신에게 얼마의 뇌물도 주기로 약속합니다. 서비스 가격이 높을수록 당신이 받는 뇌물의 크기도 커집니다. 어떤 선택을 하겠습니까. 저자들은 경제학 전공 학생들이 다른 이들보다 확연히 더 부패하였다는 결과를 보여 줍니다. 경제학 전공의 남학생들이 가장 부패하였고 다른 전공의 남학생들이 가장 덜 부패한 것으로 나타났습니다.

8   Yoram Bauman, Elaina Rose, "Selection or indoctrination: Why do economics students donate less than the rest?", *Journal of Economic Behavior & Organization* (2011), 79(3): 318~327.

9   Bjorn Frank, Gunther G. Schulze, "Does economics make citizens corrupt?", *Journal of Economic Behavior & Organization* (2000), 43(1): 101~113.

경제학도의 이기심

홀리크로스 대학교의 카터와 아이론스 교수는 최후통첩 게임 Ultimatum Game을 실험했습니다.[10] 제안자는 주어진 돈의 일부를 응답자와 나눠 갖습니다. 제안자가 어떻게 나눠 가질 것인지 선택하면, 응답자는 제안을 받아들이거나 거절할 수 있습니다. 받아들이면 제안대로 나눠 갖습니다. 거절하면 누구도 돈 한 푼도 가질 수 없습니다. 일반적인 실험 결과에 따르면, 제안자는 50대 50으로 나눠 갖는 결정을 하고 응답자는 받아들입니다. 간혹 불공평한 제안을 하는 제안자가 나타나면 응답자는 희생을 감수하며 거절합니다. 이러한 처벌의 가능성 때문에, 다수의 제안자는 공평한 제안을 하는 것입니다. 경제학을 공부한 이들로 이루어진 실험 결과는 어떨까요. 제안자의 경우, 일반 사람들보다 불공평한 제안을 하는 것으로 나타났습니다. 응답자의 경우, 다소 불공평한 제안도 받아들이는 경향이 높은 것으로 나타났습니다. 발달된 이기심은 공정성에 대한 의식을 낮추고, 불공정성에 대한 분노도 누그러뜨렸습니다.

코넬 대학교 경제학과의 로버트 프랭크 교수 연구팀은 죄수의 딜레마 게임으로 실험하였습니다.[11] 협력과 배반 중에 하나를 선택할 수 있습니다. 배반은 우월 전략이어서, 상대방의 선택과 상관없이 항상 자신의 이득을 극대화할 수 있습니다. 그럼에도 불구하고 협력을

---

10 John R. Carter, Michael D. Irons, "Are economists different, and if so, why?", *The Journal of Economic Perspectives* (1991), 5(2): 171~177.

11 Robert H. Frank, Thomas Gilovich, Dennis T. Regan, "Does studying economics inhibit cooperation?", *Journal of Economic Perspectives* (1993), 7(2): 159~171.

선택하는 이들이 존재합니다. 실험 결과 경제학 전공 학생들은 다른 전공 학생들에 비해 17% 정도 더 많이 배반을 선택하였습니다. 연구팀은 전공별 교수들의 자선 기부금 차이도 살펴보았습니다. 실험 대상 전공 중, 경제학 교수들은 가장 높은 연봉을 받고 있지만 가장 적은 액수를 기부하였습니다.

텔아비브 대학교의 루빈스타인 교수는 이스라엘의 학생들을 대상으로 질문하였습니다.[12] 당신은 196명의 직원이 일하고 있는 기업의 부사장입니다. 이윤을 극대화하기 위해서는 직원의 절반을 해고해야 합니다. 해고하는 직원 수를 줄일수록 이윤은 감소합니다. 몇 명을 해고하겠습니까. 경제학을 전공하는 학생들의 선택은 법, 수학, 철학을 전공하는 학생들과 크게 달랐습니다. 경제학과 학부 학생들이 가장 많은 직원을 해고하겠다고 답했습니다. 놀랍게도 MBA 과정의 학생들보다도 기업의 이윤 극대화를 더욱 중요하게 생각하였습니다.

남아 있는 질문들

몇 가지 논쟁점이 있습니다. 첫째, 이기적인 사람들이 경제학을 공부하는 것일까요, 경제학을 공부하면 이기적인 사람이 되는 것일까요. 논문마다 다른 주장을 펼치고 있습니다. 둘째, 경제학을 공부한 사람들이 다른 이들과 다르게 행동하는 것은 더 이기적이기 때문일

12 Ariel Rubinstein, "A sceptic's comment on the study of economics", *Economic Journal* (2006), 116(510): C1~C9.

까요, 다른 이들이 이기적으로 행동할 것을 예상하기 때문일까요.

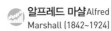

알프레드 마샬 Alfred Marshall (1842~1924)

1890년 출간한 『경제학 원리』는 경제학에서 최초로 한계 효용, 생산 비용, 공급과 수요의 개념을 일관된 논리적 틀로 묶어내었고, 알프레드 마샬은 신고전학파의 창시자라고 불리기 시작합니다.

사실 최후통첩 게임과 죄수의 딜레마 게임의 결과는 이들 질문에 명확한 답을 주지 못합니다. 상대방이 이기적 행동을 한다고 믿으면, 합리적 선택의 결과가 이기적인 행동으로 보일 수 있다는 지적입니다. 이처럼 해결되어야 할 의문이 남아 있지만, 경제학을 공부한 이들에게 인간미가 모자란 것을 부인할 수 있겠습니까.

차가운 머리, 따뜻한 가슴.

알프레드 마샬의 말입니다. 그는 경제학 역사에서 가장 큰 변화를 가져온 한계혁명Marginalist Revolution을 일으킨 경제학자입니다. 지성과 공감 능력이 조화를 이루어야 한다는 말이지만, 실상 마샬의 격언은 지성의 부족을 꾸짖기 위해 사용될 때가 더욱 많습니다. 따뜻한 가슴만으로 세상을 변화시킬 수 없다고 말하고 싶을 때, 다수의 경제학자들은 이 표현을 기억해냅니다. 특히 경제학을 모르는 이들에게 차가운 머리의 중요성을 가르치며 즐겨 사용합니다. 경제학을 모르는 이들이 경제학자들에게 묻습니다. 더 나은 세상에 대한 꿈을 품은 따뜻한 가슴, 우리들에게 남아 있습니까.

경제학자가 되고 싶은
후배에게

우월한 경제학

경제학을 공부하게 된 계기가 무엇인지, 경제학을 통해 사람과 사람의 관계를 어떻게 이해할 수 있는지, 경제학이 세상을 어떻게 진보시켜 나갈 수 있는지…. 이런 질문들을 던지지 않아서 다행이라 생각했습니다. 이류 경제학자인 제가 답하기 버거운 질문들입니다.

경제학 박사 학위를 받으면, 취업 전망은 어떻고 연봉이 어떤지를 서슴없이 물었지요. 경제학도답게 경제학 공부를 하면 잃게 되는 기회비용도 물었지요. 남들은 경제학을 공부하는 우리를 인간미가 없다고 생각하지만, 합리적인 우리는 위선이 어린 수식어로 위장하지 않고, 쓸데없는 편견도 가질 필요 없이 서로에게 궁금한 것을 묻고 답할 수 있어 좋습니다.

경제학자가 되는 것이 더 낫다

미국 대학에서 경제학 박사 학위를 받는 이들의 취업 전망은 다른 전공들에 비해서 좋은 편입니다. 대다수의 사람들은 포닥postdoctor이라고 부르는 박사 후 과정을 거치지 않고, 학교, 연구원, 기업, 정부 등에서 정규직을 얻고 있습니다. 경제학 박사들의 평균 연봉은 거의 모든 자연과학과 공학 박사들보다 높습니다. 한국의 경우, 다수의 정부 출연 연구기관과 기업 연구원에서 좋은 조건으로 경제학 박사를 채용하고 있습니다. 수요가 공급보다 많다 보니 실업을 걱정하는 사람은 거의 없습니다. 심지어 "연구자로서 능력이 부족하다"는 지도교수의 추천서를 받아도 직장을 잡는 것이 가능합니다.

"경제학자가 되는 것이 더 낫다. 그러나 아무에게도 말하지 말라"는 제목의 에세이가 있습니다. 하버드 대학교 경제학과의 리처드 프리먼 교수가 문헌 연구와 에세이를 주로 싣고 있는 저명 학술지 「저널 오브 이코노믹 퍼스펙티브」에 발표했습니다.[13] 그는 왜 경제학 박사들의 고용시장이 물리학 또는 수학의 경우보다 더 나은지를 수요공급 이론으로 설명합니다.

경제학자들의 한계생산성이 기초 과학자들보다 높은 이유는 다음과 같습니다. 기초 과학에 비해서, 경제학은 아직 주요 문제들을 해결하지 못하고 있고 기본적인 지식을 쌓아 가고 있는 과정입니다. 달리 표현하면, 경제학자들에 대한 수요는 이미 해결한 문제의 양이 아

---

13 Richard B. Freeman, "It's better being an economist (But don't tell anyone)", *Journal of Economic Perspective* (1999), 13(3): 139~145.

니라 아직 해결하지 못한 문제의 양에 달려 있습니다. 아이러니하지만 해결해야 할 문제를 많이 가지고 있기 때문에 더 좋은 대우를 받고 있습니다.

그는 동료 경제학자들에게 몇 가지 제안을 합니다. 경제학 교수에 대한 수요를 유지하기 위해서 학생들로 하여금 경제학 수업을 꼭 들어야 한다고 생각하게 만들어야 합니다. 경제학 연구에 대한 수요를 유지하기 위해서는 정말 중요한 문제들을 너무 많이 해결하지 말아야 합니다. 경제학자들의 생산성이 너무 높으면 물리학자들의 처지와 비슷해질 수 있습니다. 게다가 공급을 늘리지 않기 위해서는 경제학자들의 고용시장이 다른 분야보다 좋다는 것을 절대 알리지 말자고 제안합니다.

경제학자들의 우월함

경제학자가 되면 동료 학자들에 비해 비교적 괜찮은 삶의 질을 누릴 수 있습니다. 하지만 우리 경제학자들이 굳게 믿는 바처럼, 모든 선택에는 대가를 지불해야 합니다. 그것은 다름 아닌, 우월의식을 지닐 가능성입니다. 앞서 소개한 학술지의 2015년 겨울호에는 "경제학자들의 우월함"이라는 논문이 실렸습니다.[14] 사회학자 푸카드와 올리언, 경제학자 알강이 함께 쓴 이 논문은 경제학자들의 생얼을 보여

---

14 Marion Fourcade, Etienne Ollion, Yann Algan, "The superiority of economists", *Journal of Economic Perspectives* (2015), 29(1): 89~114.

주는 다양한 연구들을 요약하여 소개하고 있습니다.

첫째, 경제학 논문의 인용 방식을 살펴보면 경제학자들의 편협성과 자아중심성이 잘 드러납니다. 사회학, 정치학 논문들이 경제학 논문을 인용하는 빈도에 비해서, 경제학 논문들은 사회학과 정치학 논문을 거의 인용하지 않고 있습니다. 경제학자들은 이를 두고 스스로 '경제학 제국주의'economics imperialism로 표현하기도 합니다. 물론 자랑스럽게 사용하는 표현입니다.

그로스와 시몬스 교수는 여러 분야의 교수들에게 물었습니다.[15] '학제 간 연구를 통해 얻은 지식이 개별 학문에서만 비롯된 지식보다 중요하다'라는 명제에 동의하는가? 심리학자의 9.4%, 사회학자의 25.3%, 정치학자의 28%가 동의하지 않는다고 답했습니다. 경제학자는 절반이 넘는 57.3%가 동의하지 않는다고 대답했습니다. 즉 절반 이상의 경제학자들은 다른 학문과의 교류를 통한 연구보다 경제학 혼자만의 연구가 더욱 중요하다고 생각하고 있습니다

둘째, 경제학자들은 획일성을 지향하고 뚜렷한 서열과 계층화를 선호합니다. 다른 사회과학과 비교하여 경제학은 상당히 통일된 연구 방법론을 가지고 있습니다. 박사과정 프로그램은 학교마다의 특색이 거의 없을 정도로 획일화되어 있습니다. 학문의 탁월성을 평가할 때도 동일한 기준을 사용합니다. 이는 자연스럽게 경제학 프로그램과 경제학자들에 대한 단일화된 서열 평가로 이어집니다. 교수 채용은 자기 학교보다 상위권에 속하는 학교 출신의 사람들을 뽑는

---

15 Neil Gross, Solon Simmons, *Professors and their politics* (The John Hopkins University Press, 2014).

방식으로 이루어집니다.

논문 출판을 살펴보면, 가장 자주 인용되는 학술지들에는 엘리트 대학의 교수들의 논문이 많습니다. 어느 정도 자연스러운 결과라고 해석할 수 있지만, 그 정도가 다른 학문에 비해 두드러집니다. 배타적인 클럽을 만드는 성향도 강해서, 상위권 대학이 출판하고 있는 학술지는 본교 소속 또는 출신 학자들의 논문을 더 많이 게재하고 있습니다.

셋째, 최근 가장 두드러진 모습 하나는 경제학 논문에서 경영과 재무학 논문 인용이 크게 늘어났다는 것입니다. 점점 더 많은 경제학 박사들이 경영대에서 일하고 있습니다. 2004년에 이루어진 조사에 따르면, 미국 대학의 경제학과 상위 20위 대학에 637명의 경제학 교수가 있고, 경영대 상위 20위에서는 549명의 경제학 박사들이 강의하고 있습니다. 상위 학술지에 논문을 게재하고 있는 경제학자들의 소속 역시 경영대 비중이 크게 늘고, 정부 기관 비중이 크게 줄었습니다. 이와 관련해 징갈르스 교수는 의미심장한 연구를 내놓았습니다. 경영대에서 일하는 경제학자들이 최고경영자들의 초고액 연봉에 더 우호적이라는 사실입니다.

이미 많은 연구들이 이루어졌고 잘 알려진 사실이지만, 경제학을 공부한 사람들은 다른 이들에 비해 사익 추구를 선택하는 경향이 높습니다. 공공선에 대한 기부를 요청받으면 가장 적은 돈을 기부합니다. 편협적이고 자기만 알고, 획일적인 기준으로 사람들을 평가하고, 등수 매기기를 좋아하며, 이기적인 모습이 많습니다. 저를 비롯한 많은 경제학자들의 맨얼굴입니다.

어떻게 무감각한
경제학자가 되는가

수학과 통계학의 경제학

　　오바마 대통령이 최저임금을 10.10달러로 올리자고 제안하자,
「MSNBC」채널은 맥도날드에서 매일 10시간을 일하며 힘겹게 살아
가는 싱글맘 수잔의 이야기를 보도합니다. 반면 「FOX」채널은 소규
모 상점 주인의 인터뷰를 방송하며, 최저임금 인상 시 점포 직원인
브라이언을 해고할 수밖에 없다는 말을 내보냅니다. 수업에서 두 방
송을 차례로 시청한 후, 저는 목소리를 높여 미디어를 비판합니다.
　　"수잔과 브라이언 같은 사람들의 얼굴을 아무리 보여 준다 해도,
이것은 객관적이고 과학적인 분석의 기반이 되지 않습니다. 아마추
어들은 감정에 호소하고, 포퓰리즘에 기대어 정책을 결정합니다. 우
리 경제학자들은 수학 모델을 사용해서 이론을 세우고, 통계 모델을
이용해서 검증합니다. 수학 모델을 통해 수잔과 브라이언 같은 사람

들을 객관화하고, 데이터에 존재하는 수백만 명의 수잔과 브라이언을 고려해서 사실 관계를 과학적으로 밝혀냅니다. 따뜻한 마음뿐만 아니라 차가운 머리도 필요합니다."

수학 모델의 힘

게임 이론의 권위자인 루빈스타인 교수는 764명의 학생들에게 기업의 부사장 역할을 주고, 경영상 이유로 직원을 해고하는 의사 결정 실험을 하였습니다.[16] 부사장은 현재 고용된 196명 중에 몇 명을 해고할지 결정해야 합니다. 네 가지 선택안이 주어져 있는데, 96명 해고, 52명 해고, 20명 해고, 0명 해고 중에 하나를 선택합니다. 주어진 문제에서 현재 이윤을 극대화하는 결정은 96명을 해고하는 것이고, 이보다 적은 수의 직원을 해고할수록 이윤은 줄어듭니다.

한 그룹의 학생들은 각 선택에 따른 이윤의 크기를 숫자로 제시받습니다. 96명을 해고하면 이윤은 200만 달러, 52명을 해고하면 160만 달러, 20명을 해고하면 100만 달러, 한 명도 해고하지 않으면 40만 달러입니다. 다른 그룹의 사람들은 선택에 따른 이윤의 크기를 수학 공식으로 제시받습니다. 수학 공식은 중학생 수준이면 이해할 수 있을 만큼 간단합니다. 제시된 해고자 수를 공식에 대입하면, 숫자로 주어진 것과 똑같은 이윤을 얻게 됩니다.

---

16 Ariel Rubinstein, "A sceptic's comment on the study of economics", *Economic Journal* (2006), 116(510): C1~C9.

몇 명의 직원을 해고하겠습니까. 경영자는 이윤 극대화만을 목표로 해야 하므로 96명을 해고하겠습니까. 해고되는 직원들의 처지를 고려하거나 직원들의 후생을 생각하는 기업 문화를 만들기 위해 더 적은 수의 직원들을 해고하겠습니까. 숫자만 주어진 학생들 중에서는 31%가 이윤 극대화를 위해 96명을 해고하겠다고 결정했습니다. 반면 수학 공식이 주어진 학생들 중에서는 무려 75%가 같은 결정을 합니다. 수학 공식이 학생들의 의사 결정을 급격하게 바꾸는 결과를 낳습니다. 수학 공식을 통해 사유하는 이들은 이윤 극대화에 더욱 가중치를 두는 것으로 나타났습니다.

또 하나 주목할 것은 전공별로 의사 결정의 차이가 어떻게 바뀌는가입니다. 숫자로 주어진 경우 경제학 전공 학생들 중에서는 45~49%가, 수학과 철학 전공 학생들 중에서는 13~16%가 이윤 극대화를 선택합니다. 그런데 공식이 주어지면 학생들의 선택은 전공별 차이를 보이지 않습니다. 경제학, 수학, 철학 할 것 없이 모든 학생들의 75%가 96명의 해고를 선택합니다.

통계적 사실의 힘

미시간 대학교의 사회심리학자인 니스베트와 보기다 교수는 15명의 뉴욕 대학교 학생들을 대상으로 다음과 같은 실험을 했습니다.[17]

---

17 R. E. Nisbett, E. Borgida, "Attribution and the psychology of prediction", *Journal of Personality and Social Psychology* (1975), 32(5): 932~943.

참가자들은 6명씩 그룹을 이룹니다. 이들은 한 명씩만 들어갈 수 있는 부스에서 통신 장비를 통해 서로의 개인적인 이야기를 주고받습니다. 이 중 한 명은 연기자입니다. 연기자는 갑자기 발작 증세를 보이고 죽을 것 같다고 말하며 도움을 호소합니다. 실험 결과에 따르면, 15명 중에 오직 4명만이 도움을 주기 위해 부스 밖으로 뛰쳐나왔습니다. 두 연구자는 비슷한 상황이라면, 대략 27% 정도의 사람들만이 도움을 주기 위해 직접 나선다고 결론을 내립니다.

사실 진짜 연구는 이제 시작입니다. 또 다른 실험 대상자들을 두 그룹으로 나눠 앞의 실험에 대해 설명합니다. 한 그룹의 사람들에게는 실험의 절차만 알려 주고, 다른 그룹의 사람들에게는 실험의 결과가 어떻게 나왔는지까지 말해줍니다. 이제 몇 학생의 인터뷰를 보여줍니다. 그들은 자신이 좋아하는 취미를 말하고 미래 계획은 무엇인지 이야기합니다. 인터뷰는 의도적으로 평범한 내용으로 구성되었고, 이들 사이의 두드러진 차이가 존재하지 않습니다. 이제 실험 대상자들에게 묻습니다. "인터뷰에 나온 사람들이 앞서의 실험에 참여하면, 발작 증세를 보이는 이를 돕기 위해 뛰어나올 것이라고 생각하는가?" 실험 결과를 이미 아는 그룹과 그렇지 않은 그룹은 실험 참가자들이 모두 뛰어나올 것이라고 똑같이 대답합니다. 즉 통계적 사실을 아는 것이 이들의 판단에 아무런 영향을 미치지 않았습니다.

이번에는 앞의 실험을 촬영한 비디오를 보여 줍니다. 죽을 것 같다며 도움을 요청하는데도 뛰쳐 나오지 않는 사람의 모습을 보여 주고, 과연 인터뷰에 등장한 사람들 중에 얼마나 많은 이들이 뛰어나올지 묻습니다. 비디오를 본 이들의 예측은 놀랍게도 정확합니다.

아무리 놀라운 통계적 사실을 보여 주어도 사람들의 판단에 영향을 미치기가 쉽지 않습니다. 하지만 사람들의 얼굴을 직접 보여 주면 판단이 달라집니다. 비슷한 결과가 자선 모금에 대한 연구에서 잘 알려져 있습니다. 절대 빈곤 상황의 심각성을 담은 데이터를 보여 준 그룹과 고통받는 아이 한 명의 얼굴을 보여 준 그룹 중에서 누가 더 많이 기부할까요. 사람들의 주머니를 열기 위해서는 한 명의 아이 얼굴 사진이 훨씬 효과적입니다.[18] 사진을 본 그룹의 사람들이 통계를 본 그룹의 사람들보다 두 배 이상의 금액을 기부하였습니다.

작고 하찮은 질문에 대한 애착

여느 경제학자들처럼 자부심이 가득한 목소리로 경제학의 우월성을 설명했습니다. 깔끔한 수학 모델을 통해 세상을 보고, 명쾌한 통계 수치로 세상을 이해할 수 있다는 사실이 자랑스러웠습니다. 그러

---

18 첫 번째 그룹의 사람들이 받은 전단지는 다음과 같은 정보를 담고 있습니다. "말라위의 식량 부족은 3백만 명 이상의 어린이들에게 영향을 주고 있습니다. 잠비아에서는 심각한 가뭄으로 인해, 2000년 이후 옥수수 생산량이 42% 감소했고, 이로 인해 3백만 명의 주민들이 배고픔을 겪고 있습니다. 또한 앙골라 인구 1/3에 해당하는 4백만 명의 주민들은 난민 상황에 놓여 있고, 1천백만 명의 에티오피아 주민들은 즉각적인 식량 지원을 필요로 합니다." 반면 두 번째 그룹의 사람들이 받은 전단지는 어린 여자아이의 사진과 함께 다음과 같은 정보를 담고 있습니다. "아프리카 말리에서 온 7살 소녀, 로키아는 극심한 가난과 심각한 기아의 위협에 직면하고 있습니다. 당신의 재정적 후원은 로키아의 삶을 변화시킬 것입니다. 당신과 다른 후원자들의 도움이 있다면, 우리 기관Save the Children은 로키아의 가족과 이웃을 통해서 음식과 교육, 기초적 의료 서비스와 위생 교육을 제공하겠습니다." Deborah A. Small, George Loewenstein, Paul Slovic, "Sympathy and callousness: The impact of deliberative thought on donations to identifiable and statistical victims", *Journal of Behavior and Human Decision Processes* (2007), 102(2): 143~153.

나 앞서의 실험에서 간단한 수식의 사용이 해고자 수를 늘리는 것처럼, 수학 공식이 타자의 얼굴을 마주하지 못하게 하고 복잡한 인간사를 들여다보지 못하도록 만들지는 않습니까. 빈곤과 불평등의 통계 수치를 들여다보고 있지만, 정작 벼랑 끝에 놓인 이들이 겪는 고통의 크기를 제대로 이해하고 있습니까. 수학과 통계학으로 가득한 경제학은 어떤 세상을 만들고 있습니까. 지나치게 비인간적인 준최적 suboptimal의 세상을 만들게 하고 있는 것은 아닐까요. 경제학에 대한 신앙심이 조금씩 옅어져서 불안합니다.

경제학이라는 학문에 자부심이 가득한 이들을 만나면, 부족한 신앙심이 들킨 듯하여 쪼그라듭니다. 수학과 통계학 책으로 가득한 경제학자들의 책장을 둘러보면 울렁증이 나는 날이 많아집니다. 빼꼼히 시집 몇 권이라도 꽂아 둔 경제학자들이 있다면, 연탄불에 구운 삼겹살로 소주 한잔 나눌 수 있다면, 내 작고 하찮은 질문들을 쏟아낼 수 있다면!

경제학자들을 어떻게
사용해야 하는가

1. 엄밀하게

경제학자들은 엄밀합니다. 수학과 통계학적 방법을 통해 생각의 얼개를 촘촘하고 엄격하게 엮어 갑니다. 경제학자들은 합리적입니다. 최대한 편견을 배제하고 주어진 문제의 최적해를 찾아냅니다. 경제학자들이 지닌 엄밀함과 합리성 때문에, 경제학자들의 말에 귀를 기울여야 할 이유가 있습니다. 하지만 엄밀함과 합리성은 경제학자들을 효율적으로 사용하기 위한 필요조건이지 충분조건이 아닐 수도 있습니다. 충분조건은 무엇일까요.

엄밀함의 이면

경제학자들과 시민들은 어떤 경제 정책에 대해서는 서로 동의하고, 어떤 경제 정책에 대해서는 서로 의견 차이를 보입니다. 물론 경제학자들이라고 해서 모두가 같은 의견을 가진 것은 아니고, 사안에 따라 다양한 의견이 나타납니다. 주목할 만한 점은 경제학자들 사이의 의견 일치가 클수록, 경제학자들과 대중의 의견 차이는 더욱 크다는 연구 결과입니다. 노스웨스턴 대학교의 사피엔자 교수와 시카고 대학교의 징갈르스 교수는 경제학자와 평균적인 시민들에게 여러 정책에 대한 평가를 묻고 그 차이를 살펴보았습니다. 설문 결과의 분석은 "경제 전문가와 평균적인 미국 시민"이라는 짧은 논문으로 요약되어 「아메리칸 이코노믹 리뷰」에 실렸습니다.[19]

경제학자 대표 그룹으로 선택된 이들은 시카고 대학교 부스 경영대학원이 운영하는 IGM 포럼입니다. IGM 포럼은 최상위권 경제학 프로그램에서 일하고 있는 대략 40여 명의 교수들로 구성되어 있습니다. 설문 대상자들의 지역 분포는 광범위하게 선택되었고, 정치적으로는 민주당, 공화당, 무당파가 균형 있게 섞여 있고, 연령층도 고르게 분포되어 있습니다. 연구자들은 IGM 소속 경제학자들과 일반 시민들을 상대로 북미자유무역협정NAFTA, 탄소세, 경기부양 법안 등과 같은 다양한 경제 정책에 대해 의견을 물었습니다.

경제학자들이 강하게 동의하는 내용일수록 대중과의 의견 차이

19 Paola Sapienza, Luigi Zingales, "Economic experts versus average Americans", *American Economic Review* (2013), 103(3): 636~642.

가 더욱 컸습니다. 설문 조사 대상자들의 정치적 입장 차이에서 비롯된 것은 아닙니다. 정치적 성향 조사에 따르면, IGM 포럼의 경제학자들이 일반적인 대중보다 진보적이기는 했지만, 정치적 성향이 같은 경제학자와 시민들과 비교해도 여전히 의견 차이는 크게 나타났습니다. 사피엔자와 징갈르스 교수는 의견 차이를 낳는 이유로 다음 네 가지 가능성을 살펴봅니다.

첫째, 경제학자들의 전문 지식에서 비롯되었을까요. 저자들은 그렇게 보기 힘들다고 답합니다. 시민들에게 전문가의 의견을 말해주어도 생각은 바뀌지 않았고, 시민들이 대체로 해당 경제 정책이 가져오는 편익과 비용을 올바로 이해하고 있기 때문입니다. 예를 들면, 탄소 배출 감소를 위해 탄소세 부과와 차량 연비 규제 중에 어느 방식이 더 효율적인가를 묻자, 경제학자들의 절대 다수는 탄소세 부과를 선호했지만 시민들은 그렇지 않았습니다. 차량의 연비를 규제하면 차량 가격이 상승하는 것을 예상하는지 대중에게 물었습니다. 70%의 시민들은 그렇다고 대답했습니다. 즉 탄소세로 인해 높은 기름값을 지불할 것인지, 연비 규제로 인해 높은 차량 구매 비용을 지불할 것인지에 대한 상충효과를 잘 이해하고 있습니다.

둘째, 경제학자들이 질문을 해석하는 방식이 다르기 때문일까요. "2009년에 통과된 경기부양 법안은 2010년 말의 실업률을 감소시켰는가?", "경기부양 법안이 가져온 편익이 비용보다 더 큰가?" 대중들은 두 질문을 달리 해석하지 않고 같은 대답을 내놓습니다. 절반에 조금 못 미치는 사람들이 두 질문에 모두 동의했습니다. 그러나 경제학자들은 두 질문에 대해 상당히 다른 대답을 합니다. 앞의 질문에는 92%가 동의했지만, 뒤의 질문에는 53%만 동의했습니다. 사피엔자와 징갈르스가 제시하는 설명은 경제학자들이 질문을 문자 그대로 해석한다는 것입니다. 이해를 돕기 위해 극단적인 문자적 해석을 적용해 보겠습니다. 경기부양 대책이 단 하나의 일자리만 증가시킨다고 해도 첫 번째 질문에 대한 답은 '그렇다'입니다. 일반인들에 비해서 경제학자들은 문제를 이런 식으로 해석할 경향이 높다는 것입니다.

셋째, 경제학자들은 집합적으로 사고하기 때문일까요. 혜택을 얻는 이들과 손해를 보는 이들이 있을 때, 경제학자들은 혜택과 손해를 합산하고 서로 비교하여 정책 평가를 합니다. NAFTA가 평균적인 미국인에게 가져오는 효과에 대해서 물었을 때, 시민들은 자신들에게 해가 되면 '그렇지 않다'고 대답합니다. 그러나 경제학자들은 소수의 기업이 집중적으로 혜택을 얻고 다수의 시민이 손해를 겪는 상황에서도 평균적인 미국인에게 혜택이 된다고 대답할 가능성이 높습니다.

넷째, 경제학자들은 '다른 모든 조건이 동일하다면'ceteris paribus 이라는 가정하에 대답하기 때문일까요. 예를 들어 탄소 배출을 감소시키기 위해 탄소세를 부과하고, 늘어난 정부 수입을 다른 방식으로 시민들에게 돌려주는 정책에 대해서 대다수의 경제학자들은 동의합니다. 그러나 시민들은 정부가 그렇게 하지 않을 것이라고 생각해서 탄소세에 반대합니다. 사실 다른 모든 조건이 동일하다는 가정은 경제학자들이 쓰는 모든 논문에 예외 없이 포함되어 있고, 이를 바탕으로 논리를 전개합니다. 너무나 친숙한 나머지, 경제학자들은 이제 이 가정을 바탕으로 논문을 쓰고 있다는 말을 생략해 버립니다.

엄밀하게 질문해 주세요

경제학자들은 이상한 나라의 사람들임에 틀림없습니다. 일반 사람들과 생각하는 방식이 많이 다릅니다. 소개한 논문 한 편으로 일반화하기는 어렵지만, 경제학을 공부하는 사람들은 꽤 공감할 수 있는 정도의 문제 제기라고 생각합니다.

경제학자들의 수학과 통계학 실력을 신뢰해도 괜찮습니다. 하지만 이들에게 질문할 때 주의할 점을 기억하십시오. 경제학자들이 지닌 엄밀한 사고 방식의 이면에는 문자적 해석, 집합적 사고, 암묵적 가정이 있습니다. 경제학자들은 여러분이 묻고자 하는 바가 아닌, 다른 질문에 대해 대답할 가능성이 높습니다. 경제학자들이 지닌 엄밀성을 이해하고, 더욱 엄밀하게 질문을 만들어 물어보아야 합니다.

경제학자들을 어떻게 사용해야 하는가

2. 최적으로

경제학자의 사명선언서mission statement가 있다면, 첫 단락에 빠질 수 없는 문장 하나는 "우리는 주어진 조건에서 최선의 대안을 찾는다" 입니다. 경제 주체의 의사 결정을 연구하는 미시경제학의 기본적인 문제의식은 제약 조건하에서 최적해를 찾는 것이라고 할 수 있습니다.

대체로 경제학자들은 두 부류의 사람들을 싫어하는 경향이 있습니다. 장밋빛 청사진만 제시하는 사람들과 현실 상황에 불평만 늘어 놓는 사람들입니다. 첫째 부류의 사람들은 제약 조건을 인식하지 못하는 사람들이고, 둘째 부류의 사람들은 최적해를 찾으려는 의지가 없는 사람들이기 때문입니다. 자기가 대통령이 되면 다 할 수 있다고 말했지만 모든 문제를 남탓으로 일관하는 사람은, 경제학자들이 싫어하는 두 가지 특징을 모두 가지고 있습니다.

순수 경제적 세계

벤 버냉키Ben Bernanke는 2008년 경제 위기 당시, 미국 중앙은행 연방준비제도이사회FRB 의장이었습니다. 그는 『괴짜경제학』의 공저자인 스티븐 더브너와의 인터뷰에서, 교수로서 연구하던 학계의 경제학과 정부 관료로서 맞닥뜨렸던 경제학 사이에 어떤 차이가 있는지에 대해 질문을 받습니다.[20] 대답은 이렇습니다. 학계에서는 절대적으로 최적의 해결점을 찾아내는 데에만 몰두합니다. 그러나 정부에서는 정치적 상황을 고려해야 하고, 어떻게 다른 이들을 설득할 것인지도 염두에 두어야 합니다.

경제 위기가 시작되기 한 해 전, 버냉키는 「CNBC」와의 인터뷰에서 당분간 경제는 지속적으로 좋아질 것으로 보인다는 전망을 내놓았습니다. **서브프라임 모기지 사태**에 대해서도 언급하는데, 대부분 지역적 문제일 뿐 국가 경제에 영향을 미치지 않을 것으로 보인다고 말했습니다. 스티븐 더브너는 지금 시점에서 당시의 발언을 어떻게 평가하는지 단도직입적으로 묻습니다. 벤 버냉키가 답하길, 당시 상황은 비교적 좋았으나, 다만 집값 하락과 모기지 시장의 문제가 이 정도로 시장에 패닉panic 현상을 가져올지는 전혀 예상하지 못했다고 말합니다.

경제학자들이 상정하는 제약 조

서브프라임 모기지 사태
subprime mortgage crisis

2007년 말 미국과 국제 금융시장의 위기를 야기한 모기지 대부업체들의 파산 사태입니다.

---

20 Stephen Dubner, "Ben Bernanke gives himself a grade", *Freakonomics Radio*, 2015년 12월 3일.

건은 순수 경제적 세계라 할 수 있습니다. 벤 버냉키는 정책 결정을 담당하자 정치적 상황이라는 또 다른 제약 조건을 인식하게 됩니다. 그러나 대중의 반응을 제약 조건으로 인식하는 것에는 실패했다고 인정합니다. 경제 위기가 시작되기 전인 2007년 말까지는 스스로에게 좋은 점수를 줄 수 없다고 말하기도 합니다. 그렇다면 경제학자는 정치적 상황과 대중의 반응까지 제약으로 생각하고 최적해를 풀어야 할까요.

전문가주의와 포퓰리즘

———

행동경제학으로 노벨 경제학상을 받은 대니얼 카너먼Daniel Kahneman은 『생각에 관한 생각』에서 전문가와 대중 사이에 존재하는 갈등을 지적합니다. 전문가들은 전문 지식을 바탕으로 주관적 편견에서 상대적으로 독립적인 사람들입니다. 반면 대중은 여러 형태의 편견을 가지고 있습니다. 특히 전문가 집단과 갈등을 야기하는 대표적인 편견은 가용성 휴리스틱availability heuristics입니다. 얼마나 쉽게 마음속에 떠오르느냐에 따라 특정 사건의 발생 확률을 추정하는 경향입니다.

실제로는 낮은 확률로 벌어지는 사건이지만, 사람들은 구체적이고 생생하게 떠오르는 사례의 가능성을 과다하게 추정하는 경향을 지니고 있습니다. 당신의 지인이 사고사로 사망할 확률이 높을까요, 당뇨병으로 사망할 확률이 높을까요. 사람들은 사고에 따른 사망 가능성이 당뇨병으로 인한 사망 가능성보다 300배 정도 높다고 대답하지만, 실제로는 사고사보다 당뇨병으로 죽는 확률이 네 배 정도 높다고 합니다.

　이와 관련하여 대니얼 카너먼은 하버드 대학교 로스쿨의 선스타인Cass Sunstein과 오리건 대학교 심리학과의 슬로빅Paul Slovic의 논쟁을 자세히 소개합니다.[21] 1970년 초 뉴욕 주에 위치한 러브캐널Love Canal 운하에서 화학 폐기물 오염이 문제가 됩니다. 지하수와 토양의 오염으로 인근 주민들이 각종 질병에 시달리고 있다는 주장이 제기됩니다. 대중은 패닉에 빠졌고, 언론의 포화와 정치적 압력으로 인해 주민들의 이주가 결정되고, 이를 계기로 중요한 환경 규제 법안들이 통과됩니다. 그러나 전문가들은 오염이 야기한 위험이 지나치게 과장되었다고 지적하기도 했습니다.

　선스타인은 대중이 위험을 과장하여 인식하는 가용성 휴리스틱에 빠진다고 지적합니다. 그에 따르면, 많은 정책들이 러브캐널의 경우처럼 포퓰리즘에 의해 영향을 받고 있고, 이들 정책은 지나친 사회적 비용을 야기합니다. 반면 슬로빅은 대중의 편견이 장기적으로는 사회에 혜택을 가져오는 경우들도 있다고 주장합니다. 비록 러브캐널에서는 비싼 비용을 치른다 해도, 사회적 인식이 낮은 환경문제에 대해 경각심을 일으킬 수 있고, 이런 계기를 통해 정부 예산을 배정받을 수 있기 때문입니다. 슬로빅은 민주주의란 대중들이 지닌 편견 때문에 시끄러울 수밖에 없다고 말합니다.

　법학자와 심리학자 사이의 논쟁이지만, 정책을 고안하는 경제학

---

21 Daniel Kahneman, *Thinking, fast and slow* (Farrar Straus and Giroux, 2011), 이진원 옮김, 『생각에 관한 생각』 (김영사, 2012).

자들이 어떻게 제약 조건을 상정해야 하는지에 대한 질문을 던지기도 합니다. 경제학자들이 제약 조건으로 국한하는 순수 경제적 세계는 '다른 모든 조건이 동일하다면'이라는 가정에 갇혀 있습니다. 슬로빅이 지적하는 것처럼 긍정적 외부효과가 나타날 수 있는 조건들이 무시되고 있습니다.

경제학자들을 최적으로 사용하기

광우병, 강정마을 해군기지 유치, 밀양 송전탑 등 사회적 몸살을 앓는 사건들마다 경제연구소와 경제학자들이 내놓는 답은 사실 보지 않고도 맞출 수 있습니다. 그러나 경제학자들의 대답은 정치적·사회적 갈등 같은 다양한 거래비용을 무시하고, 전체 사회 구성원 및 미래 세대에 미치는 긍정적 효과 등을 고려하지 않았을 가능성이 높습니다.

경제학자들은 순수 경제적 세계에서 최적해를 구하는 훈련을 받은 사람들입니다. 정치적 소음, 대중의 편견, 민주주의를 위한 각종 거래비용이 가득한 현실 세계에서 최적해를 찾아내라고 요구하고 싶지만, 말처럼 쉽지는 않을 것입니다. 제 생각에는 경제학자들의 순수성을 지켜 주어도 좋을 것 같습니다. 다만 경제학자들이 전문가주의 professionalism에 갇혀 있다는 점을 기억해야 합니다. 이러한 제약하에서 경제학자들을 최적으로 사용해야 합니다.

어떻게
속지 않을까

주류와 비주류의 경제학

"한국 경제는 가계부채 폭탄, 부동산 거품, 인구절벽, 수출 둔화 등으로 인해 절체절명의 순간에 놓여 있다. 이제 위기는 피할 수 없다." 언론들은 이런 보도를 쏟아냅니다. 이들이 의지하는 전문가들은 대부분 비주류 경제학자입니다. 학계의 주류 경제학자는 이렇게 말하지 않습니다. 주류 경제학자들의 칼럼에 가장 많이 등장하는 단어는 '가능성'입니다. 이럴 수도 있고 저럴 수도 있다는 몇 가지 가능성을 소개합니다.

비주류의 높은(?) 예측력

뉴욕 대학교의 나심 탈레브 교수는 항공 여행을 앞둔 이들을 두 그룹으로 나눠 첫 번째 그룹에게는 다음과 같이 물어보았습니다.[22] "비행기 사고 시 보상금을 지급받는 사망보험을 얼마에 구매하겠는가?" 두 번째 그룹에게는 다음과 같이 물었습니다. "테러로 인한 비행기 사고 대비 사망보험을 얼마에 구매하겠는가?"

두 번째 그룹의 사람들이 더 높은 가격을 지불한다고 대답합니다. 흥미로운 것은 첫 질문이 테러의 가능성도 이미 포함하고 있다는 점입니다. 사람들은 확실한 언어에 관심을 기울입니다. 모호한 가능성에 대비해서 반응하지 않습니다. 선명하게 상상되는 상황에 대해서 반응합니다. 교통사고 사망 가능성은 광우병으로 인한 사망률보다 훨씬 높지만, 우리가 광우병에 대해 더 공포감을 갖는 것도 마찬가지 이유입니다.

주류 경제학자들은 확률적으로 생각합니다. 과학적 방법론을 유지하는 것은 학자의 생명입니다. 언론에 등장하는 비주류 경제학자들은 확률적 상황을 어느 정도 무시해야 합니다. 대중의 관심을 받기 위해서입니다. 어떤 이가 죽음을 담보로 하는 도박에 참여합니다. 총알 6개가 들어갈 수 있는 총에 한 발을 장전하고 자기의 머리에 총을 겨눕니다. 주류 경제학자들은 사망 가능성이 1/6이라고 건조하게 표현합니다. 비주류 경제학자들은 끔찍한 사망 장면을 묘사합니다.

---

22 Nassim Nicholas Taleb, *Fooled by randomness* (Random House Trade, 2005), 이건 옮김, 『행운에 속지 마라』 (중앙북스, 2010).

안타깝게도 그는 사망했습니다. 비주류 경제학자들은 이렇게 될 수밖에 없었던 것을 왜 몰랐느냐고 말합니다. 주류 경제학자들은 1/6의 확률로 일어날 수 있는 가능성이 실현된 것뿐이라고 답합니다. 또 다른 이가 도박에 참여합니다. 비주류 경제학자들은 다시 암담한 미래를 예견합니다. 과거의 역사와 경험에서 배우지 못했느냐고 묻습니다. 주류 경제학자들은 다시 1/6을 말할 뿐입니다. 이번에는 다행히 죽지 않았습니다. 이후로도 많은 이들이 도박에 참여했습니다. 참여한 이들 중, 1/6은 죽고 5/6는 살았습니다. 대중은 끔찍했던 몇 번의 장면들과 비주류 경제학자들의 높은 예측력을 기억합니다.

주류의 엄밀한(?) 합리성

주류 경제학자들의 확률적 사고가 완벽한 것만은 아닙니다. 2008년 경제 위기의 예측 실패에 대해서는 여러 층위의 논의가 있지만, 적절한 비유 하나는 이렇습니다. 멀리 보이는 집에서 연기가 피어오릅니다. 보통 사람들은 "불이야"를 외치고 소방서에 전화합니다. 하지만 경제학자들은 과연 그것이 불에 의한 연기인지 그냥 수증기인지를 확인해야 합니다. 불에 의한 연기라 하더라도, 화재인지 난로 연기인지 확인해야 합니다. 화재가 확인되어도 직접 진화가 가능한지, 소방서에 꼭 전화를 해야 하는지, 화재로 인한 손실과 소방서 출동으로 인한 비용도 비교해 보아야 합니다. 결국 확률 분포를 확인하고 비용편익분석을 하는 사이에 집은 전소되고 말았습니다.

주류 경제학자들이 견지하는 과학성은 비합리적인 시장의 반응도 종종 무시합니다. 벤 버냉키Ben Bernahke는 최근 자서전『행동하는 용기』(안세민 옮김, 까치, 2015)를 출간하였는데, 이런 이야기를 털어 놓았습니다.

경제 위기가 시작되었을 때, 위기의 본질을 잘 이해하고 있었습니다. 그러나 대중들이 이 정도로 패닉을 보일지 예상하지 못했습니다. 이로 인해 경제 위기는 더욱 심화되었습니다.[23]

비합리적일 수밖에 없는 인간의 본성을 탓해야 합니까, 아니면 이조차 이해하지 못하고 확률적 사고를 견지하는 주류 경제학자들을 탓해야 합니까.

주류 경제학자가 직접 목숨을 건 도박에 참여합니다. 까짓거 1/6의 확률이라면 해볼 만합니다. 총을 머리에 겨눕니다. 헉! 주가 폭락으로 화가 난 총포사 주인은 여섯 발의 총알을 이미 장전해 두었지만, 주류 경제학자는 모르고 있습니다. 반면 비주류 경제학자들은 총포사 주인과 친분이 있습니다. 비주류 경제학자들이 비합리적 시장에 대해 더 나은 통찰과 직관을 가지고 있을 때가 많습니다. 이들의 과장스런 표현이 실제 위기 확률에 대한 신호 기능일 수 있습니다.

23 Stephen Dubner, "Ben Bernanke gives himself a grade", *Freakonomics Radio*, 2015년 12월 3일.

우리가 속는 법

이러한 줄다리기 가운데 우리가 서 있습니다. 주류와 비주류는 서로를 무시하는 경향이 크지만, 우리는 주류와 비주류를 보완적으로 읽어낼 필요가 있습니다. 속지 않고 살기 쉽지 않습니다. 아뿔사! 오직 자유시장의 우월성을 주장하며 살아가는 시장주의 경제학자들도 있습니다. 자유시장에서 구매한 총이라면 절대 죽지 않는다고 말합니다. 확률적 사고도 하지 않고, 비합리적으로 움직이는 시장의 현실을 이해하려고 하지도 않습니다. 이들이 가장 잘 먹고 잘사는 듯합니다.

우주의 기운이
온다

예측의 경제학

경제학을 가르치고 있다고 말하면 자주 듣는 질문입니다. "경제가 어떻게 될까요? 경제가 좋아질까요?" 거시경제학은 잘 모른다고 민망한 표정으로 대답합니다. 보통 사람들이 경제학자에게 가장 듣고 싶은 이야기는 경제 예측임에 틀림없습니다.

홀로 예측에 성공한 전문가

옥스퍼드 대학교의 저커 덴렐 교수와 뉴욕 대학교의 크리스티나 팽 교수는 「월스트리트 저널」Wall Street Journal이 발표한 경제 예측을 분석했습니다.[24] 경제 전문지인 「월스트리트 저널」은 미국에서 발행 부수가 가장 많은 신문입니다. 「월스트리트 저널」은 6개월마다 약 50명의 경제학자 및 애널리스트analyst에게 경제 예측을 묻습니다. 국민총생산GNP, 인플레이션, 실업률, 환율, 소비자가격지수CPI 등 8개의 주요 거시경제 지표에 대한 예측입니다. 덴렐과 팽 교수는 2002년에서 2005년 사이에 7번 발표된 예측 자료와 실제 실현된 경제 지표를 비교 분석하고, 경제 예측에 참여한 전문가들의 예측력을 측정했습니다.

소수의 사람들은 갑작스런 호황 또는 위기 같은 극단적인 예측을 하기도 합니다. 정확하게 맞춘 이들도 있습니다. 하지만 전체 조사 기간을 살펴보면, 극단적 상황을 한두 번 맞춘 이들의 예측력이 전반적으로 가장 떨어지는 것으로 나타났습니다. 비유를 통해 설명하면 이렇습니다. 동전을 10번 던져 앞면이 나올 횟수를 예측하는 게임을 반복해서 펼칩니다. 가장 많은 수의 전문가들은 5번이라고 예측합니다. 앞면이 5번 나올 확률은 24.6%입니다. 반면 어떤 이가 항상 8번이라고 예측합니다. 앞면이 8번 나올 확률은 4.39%입니다. 첫 번째 게임에서 앞면이 8번 나왔다고 합시다. 극단적인 예측을 한 사람만 맞추었습니다. 하지만 게임을 반복할수록 그의 예측력이 떨어지는 것은 당연합니다.

거의 홀로 예측에 성공한 전문가의 이야기가 논문에서 소개됩니다. 그는 2005년 7월, 예상보다 높은 인플레이션을 정확하게 예측했습니다. 당시 한미은행장이었던 손성원 박사입니다. 「월스트리트

---

24 Jerker Denrell, Christina Fang, "Predicting the next big thing: Success as a signal of poor judgment", *Management Science* (2010), 56(10), 1653~1667.

저널」에 따르면, 그는 캘리포니아 지역에서 청바지 가격이 무려 250달러나 하는 것을 보았고, 이를 바탕으로 높은 인플레이션을 예측했다고 말했습니다. 그러나 이보다 앞선 두 번의 경제 예측에서, 그는 전체 55명 중 43등과 49등을 했습니다.

예측의 과잉, 과장된 예측

미디어에 자주 등장하는 경제학자와 전문가들은 경제 전망을 즐겨 합니다. 여기에는 몇 가지 인센티브의 왜곡이 숨어 있습니다. 첫째, 경제 예측이 지나치게 많이 이루어집니다. 전문가들의 예측은 성공하기도 하고 실패하기도 하는데, 이들은 과거 자신의 성공한 예측만을 반복해서 자랑하고 실패한 경험을 이야기하지 않습니다. 성공한 예측은 전문가의 이름을 신문지상에 오르내리게 하고 대중들의 뇌리에 각인됩니다. 예측이 실패했다고 해서 책임을 지거나 비용을 지불해야 할 일도 없고, 실패한 예측은 대중들에게도 금방 잊힙니다. 그래서 소위 전문가들은 필요 이상으로 예측을 남발합니다.

둘째, 미디어는 극단적 예측을 과장된 표현으로 발표합니다. 동전을 한 번 던지는 게임을 예측할 때, 앞면과 뒷면이 나올 확률이 똑같다고 대답하면 미디어에 등장하지 못합니다. 이번에는 앞면이 나올 수밖에 없다고 주장하면 미디어에 등장하기 쉽습니다. "사상 최고", "절체절명", "생존 위협" 같은 수식어구가 종종 수반됩니다. 그래야 주목받기 때문입니다.

내가 해 봐서 아는데

펜실베이니아 대학교 와튼 스쿨의 테틀록 교수는 1988년과 1992년에 걸쳐 300명의 유명 정치학자와 경제학자들에게 다음과 같은 예측을 부탁했습니다.[25] "국가 X의 다음 선거에서 어느 당이 집권할 것인가? 독재국가 Y의 정치체제가 10년 내에 바뀔 것인가?" 자신의 예측에 대한 확신 정도도 표시해 달라고 요청했습니다. 300명의 전문가들이 8만 개 정도의 예측을 했고, 이들의 정확성을 분석하기 위해, 이후 20년 동안의 변화를 추적했습니다. 테틀록은 연구 결과를 다음과 같이 요약합니다.

전문가 그룹은 비교 대상인 버클리 대학교의 학생들보다 조금 더 잘했습니다. 하지만 컴퓨터의 추정 알고리즘algorism보다는 조금 못했습니다. 추정 알고리즘이라고 하면 뭔가 대단해 보이지만, 모든 질문에 대해 "현재와 달라지지 않는다"라고 답변하는 방식이 사용되었습니다. 테틀록에 따르면, 전문가들은 자신들이 실제로 아는 것보다 그 이상으로 알고 있다고 믿고 있습니다. 예측 성과가 저조한 이들의 특징은 정치나 종교에서 교조적 믿음을 지닌 이들입니다.

테틀록은 최근 『슈퍼포어캐스팅』Superforecasting이라는 책을 발간했습니다.[26] 이 책은 수만 명이 참여한 예측 경연 대회의 결과를 소개하고, 특히 예측력이 뛰어난 슈퍼 예측 전문가들의 특징을 분석합니다. 첫째, 이들은 겸손하고 열린 마음을 가지고 있습니다. 새로운 증

25 Philip E. Tetlock, *Expert political judgment: How good is it? How can we know?* (Princeton University Press, 2006).
26 Philip E. Tetlock, *Superforecasting: The art and science of prediction* (Crown, 2015).

거가 제시되면 자신의 믿음을 포기할 줄 아는 유연성을 가지고 있습니다. 둘째, 다수의 사람들이 내부자의 시각으로 문제를 보는 반면, 슈퍼 예측 전문가들은 외부자의 시각으로 문제를 가장 먼저 접근하여 사건의 확률을 계산합니다. 이후에 내부 정보를 반영하여 확률 계산을 조정합니다.

많은 의사 결정은 미래에 대한 예측을 바탕으로 합니다. 예측은 어렵지만 포기할 수 없는 이유입니다. 지도자의 예측 능력은 국민 전체의 행복을 좌우할 수 있어서 더욱 중요합니다. 이명박 전 대통령의 예측 방식은 "내가 해봐서 아는데"로 요약됩니다. 자기중심성은 대통령의 예측 능력을 떨어뜨렸고, 우리 국민은 '4대강 살리기 사업'과 자원 외교로 수십조 원의 부채를 안아야 했습니다.[27] 박근혜 대통령의 예측 방식은 우주의 기운을 통해 이루어진다고 알려져 있습니다. 우주의 기운이시여, 부디 우리를!

---

27 유종일 외, 『MB의 비용』(알마, 2015).

주류 경제학자들의
갑질

스페셜리스트들의 경제학

미들베리 대학교의 데이비드 콜랜더 교수는 경제학 교육에 대해 연구하는 경제학자로 잘 알려져 있습니다. 그는 두 차례에 걸쳐 최상위 7개 대학의 경제학과 박사과정 학생들을 설문 조사하였습니다. 1987년의 연구는 "경제학자 만들기", 2005년의 연구는 "경제학자 만들기, 그 이후"라는 제목으로 「저널 오브 이코노믹 퍼스펙티브」에 실렸습니다.[28] 7개 대학은 시카고, 프린스턴, 하버드, 예일, MIT, 컬럼비아, 스탠퍼드입니다. 이 두 편의 에세이는 경제학 박사과정을 준비하는 학생들이 꼭 읽어야 하는 글로 꼽히고 있습니다.

---

28 David Colander, Arjo Klamer, "The making of an economist", *Journal of Economic Perspectives* (1987), 1(2): 95~111. David Colander, "The making of an economist redux", *Journal of Economic Perspectives* (2005), 19(1): 175~198.

가장 주목받는 대목은 다음 질문에 대한 학생들의 대답입니다. "경제학자로서 성공하기 위해 어떤 능력이 중요하다고 생각하는가?" 7개의 항목에 대해 각각 (1) 아주 중요하다, (2) 비교적 중요하다, (3) 중요하지 않다, (4) 모른다 중 하나를 답하도록 하였습니다. 7개의 항목은 문제 해결 능력, 실증 분석 능력, 수학 실력, 하나의 세부 전공에 대한 철저한 이해, 저명한 교수와의 연줄, 경제학 전반에 대한 이해, 현실 경제에 대한 이해 등입니다.

경제학 박사과정 학생들이 가장 중요하다고 답한 것은 '문제 해결 능력'입니다. 51%가 '아주 중요하다', 38%가 '비교적 중요하다'라고 답했습니다.[29] 마지막 두 항목이 전체 항목 중에 가장 덜 중요한 것으로 꼽혔고, 이 결과가 가장 많이 회자되었습니다. 경제학 전반에 대해서 이해하는 것이 얼마나 중요한가에 대해서는 11%만이 '아주 중요하다', 44%가 '비교적 중요하다'라고 답했습니다. 현실 경제 이슈에 대한 이해에 대해서는 오직 9%만이 '아주 중요하다', 24%가 '비교적 중요하다'라고 답했습니다. 반면 하나의 전공을 철저히 이해하는 것의 중요성에 대해서는 35%가 '아주 중요하다', 42%가 '비교적 중요하다'라고 답했습니다.

---

29 박사과정에서 수학을 잘하는 것이 중요한가에 대한 질문에는 30%가 '아주 중요하다', 52%가 '비교적 중요하다'라고 답했습니다. 1987년 조사에서 57%가 '아주 중요하다', 41%가 '비교적 중요하다'라고 답한 것과 비교하면, 수학의 중요성에 대한 인식이 상당히 감소했습니다. 경제학 박사과정 입학 허가를 얻기 위해서는 기본적인 수학 과목을 듣는 것이 여전히 중요한 것이 사실이지만, 점점 많은 이들이 이론보다는 실증 분석을 선택하고 있는 현실이 반영된 것이라 생각합니다.

스페셜리스트 경제학자

보통 사람들이 경제학자에게 가장 묻고 싶은 질문들은 무엇일까요. 아마도 올해 거시경제 지표의 향방, 청년실업의 해결 방안, 재벌 정책, 증세 및 복지 논쟁, 집값의 추이 같은 것들입니다. 경제학 박사 학위를 막 받은 이들에게 이러한 질문들을 던져 봅시다. 이들은 학교에서 어떻게 배웠을까요. 대답은 아무것도 배우지 못했다는 것입니다. 대중이 생각하는 경제학 교육과 실제 박사과정 프로그램의 내용에는 엄청난 간극이 있습니다. 대중이 생각하는 경제 전문가와 경제학 박사 사이에도 상당한 간극이 있다는 것을 의미합니다.

경제학 박사과정의 1년차 교육과정은 학교에 상관없이 거의 비슷합니다. 미시, 거시, 계량경제학을 필수과목으로 듣습니다. 콜랜더는 박사과정 1학기 학생들이 공통적으로 토로하는 고충 하나를 지적합니다. 수업에서 배우는 내용이 실제 경제 문제와 어떻게 관련이 있는지 잘 모르겠다는 것입니다.

대중에게 있어 경제 문제란 거시경제 이슈에 해당될 가능성이 높습니다. 이런 점에서 가장 놀랄 만한 사실은 이것입니다. 모든 학생이 들어야 하는 첫해의 거시경제학 수업은 거시경제 정책을 토론하지 않습니다. 거시경제학을 전공하는 소수의 사람들이 아니라면, 정부의 재정 정책, 금융 정책에 대해 학부 수준 이상의 내용을 배울 일이 없다는 것입니다. 그렇다면 도대체 거시경제학에서 무엇을 배울까요. 하나 예를 들자면, 이름만 들어도 무시무시한 동적최적통제 이론 dynamic optimal control theory과 같은 수학 방법론을 배웁니다.[30]

경제학을 가르치며 밥벌이를 하고 있다고 말하면, 경제에 대한 여러 질문을 받지만 신문지상에 오르내리는 수준 이상의 답변을 내놓지 못합니다. 저보다 신문을 꼼꼼히 읽는 이를 만나면 쩔쩔매야 하는 이유가 여기에 있습니다.

제너럴리스트 경제학자

—

경제에 대해서 알고 싶을 때, 대중이 찾는 이들은 제너럴리스트 generalist 경제학자들입니다. 이들은 학계에서 활동하는 스페셜리스트 specialist 경제학자와는 달리, 주로 대중적인 책을 쓰거나 언론에서 활발하게 활동합니다. 저 역시 현실의 경제 이슈들을 따라가기 위해 제너럴리스트 경제학자들의 글과 방송을 찾아서 배우고 있습니다. 산업 정책, 경쟁 정책, 거시 정책, 경제사, 경제학설사 등을 넘나들며 폭넓은 지식을 갖고 있고, 이를 바탕으로 한국 경제를 조망하는 경제 전문가들이 많습니다.

전반적으로 스페셜리스트 경제학자들이 제너럴리스트 경제학자들을 보는 시선은 곱지 않습니다. 박사과정을 마칠 즈음, 직장을 찾기 위해 국내의 연구원들을 다니며 인터뷰하였습니다. 세미나를 마치고 식사를 하는 자리에서 최근에 인상 깊게 읽은 책이 무엇이냐는 질문을 받은 적이 있습니다. 장하준 교수의 『나쁜 사마리아인들』을

30 경제학 박사과정 프로그램의 문제점으로 자주 지적되는 또 다른 것 하나는 모든 박사과정 학생들이 연구 중심 대학만을 목표로 공부한다는 점입니다. 박사과정을 마치면, 연구 중심 대학, 교육 중심 대학, 기업, 정부 등 다양한 곳에서 직장을 얻지만, 정부나 연구소에서 수행할 정책 분석을 배우지 않고, 경제학 강의 및 교육에 대해서도 배우지 않습니다.

재미있게 읽고 많이 배웠다고 답했습니다. 왜 그런 책을 읽냐는 이야기를 듣고, 꽤 혼이 나고 핀잔을 들어야 했습니다. 여러 사람들이 장하준 교수를 폄하했습니다. 주류 경제학 저널에 논문이 없다, 뮈르달 상이 도대체 뭔 상이냐, 심지어 캠브리지 대학교의 교수 임용은 어렵지 않다고도 말했습니다. 장하준 교수는 높은 대중적 인지도에도 불구하고 한국의 경제학자들에게 상당히 박한 평가를 받는 듯합니다.

　　제너럴리스트 경제학자들에 대한 스페셜리스트 경제학자들의 비판은 온당함의 여부를 벗어나 갑질로 나타날 때가 많습니다. 특히 제너럴리스트 경제학자가 **신고전학파**가 아닌 비주류 경제학을 연구할 때 더욱 그렇습니다. 주류의 기득권 내에서 주류의 기준으로만 평가를 내리고 무시해 버리는 주류 학계의 분위기를 느낄 때가 많습니다.

　　신고전학파 주류 경제학은 뛰어난 연구 업적을 냈고 세상을 진보시키는 데 큰 기여를 했습니다. 동시에 주류 경제학은 수많은 문제점을 지적받고 있고, 아직도 해결하지 못한 논쟁들 앞에서 꾸짖음을 듣고 있습니다. 제너럴리스트인 비주류 경제학자들의 비판과 지혜가 우리 스스로를 돌아보게 만드는 지점이 많습니다. 우리에게 가장 부족한 것은 언제나 겸손 아닙니까. 경제학자의 반대말은 겸손이라는 지적을 받을 때마다, 저는 케인스John Maynard Keynes의 명언에 숨어 버립니다. "경제학자들이 치과의사만큼이나 겸손하고 유능한 사람으로 여겨지게 된다면, 더할 나위 없이 멋질 것이다."

신고전학파
neo-classical school

경제는 기본적으로 합리적인 소비자들의 효용 극대화와 기업들의 이윤 극대화 행위로부터 비롯되고, 이에 따라 재화와 소득의 분배는 시장의 공급과 수요를 통해 이루어진다고 이해하는 경제 학파입니다. 흔히 주류 경제학과 동의어로 사용됩니다.

포퓰리즘이냐 이익집단에 의한 포획이냐

—

제너럴리스트 경제학자들이 직면해야 할 가장 날카로운 비판은 아마도 포퓰리즘에 경도되기 쉽다는 점입니다. 동료 그룹에게 평가받는 논문을 쓰기보다는 대중서를 쓰기 때문입니다. 아무래도 대중의 이목을 끌기 위해 더 흥미롭고 극단적인 주장을 펼칠 때가 많습니다. 반대로 스페셜리스트 경제학자들이 맞닥뜨려야 할 가장 날카로운 비판은 특수 이익집단의 이해관계에 얽매이기 쉽다는 점입니다. 원자력 발전에 반대하는 원자력 공학자를 찾을 수 없고, 금융파생상품의 문제점을 비판하는 재무학과 교수를 찾기 쉽지 않습니다. 기업으로부터 연구비를 받고 각종 연구 데이터를 얻기 위해서는 기업의 활동에 비판적인 연구를 하기가 어렵습니다.

스페셜리스트(주류) 경제학자와 제너럴리스트(비주류) 경제학자가 서로를 비판만 하거나, 둘 사이의 우열을 가리는 일은 부질없이 비효율적입니다.[31] 포퓰리즘과 특수 이익집단의 포획이라는 이율배반 trade-off을 두고, 우리는 어김없이 둘 사이에 존재하는 최적 조합을 생각해 보아야 하지 않겠습니까.

---

31 논지를 위하여 스페셜리스트(주류)와 제너럴리스트(비주류)를 구분해 보았지만, 이런 식의 이분법은 언제나 그렇듯 완벽할 수 없습니다. 스페셜리스트와 제너럴리스트의 중간, 주류와 비주류 중간 언저리에 있는 경제학자들도 존재합니다. 또한 '주류=스페셜리스트', '비주류=제너럴리스트'의 등식도 완벽하지 않습니다. 둘 사이에 상당한 상관관계가 있다는 사실은 경제학자들 사이에서 설득력 있게 받아들여질 것으로 생각하지만, 주류이면서 제너럴리스트이고, 비주류이면서 스페셜리스트인 이들도 많이 존재합니다.

보고 싶은 것만
보겠다

시장주의자들의 경제학

시카고 대학교에 몸 담았던 존 코크란John Cochran 교수는 오바마 대통령의 경기부양 정책을 "동화같은 이야기"라고 조롱합니다. 캘리포니아 버클리 대학교의 브래드포드 드롱Bradford DeLong 교수는 이에 대해 **시카고학파**의 "지적 붕괴"라고 말하며 맞받아칩니다.[32] 소위 대가

시카고학파
Chicago School

시카고 대학의 경제학자들 중심으로 정부의 시장 간섭을 허락하는 케인스 경제학을 거부하고, 통화주의와 합리적 기대 가설을 통해 자유시장의 가격 이론을 고수하는 입장입니다. 공공선택 이론 및 법경제학에서도 개인의 합리적 선택과 자유시장의 효율성이라는 가치를 깊게 뿌리내렸습니다. 대표적인 이들로는 밀턴 프리드먼Milton Friedman, 게리 베커Gary Becker, 유진 파마Eugene Fama, 로버트 루카스Robert Lucas, 리차드 포스너Richard Posner, 조지 스티글러George Stigler 등이 있습니다.

로 불리는 학자들의 논쟁도 범부들의 시시콜콜한 말싸움과 다르지 않습니다. 경기변동은 일자리, 집값, 보통 사람들의 삶의 처지를 출렁이게 할 뿐만 아니라, 시장주의자와 개입론자의 싸움을 부추기는 역할을 합니다. 경기변동 곡선이 오르내릴 때마다 싸움의 우선권을 쥐는 이들은 자리바꿈을 해야 합니다. 곡선이 가파르게 변하면 이들의 말싸움도 격해집니다.

예견할 수 없다. 우리는 틀리지 않았다

2008년 경제 위기가 터지자 시장주의 경제학자들은 많은 비판을 받았습니다. 시장주의자들의 좌장격인 시카고 대학교 로버트 루카스 교수는 「이코노미스트」에 "우울한 학문, 경제학을 변론한다"라는 제목의 에세이를 기고합니다.[33] 그에 따르면 유진 파마 교수의 효율적 시장 가설이 보여 준 것처럼 금융자산의 갑작스런 가격 변화를 예측할 수 없습니다. 누군가 예측한다면, 이는 즉시 시장의 금융 자산 가격에 반영됩니다. 이는 실증적으로도 입증되었습니다. 예외가 있었지만 합리적으로 무시할 만한 수준입니다.

비판을 많이 받은 미국 연방준비제도이사회FRB 프레드릭 미시킨 Frederic Mishikin 교수의 예측 모델도 틀렸다고 볼 수 없습니다. 위기가 없다는 가정하에 예상되는 예측을 제시한 것뿐입니다. **리먼 브라더스**

---

32 Paul Krugman, "How did economists get it so wrong?", *The New York Times*, 2009년 9월 2일.

33 Robert Lucas, "In defense of the dismal science", *The Economist*, 2009년 8월 6일.

가 파산하기 전까지는 집값 하락에 따
른 보통의 경기 하강 국면과 다를 바
없었습니다. 만약 리먼 브라더스 파산
이라는 요소를 반영하면, 예측 모델은
그 이후에 나타난 국면을 정확하게 예
측해 주고 있습니다.

리먼 브라더스 Lehman
Brothers Holdings Inc

2008년 경제 위기 시 파산
선언을 한 국제금융회사입니
다. 당시 미국에서 네 번째
로 큰 투자은행이었고, 미국
역사상 가장 큰 파산 신청이
었습니다.

　루카스 교수의 설명을 비유로 설
명하면 이렇습니다. 출근길 아침, 많은 눈이 내립니다. 경제학자는 차
량 사고가 조금 증가할 것을 예측합니다. 그런데 예상하지 못한 일이
벌어졌습니다. 제설차량이 전혀 운행되지 않았습니다. 예측했던 것을
훨씬 뛰어넘는 차량 사고들이 속출했고 병원들은 환자들로 붐볐습니
다. 구급 차량도 눈길 운행에 애를 먹어 많은 사상자들이 제때 병원
에 도착하지 못하고 사망했습니다. 미디어는 평소 자신감 넘치는 모
습으로 교통사고 예측을 발표하던 경제학자들을 일제히 비난하고 나
섰습니다. 하지만 루카스를 비롯한 시장주의 경제학자들은 이렇게
답할 것입니다.

　"예상 적설량에 따른 운전자들의 합리적 의사 결정은 도심 운행
차량 수와 주행 속도 등을 조정합니다. 만약 적설량이 많을 것으로 예
상하면, 차량 수, 주행 속도가 줄 것이므로 사상자 수도 적정 수준으로
유지됩니다. 제설 차량이 운행되지 않을 수 있다는 가능성은 합리적
으로 무시할 만한 수준이었습니다. 만약 제설 차량이 운행하지 않는
상황을 시장주의 경제학 모델에 반영하면, 우리가 겪은 난리를 그대
로 예측할 수 있습니다. 눈 적설량에 따른 예상 사고 수와 사상자 수
를 예측하는 우리 모델에는 근본적인 문제가 있다고 볼 수 없습니다."

경제 위기 직후, 조셉 스티글리츠 교수가 펴낸 『끝나지 않은 추락』 (장경덕 옮김, 21세기북스, 2010)은 이렇게 시작합니다. "2008년 경제 위기에서 놀라운 점은 하나뿐이다. 너무 많은 이들이 위기에 놀랐다는 점이다. 몇몇 관찰자들에게 이번 위기는 교과서적인 사례였다."

책 전체에 걸쳐서, 경제 위기는 이미 예견되어 있었다고 말합니다. 왜냐하면 금융시장에 시장실패 현상이 만연했기 때문입니다. 특히 대리인 문제를 지적합니다. 모기지 대출시장이 투자자, 은행, 오리지네이터Originator, 펀드매니저 등의 복잡한 대리인 구조로 이루어져, 모두가 단기 이익만을 추구하고 지나치게 위험한 파생상품이 거래되고 있었습니다. 이는 금융 부문에 대한 규제 완화 조치들로 인해 더욱 심각해졌습니다. 게다가 대형 금융회사를 결코 망하게 내버려두지 않는다는 대마불사大馬不死의 믿음이 과도한 위험 자산 투자로 이어졌습니다.

이어서 스티글리츠 교수는 경제학을 개혁해야 한다고 주장합니다. 신고전학파 경제학을 대표하는 완전경쟁시장 모델의 비현실적인 가정들을 낱낱이 지적하고, 이를 바탕으로 경제학 이론들을 비판합니다. 스티글리츠를 대표로 하는 진보적 경제학자들의 반응은 다음과 같이 비유할 수 있습니다.

"최근 제설 작업 담당 업체는 비정상적으로 운영되고 있었습니다. 규제 완화로 인해 시 정부의 관리를 받지 않게 되었고, 제설 작업 전체를 다른 업체에 하청을 주었습니다. 정작 원청 업체는 최근부터 사고 차량 견인 사업을 운영하기 시작하였습니다. 원청 업체는 눈이

올 것이라는 기상예보에도 불구하고 하청 업체에 비상근무를 요청하지 않았습니다. 이미 몇 차례 반복된 일입니다. 의도적으로 과도한 사고를 방관하여 돈을 벌려고 한 것입니다. 이런 상황을 두고 지금의 사태를 예견할 수 없었다고 말할 수 있습니까. 당신들의 시장주의 경제학 이론은 이러한 문제를 가볍게 생각하고 있기 때문에 실패했습니다."

과학적 방법론이 과학적 사고를 보장할까

뉴욕 대학교 스턴 경영대학원의 사회심리학자 조너선 하이트 교수Jonathan Haidt는 『바른 마음』(왕수민 옮김, 웅진지식하우스, 2014)에서 이성적 논쟁을 통해 다른 이를 설득하는 것은 매우 어렵다고 말합니다. 사람들의 마음을 지배하는 것은 일차적으로 신념과 직관입니다. 이성은 정당화시키는 역할을 할 뿐입니다. 게다가 우리는 확증 편향을 가지고 있습니다. 각자가 믿는 바를 뒷받침하는 증거를 잘 찾아내고, 생각이 다른 이들의 주장에서는 문제점을 찾는 데 뛰어난 능력을 가지고 있습니다.

MIT 대학교의 데이비드 퍼킨스 교수 연구팀은 실험 대상자들에게 다양한 사회 이슈에 대한 질문을 던졌습니다.[34] 찬반 양쪽의 근거를 생각나는 대로 모두 써 보라고 요청합니다. 다들 자기가 동의

---

34 David Perkins, *Outsmarting IQ: The emerging science of learnable intelligence* (Free Press, 1995).

하는 입장의 근거를 더 많이 써내는 편향을 보여 줍니다. 흥미롭게도 편향의 정도는 교육 수준과 IQ에 상관없이 비슷합니다. 더욱 흥미로운 점은 IQ가 높을수록 자신이 지지하는 입장의 근거만 더욱 많이 써냈다는 것입니다. 똑똑하다고 해서 상대편 주장의 근거를 더 생각해낼 수 있는 지적 능력은 없습니다.

경제학자들만 심리적 편향에서 예외일 수 있겠습니까. 경제학은 방법론의 과학성을 자랑하지만, 경제학자들이 과학적 판단을 하느냐는 별개의 문제입니다. 시장주의자들의 시장에 대한 믿음은 종종 종교적 믿음으로 비유됩니다. 이들의 심리적 편향을 더 비판적으로 볼 수밖에 없습니다. 정부가 언제나 옳다거나 시장이 언제나 틀리다고 주장하는 경제학자는 없지 않습니까. 시장주의자들에게 심리적 편향의 문제를 제기하면 무엇이라 답할까요. 합리적 기대 이론에 따라 편향이 야기하는 체계적 오류는 없으며, 평균적으로는 문제 없다고 대답하겠죠.

본질을 외면하고
있는가

넛지의 정치경제학

미국의 회사들은 401K라 부르는 퇴직연금 제도를 가지고 있습니다. 직원들이 월급의 일부를 퇴직연금 계좌에 적립하면, 회사가 추가로 적립해 주는 형식입니다. 과거 대부분의 회사는 직원들에게 연금에 적립할 것인가를 물었습니다. 얼마 전부터는 자동 가입 형식으로 바뀌었고, 다만 원하지 않는 직원들은 언제든지 탈퇴할 수 있습니다. 사실 대단한 변화는 아닙니다. 예전은 가입할 것인가를 물었고, 지금은 가입하지 않을 것인가를 묻고 있을 뿐입니다. 즉 디폴트 옵션 default option만 바뀐 것입니다.

합리적인 사고를 한다면 두 방법 사이에서 다른 결정을 할 이유가 없습니다. 그러나 자동 가입 형식에서 가입자의 수가 크게 증가합니다. 사람들은 현상 유지 편향status quo bias을 가지고 있기 때문입니다. 현상 유지 편향이란 현재의 상태를 유지하고 변화를 기피하려는 지각적 편향을 말합니다. 장기 기증 여부를 선택할 때 디폴트 옵션을 따르는 것, 으레 다니던 식당에 가서 항상 먹던 음식을 주문하는 것, 현금이 아니라 주식, 펀드, 건물 등으로 유산을 물려받았을 때 그대로 보유하는 것 등이 현상 유지 편향의 다른 예들입니다.

리처드 탈러와 카스 선스타인이 『넛지』(안진환 옮김, 리더스북, 2009)에서 소개하는 내용입니다. '넛지'nudge란 팔꿈치로 살짝 찌른다는 뜻입니다. 선택 가능한 대안들에 대해서 관련 정보를 제공하는 방법을 살짝 달리함으로써 사람들로 하여금 더 현명한 선택을 하도록 만드는 방식을 의미합니다. 디폴트 옵션을 정하는 것 외에도, 남자 화장실의 소변기 중앙에 파리를 그려 놓는 것, 납세자들에게 이웃들의 대다수가 납세 의무를 이행했음을 알려 주는 것, 복권의 당첨 확률을 숫자 대신에 다른 사례를 통해 직관적으로 제시하는 것, 충동구매가 많은 상품의 경우 쿨링오프cooling-off 기간을 주는 것, 데드라인deadline 과 같이 선택안을 제한하는 것 등도 아주 잘 알려진 넛지 정책들입니다.

자유주의적 온정주의, 비대칭적 온정주의

넛지류의 정책을 모두가 처음부터 반기지는 않았습니다. 자유주의 경제학자들은 강한 거부감을 표시했습니다. 넛지 정책이 선택을 강요하고 있다고 판단하기 때문입니다. 자유주의자들은 온정주의 paternalism적인 정책을 거부합니다. 온정주의란 힘과 권위를 가진 이들이 다른 사람들의 이익을 위한다는 명목으로 그들의 자유와 책임을 제한하는 것을 의미합니다.

탈러와 선스타인은 이러한 비판에 대해 반론을 펼칩니다.[35] 첫째, 온정주의에 대한 대안이 실질적으로 존재하지 않는다는 점을 지적합니다. 다음과 같은 세 가지 선택 대안이 있다고 합시다. (1) 소비자에게 가장 도움이 된다고 생각하는 선택, (2) 무작위 방식의 선택, (3) 소비자에게 해롭다고 생각하는 선택. 만약 (1)이 온정주의적 정책이어서 반대를 한다면, (2) 또는 (3)을 선택하겠습니까. '온정주의보다 더 나은 정책이 없는데, 온정주의를 비판하는 것이 무슨 의미가 있는가'라는 문제 제기입니다.

둘째, 연금 가입 여부의 디폴트 옵션을 선택하거나 식당에서 음식을 놓는 순서를 결정하는 것에서 어떤 식의 강제가 이루어지는지 되묻습니다. 어떤 이들은 디폴트 옵션조차 미리 정해 두어서는 안 되고, 단지 가입 여부를 선택할 수 있도록 해야 한다는 주장을 펼치기도 합니다. 하지만 이는 또 다른 선택안을 디폴트로 만드는 것뿐입니다. 따라서 탈러와 선스타인은 자유주의자들조차 넛지 정책들을 반대할 이유가 없음을 설명하고, 자유주의적 온정주의libertarian parternalism라는 모순된 언어를 창조합니다. 선택의 자유를 해치지 않으면서, 경제적 후생을 제고할 수 있다고 주장합니다.

또 다른 일군의 행동경제학자들은 비대칭적 온정주의asymmetric parternalism라는 개념을 제시하며 논쟁에 참여합니다.[36] 시장 개입 및

---

35 Richard H. Thaler, Cass R. Sunstein, "Libertarian paternalism", *American Economic Review* (2003), 93(2): 175~179.

규제 정책이 비대칭적 온정주의를 지닌다는 의미는 비합리적이거나 의사 결정에서 실수하는 이들에게는 큰 혜택을 주지만, 합리적인 이들에게는 거의 아무런 해를 끼치지 않는다는 것입니다. 예를 들면, 퇴직연금의 자동 가입 방식은 합리적 의사 결정자에게 거의 영향을 미치지 않지만, 현상 유지 편향을 가진 소비자들에게는 큰 혜택을 줄 수 있습니다. 비대칭적 온정주의라는 개념은 비록 선택을 제한하는 경우가 있더라도 파레토 개선을 가져온다는 점을 강조합니다. 자유주의 온정주의의 개념을 조금 더 확장했다고 볼 수 있습니다.

넛지의 폭발적 인기

넛지식 정책은 여러 모로 매력적입니다. 일단 재미있어서 사람들의 이목을 끌 수 있습니다. 이는 행동경제학의 폭발적 인기에서도 확인할 수 있습니다. 행동경제학은 이제 가장 인기 있는 독서 분야입니다. 유명 인사들, 특히 경영인들이 추천하는 도서 목록은 거의 모두 행동경제학 분야의 책들입니다. 무엇보다 정책적 수단으로 주목받은 이유는 적은 비용으로 상당한 효과를 이끌어 낼 수 있기 때문입니다. 앞서 살펴본 것처럼, 자유주의 경제학자들의 비판에 대해서 변론 가능하다는 점도 큰 역할을 하였습니다.

---

36 Colin Camerer, Samuel Issacharoff, George Loewenstein, Ted O'Donghue, Matthew Rabin, "Regulation for conservatives: Behavioral economics and the case for asymmetric paternalism", *University of Pennsylvania Law Review* (2003), 151: 1211~1254.

2010년 영국 정부는 '행동경제 인사이트 팀'Behavioral insight team 을 만들어 넛지식의 정책을 연구하고 정부 각 부서의 자문 역할을 담당하게 하고 있습니다. 마찬가지로 미국 정부도 백악관 산하 행동경제학 팀을 만들었습니다. 『넛지』의 공저자인 카스 선스타인은 오바마 정부의 규제개혁위원장을 맡고 있고, 리처드 탈러는 덴마크, 프랑스, 영국 정부의 정책 자문을 맡고 있습니다.[37]

근본적인 처방을 외면하는 넛지

행동경제학, 특히 넛지식의 정책 처방에 대한 최근의 심각한 문제 제기는 내부자들에 의해 이루어지고 있습니다. 행동경제학을 활발하게 연구해 온 카네기멜론 대학교의 로웬스타인 교수와 듀크 대학교의 위벨 교수는 행동경제학이 정치적 응급처치법으로 이용될 때가 많다고 비판합니다.[38] 전통 경제학을 통해 이미 최선의 정책 대안을 충분히 알고 있을 때조차도, 정치인들은 인기 없는 정책을 피하기 위한 방편으로 행동경제학을 사용한다는 것입니다.

예를 들면, 인스턴트 식품의 과도한 섭취로 야기되는 비만 문제를 해결하는 방식에 대한 논쟁입니다. 이들 제품의 가격을 올려서 해결하지 않고, 칼로리의 함유량 표시 정도로 넘어간다는 것입니다. 제

---

37 Donald Marron, "Obama's Nudge brigade: White House embraces behavioral sciences to improve government", *Forbes*, 2015년 9월 16일.
38 George Loewenstein, Peter Ubel, "Economics behaving badly", *New York Times*, 2010년 7월 14일.

약회사가 다양한 방식으로 의사들을 매수하고 약 처방 결정에 영향을 미치고 있는 것에 대해서도, 제약회사의 선물 제공 행위를 직접 규제하는 것이 아닌 정보 공개 정도의 해결책만 사용하고 있습니다.

영국 총리였던 데이비드 캐머런David Cameron은 "다음 세대의 정부"라는 제목의 「TED」 강연에서 전기 사용량을 줄이는 효과적인 방법을 제시합니다.[39] 이웃의 전기 사용량을 알려 주는 것입니다. 이웃이 전기요금을 적게 내고 있다는 것을 알면 사람들은 모방하려고 들기 때문입니다. 간단한 넛지가 전기 사용량을 줄이고 있다는 점을 자랑스럽게 설명합니다.

그러나 경제학자들은 이미 전기 사용량을 줄이는 최선의 방법을 알고 있습니다. 바로 전기료를 올리는 것입니다. 특히 부정적 외부효과가 존재하기 때문에 세금을 적당히 인상하는 것은 교과서적인 정책 대안입니다. 그러나 넛지식의 정책 제안이 오히려 가장 확실한 정책을 외면당하게 만들고 있습니다. 넛지에 대한 뜨거운 반응 뒤에는 흥미 위주의 대중성을 추구하는 연구, 자유주의 성향의 경제학적 풍토, 논쟁을 피하고 쉬운 대답을 찾으려는 정치적 요구가 혹시 숨어 있지 않습니까.

'모 아니면 도'식의 사고방식은 거의 본능적이어서, 넛지 정책이 주목을 끌면 사람들은 이를 전통적인 경제학 이론을 대체하려고 합니다. 그러나 경제학적 사고방식하에서 넛지 정책을 생각해 보아야 합니다. 넛지와 전통적인 경제학 이론 사이의 보완관계를 인식하고,

---

39 David Carmeron, "The next age of government", *TED* (2010), http://goo.gl/2LL6yh.

둘 사이의 최적 조합을 찾는 노력이 필요합니다.

넛지 정책이 갖는 한계를 지적할 수밖에 없음에도 불구하고, 이런 식의 정책을 활발하게 펼치고 있는 다른 나라가 부럽습니다. 경제학 연구의 발전을 발빠르게 따라가며 정부 정책에 적극 활용하고 있습니다. 끝내 실체를 알 수 없는 박근혜 정부의 '창조경제'가 차라리 넛지 정책을 연구하는 팀을 만들었다면 훨씬 나았을 것입니다.

경제학자는 어떻게
실패하는가

선물의 경제학

크리스마스와 연말은 선물의 계절입니다. 선물을 고르는 일은 항상 어렵습니다. 받는 이가 무엇을 좋아할지 잘 알지 못하기 때문입니다. "크리스마스의 사회적 비용"이라는 유명한 논문이 있습니다. 예일 대학교 경제학과의 왈드포겔 교수는 학생들에게 물었습니다.[40] "지인에게 받은 선물을 직접 구매한다면 얼마를 지불할 용의가 있는가?" 실제 가격과의 차이를 살펴보았습니다. 이 차이는 경제적 손실을 의미합니다. 왈드포겔은 손실의 크기가 실제 가치의 1/10에서 1/3에 달한다고 추정합니다. 이를 바탕으로 그는 1992년 한 해 동안, 선

---

40 Joel Waldfogel, "The deadweight loss of Christmas", *American Economic Review* (1993), 83(5): 1328~1336.

물의 사회적 비용이 40억에서 130억 달러에 달한다고 주장합니다. 그렇다면 선물 대신 현금을 주고받으면 되지 않습니까.

맨큐의 경제학 교과서는 선물의 신호 이론을 제시합니다. 선물은 사랑의 메시지를 전할 수 있지만, 현금은 그렇게 할 수 없습니다. 경제학의 신호 이론market signaling에 따르면, 다음 두 가지 조건이 만족될 때 메시지는 설득력을 얻습니다. 첫째, 비용이 수반되어야 합니다. 말로 때우는 것처럼 아무런 비용이 들지 않는 행위는 믿기 어려울 때가 많습니다. 둘째, 신호 전달자가 상대적으로 적은 비용에 메시지를 전달할 수 있어야 합니다. 아무나 지불할 수 있는 비용이면 설득력이 떨어집니다. 남들은 할 수 없는 것을 나는 할 수 있다는 것을 보여 주어야 합니다. 현금이 가진 중요한 한계입니다. 왜 선물이 사랑의 신호를 효과적으로 전할 수 있는지 설명할 수 있습니다. 남자친구가 선물을 고르기 위해 쓰는 시간 비용이 여자친구에게는 사랑의 신호로 작동하는 것입니다. 경제학을 공부한 사람들이라면 다들 고개를 끄덕이는 설명입니다.

몇 해 전 아내에게 선물을 했습니다. 마음에 들어 하지 않는 눈치입니다. 선물을 고르기 위해 얼마나 애썼는지 말해 주었습니다. 선물의 신호 이론도 차근차근 설명했습니다. 아내는 답했습니다. "그건 결혼 전에나 통하는 이야기야. 결혼 후에는 현금이 사랑의 신호를 전할 수 있다고!"

주는 이와 받는 이, 우리는 서로를 잘 모른다.

선물을 주는 이의 가장 큰 고민 하나는 선물의 가격입니다. 스탠퍼드 대학교 경영대학원의 플린과 애덤스 교수는 약혼식을 올린 여성들에게 다음과 같은 질문을 던졌습니다.[41] "약혼반지에 대해 얼마나 만족하는가?" 남성들에게도 질문했습니다. "약혼 상대자가 얼마나 만족하고 있다고 생각하는가?" 남성들의 대답을 살펴보니, 반지 가격과 그들이 짐작하는 약혼녀의 만족도 사이는 높은 상관관계를 가지고 있습니다. 비싼 반지일수록 약혼녀는 더 만족할 것이라는 예상입니다. 그러나 여성의 대답을 살펴보면, 가격과 실제 만족도의 상관관계는 그렇게 크지 않습니다. 참고로 남자들이 약혼반지를 구매한 평균 가격은 2,811달러입니다. 여성들이 예상한 평균 가격은 3,926달러입니다.

예일 대학교 경영대학원의 노벰스키 교수 연구팀은 주는 이와 받는 이 사이의 선호 차이를 연구했습니다.[42] 선물을 주는 이들은 선물을 통해 감동을 전하고 싶습니다. 그래서 선물의 품질을 중요하게 생각합니다. 하지만 받는 이들은 기능성을 더욱 중요하게 생각합니다. 예를 들면, 조금 거리가 떨어져 있지만 유명한 고급 식당의 상품권을 선물합니다. 그러나 받는 이는 집에서 가까운 식당의 상품권을

41 Francis J. Flynn, Gabrielle S. Adams, "Money can't buy love: Asymmetric beliefs about gift price and feelings of appreciation", *Journal of Experimental Social Psychology* (2009), 45(2): 404~409.

42 Ernes Baskin, Cheryl J. Wakslak, Yaacov Trope, Nathan Novemsky, "Why feasibility matters more to gift receivers than to givers: A construal-level approach to gift giving", *Journal of Consumer Research* (2014), 41(1): 169~182.

더욱 선호한다는 것입니다.

마음에 들지 않는 선물을 어떻게 해야 합니까. 많은 사람들은 포장을 다시 해서 다른 이에게 선물합니다. 모두가 아는 공공연한 비밀입니다. 그래도 선물 준 이를 생각하면 약간의 죄책감을 떨칠 수 없습니다. 플린과 애덤스 교수는 하버드 대학교 경영대학원의 놀튼 교수와 함께 이 문제를 연구했습니다.[43] 이들에 따르면 여기서도 주는 이와 받는 이는 서로 다른 생각을 가지고 있습니다. 받는 이들은 선물을 제삼자에게 주는 것에 대해 죄책감을 느낍니다. 그러나 주는 이들은 다시 선물하는 것에 대해서 거부감을 갖지 않습니다. 이러한 차이는 선물의 권리에 대한 인식 차이에서 비롯됩니다. 받는 이는 주는 이의 권리를 존중하지만, 주는 이는 받는 이의 권리를 존중합니다.

선물의 문제를 통해서도 확인할 수 있습니다. 우리는 이렇게 서로를 잘 모릅니다. 소개한 세 개의 연구를 정리하면 이렇습니다. 받는 이들은 가격에 대해 무심한 편이고, 실용성 있는 제품을 좋아하며, 받은 선물을 다른 이에게 주는 것에 대해 불필요한 죄책감을 느낍니다. 연구 결과에 따라, 저는 가격이 저렴한 양말을 사서 아내에게 선물합니다. 마음에 들지 않으면 걱정 말고 딸에게 줘도 괜찮다고 말해 줍니다. 크리스마스 이브, 아내는 꼭 딸과 잠을 잡니다.

---

43 Gabrielle S. Adams Francis J. Flynn, Michael I. Norton "The gifts we keep on giving: Documenting and destigmatizing the regifting taboo", *Psychological Science* (2012), 23(10): 1145~1150.

작고 하찮은 경제학자 이야기

어느 날, 기회비용을 배우다

아버지는 병원에 갈 엄두를 내지 못하고 있었습니다. 젊은 시절 싸구려 야매로 집에서 치아를 치료했는데, 온통 망가져서 식사조차 못하고 있었습니다. 겨우 등을 떠밀어 치과를 가 보았더니 500만 원의 치료비가 필요하다고 합니다. 일용직 건설 노동자가 지불할 수 없는 액수였습니다. 비가 축축이 내리던 날 아버지에 대한 걱정이 떠나지 않았고, 당시 대학생이던 저는 아무런 도움을 드릴 수 없다는 사실에 답답했습니다.

불현듯 친분이 있던 교수님 한 분이 떠올랐습니다. 교수님의 배우자는 치과를 경영하는 의사였고, 도움이 필요할 때면 언제든지 찾아오라던 말씀이 기억났습니다. 신세지는 것이 몸서리치듯 싫었지만, 친절하고 동정심 가득한 말들을 건네주던 교수님의 모습을 떠올리며 어렵사리 용기 내어 찾아갔습니다.

당시 제게는 100만 원 정도 저축한 돈이 있었고, 일단 이 돈을 지불하고 나머지를 차차 갚을 수 있는지 부탁해야겠다고 생각했습니다. 비에 젖은 초라한 꼴로 연구실 문을 열었습니다. 눈을 질끈 감고 부탁했던 것 같습니다. 평소의 다정다감했던 교수님의 모습을 떠올리면, 착하다고 칭찬하며 등이라도 두들겨 줄 것이라 상상했는데 불편해 하는 기색이 역력했습니다. 도움 좀 받으려고 꾹꾹 눌렀던 자존심, 언제 그랬냐는 듯 꼿꼿이 세우고 걸어 나왔습니다.

별다른 방법이 없었습니다. 바람이 세기로 유명한 그 캠퍼스를 터벅터벅 걸으며 시선도 여기저기로 흩트리고 있었습니다. 우연히 쳐다본 학교 게시판에 '전국대학(원)생 경제 논문 공모전' 포스터가 있었습니다. 대상 상금은 500만 원입니다.

발을 돌려 성큼성큼 걸어간 곳은 제일 무서워하던 경제학 교수님의 연구실입니다. 그 학교의 다른 교수들과는 달리 차갑게만 보이던 사람입니다. 경, 제, 학 교수라고요! 실제로 수업도 어려웠고, 시험에서 빵점을 받은 적도 있었습니다. 돌려받은 답안지에는 "Are you writing a poem?"(너 시 쓰냐?)이라고 적혀 있었습니다.

경제학자에게 구차한 이야기를 털어 놓아서는 안 된다는 것 정도는 알고 있었습니다. 그냥 논문 공모전이 있는데 도와주실 수 있냐고만 여쭀습니다. 그날 이후로 교수님은 매주 만나 주었습니다. 첫날부터 어쩌다 기회비용 이야기를 했다가 잘못 이해하고 있다는 꾸지람을 들었습니다. 경제학의 가장 기초적인 개념조차 제대로 이해하지 못하고 있었던 것입니다.

그렇게 시작하여 몇 달 후, 어설프고 조잡한 에세이 한 편을 거우 완성하여 보냈습니다. 진부하기 짝이 없는 교회 간증도 아니건만, 얼마 후 대상을 받았다는 연락이 왔습니다. 냉정해 보이기만 하던 그 경제학 교수님도 뛸 듯이 기뻐해 주셨습니다. 그제서야 꺼낸 아버지 이야기를 듣고서는 학교의 모든 교수들에게 전체 메일을 보내셨지요. 상금 500만 원은 아버지 치과 치료하는 데 쓸 것이라며 칭찬을 한 가득 써서 말이죠.

그 정도의 도움은 어렵지 않게 받을 수 있을 것이라 생각했습니다. 하지만 동정심 가득하던 분에게 거절당하자 꽤 씁쓸하고 절망적이었습니다. 그러나 싸구려 동정심을 남발하지 않던 경제학 교수가 가르쳐 주었습니다. 사람에게서 공짜 점심을 기대하지 말라는 것, 그 놀라운 은혜마저도 기회비용을 지불해야 한다는 것을 말입니다.

어느 날, 을의 처지를 떠올리다

미국에서의 박사과정 2년차, 아내는 임신 7개월 중이었습니다. 부시의 감세 정책으로 저소득층에게 제공되던 정부 보조 의료보험 Medicaid이 취소되었다는 통지를 받았습니다. 임산부로서 정기 검진도 받지 못했고, 출산비를 어떻게 감당할 수 있을지 걱정에 사로잡혔습니다. 미시간 주 랜싱에 있는 모든 사회복지사를 찾아다녔습니다. 마지막으로 들린 시립병원의 원무과 직원 한 명이 저를 조용히 복도로 불러내어 일러주었습니다. "아무 걱정 마세요. 미국 병원은 환자를 쫓아낼 수 없습니다. 아기가 나오려고 하면 그냥 응급실로 오세요. 나중에 병원에 마련되어 있는 자선 자금 부스에 도움을 요청하면 됩니다."

나지막한 목소리의 이 한마디가 제게는 구원이었습니다.

진통이 오자 무작정 시립병원 응급실로 달려갔습니다. 주치의가 없다는 말을 듣고, 응급실의 의료진은 당황해하며 분주하게 움직였습니다. 다행히 둘째 하원이가 건강하게 태어났습니다. 병원비도 모두 지원받았습니다.

대다수 한국 유학생들은 보험에 가입할 돈이 없어서 쩔쩔매지는 않습니다. 같은 처지에 놓인 저개발국가의 유학생들을 모른 채 할 수 없었습니다. 시민단체의 변호사를 찾아가 미시간 주 정부에 소송할 수 있도록 도와 달라고 했습니다. 외국인에 대한 정부 보조 의료보험 취소 결정을 번복할 것을 요구했습니다. 변호사는 두 가지 주장을 펼쳤습니다. 하나는 상위법인 사회보장법을 위반했다는 것입니다. 다른 하나는 제가 학교에서 조교로 일하며 미국 정부에 세금을 내고 있기 때문에, 의료보험 보조를 받을 수 있다는 주장입니다. 결국 첫 번째 주장은 기각되고, 두 번째 주장은 받아들여졌습니다.

소송을 시작한다고 하니까 주변의 많은 사람들이 말렸습니다. "병원에서 이미 비용을 내주었는데 왜 소송까지 하나요? 미 정부를 상대로 소송하면 좋을 것이 없어요. 나중에 영주권도 안 나올 수 있어요." 아프리카에서 온 유학생들이 도움받을 수 있다면, 나중에 영주권은 안 받아도 된다고 대답했습니다. 도이그 변호사님께서 모든 과정을 이끌어 주셨습니다. 살아가면서 종종 생각나게 하는 미소를 지닌 분이었습니다.

비범하려는 욕망과 평범하려는 욕망 사이에서 갈등합니다. 대단한 위험을 무릅써야 하는 일도 아니었기에, 나름 비범의 욕망을 추구했던 것 같습니다. 정작 위험이 따르는 일들에서는 평범의 욕망을 추구하며 살고 있습니다. 그 사이에서 길을 잃고 주춤하면 이렇게 자랑을 합니다.

어느 날, 비교우위 이론의 문제점을 깨닫다

처음 경제학 수업을 들을 때입니다. 그 대학은 많은 전공 과목을 영어로 가르쳤습니다. 도통 알아들을 수 없었지만, 영어로 강의를 듣는다는 자부심은 대단했던 것 같습니다. 너무 어려워서 교과서를 미리 읽고 수업에 들어가기도 했습니다. 마침 그날, 교수님이 질문하였습니다. 미리 예습도 했기에 자신감을 가지고 대답했습니다. "There is a 버드겟 constraint." 고개를 갸우뚱하며 교수님이 다시 묻습니다. "What did you say?" "I said 버드겟 constraint." 엥? 다시 묻습니다. "How do you spell that?" "B.U.D.G.E.T." 교실이 웃음바다로 변했습니다. "야, 그건 버짓이라 발음해야지!"

그날 이후, 버드겟은 대학 생활 내내 저를 따라 다녔습니다. 지금도 친구와 후배들은 그 이야기를 전설이라 말하며 웃습니다. 교수님도 여전히 그 이야기를 즐겨 하며, 최신 경제학 이론인 줄 알고 쫄았다고 합니다. 아무리 생각해도 버드겟을 외쳤던 저는 영어에 비교우위를 갖고 있지 않습니다. 게다가 그 수업에서 빵점 답안지도 받았으니 경제학에도 비교우위를 갖고 있지 않습니다.

비교우위란 다른 사람보다 '상대적으로' 더 잘할 수 있는 것을 말합니다. 국제무역에서는 기회비용 측면에서 더 싼 가격에 생산할 수 있다는 개념입니다. 모든 사람은/국가는 자신만의 비교우위를 가지고 있습니다. 따라서 비교우위 분야를 전문화하고 다른 이들과 거래를 하면, 모두가 더 행복해질 수 있습니다. 비교우위 이론은 시장에서 이루어지는 경제주체 간/국가 간 거래를 설명하는 강력하고 기초적인 이론입니다. 선진 세계가 저개발국의 시장 개방을 요구할 때, 어김없이 비교우위 이론을 들이댑니다. 너희 나라도 더 좋아지니까 시장 개방을 안 할 이유가 없다고 강요합니다. 하지만 아무리 좋은 것이라 해도, 언제나 예외 없이 좋기는 쉽지 않습니다.

비교우위 이론에는 몇 가지 중요한 한계점이 있습니다. 비교우위 이론은 단기간에 자원을 어떻게 효율적으로 사용하느냐의 문제에만 관심을 가지고 있습니다. 장기적인 경제 개발 측면을 고려하고 있지 않습니다. 저개발국가가 소위 하이테크 또는 고부가가치 산업에 비교우위를 가질 리는 없으니 노동집약적이고 저숙련 노동 위주의 산업에 집중해야 할 것입니다. 결국 자유무역을 통해 단기간의 이득을 얻을 수 있을지는 모르지만, 경제 개발의 기회를 잃게 됩니다. 미래의 더 커다란 이득을 위해서 비교우위가 없는 분야에도 적극적으로 투자해야 할 필요가 있습니다. 그럼에도 불구하고 저개발국가에게 국내 산업의 보호와 지원을 포기하라고 하면서까지 시장 개방만을 요구하는 것은 부당한 경제학입니다.

비교우위론에 따르면 일찌감치 포기해야 했습니다. 경제학이 아닌 다른 전공을 찾아 나서야 했고, 버드겟 수준의 영어로 유학을 간다는 것은 말도 안되는 일이었습니다. 지금처럼 처세술과 멘토링으로 넘쳐나는 시대였다면, 다른 전공, 다른 길을 선택했을 것입니다. 수많은 자기 계발 프로그램이 당신에게도 비교우위가 있다며 위로하고, 비교우위를 잘 활용하는 삶을 살아가라고 주문하지 않습니까.

엊그제 새로 온 직장 동료가 제게 묻더군요. "웨얼 이즈 커피 머신?" 아니 미국에 커피 자판기가 어디 있다고 이런 질문을 하나 생각했습니다. 이럴 때는 『성문기본영어』가 가르쳐 준 것처럼 "팔든 미?" Pardon me?라고 되물어야 합니다. 여전히 커피 머신을 찾고 있다 합니다. 커피가 정말 마시고 싶나 보다 생각하며, 학과 사무실에 있는 커피 메이커를 보여 주려고 했습니다. 앗! 그러나 반대쪽에 있는 복사기를 쳐다봅니다. "히얼 이즈 카피어 머신!"copier machine 하고 외치며 고맙다고 합니다. 그가 찾던 것은 커피가 아니라 카피어였습니다.

비교우위조차 아닌 삶을 선택하여 살아야 하기에 수없이 창피한 순간을 마주합니다. 그러나 하루하루의 일상을 묵묵히 살아내는 것, 부끄러운 순간마다 웃음으로 퉁치며 다시 꾸준히 걸어가는 것, 이것이 제 스스로에게 필요한 경제학 이론입니다. 굳이 표현하면, 역동적 비교우위dynamic comparative advantage 이론이라 할 수 있습니다.

어느 날, 기업의 사회적 책임을 생각하다

수업에서 한국의 예를 많이 드는데, 미국 대학생들이 흥미롭게 듣습니다. 으레 삼성의 이름을 들며 이야기를 전개합니다. 모두가 알고 있는 한국 기업의 이름을 말할 때면 묘한 자부심을 느낍니다. 이국 땅에서 소수자로 살아가는 서러움을 위로받는 순간이기도 합니다. 많은 친구들이 삼성에서 일하고 있고, 너희들이 쓰고 있는 텔레비전과 휴대폰 등을 만들었다고 너스레를 떨기도 합니다.

무역 이론을 가르칠 때는 삼성의 발전 역사도 간단하게 소개합니다. 1960년대까지만 해도 아프리카보다 가난했던 나라에서 고작 설탕과 모직을 생산하던 삼성이 어떻게 발전했는가를 이야기하면 다들 놀라는 표정이 역력합니다. 현재 삼성전자는 전 세계 텔레비전 시장 1위, 메모리반도체 시장 1위, 그리고 스마트폰 시장에서도 애플을 제치고 점유율 1위를 차지하고 있다고 말할 때면, 목소리에 잔뜩 힘이 들어갑니다.

기업의 사회적 책임을 이야기할 때도 삼성을 이야기합니다. 몇년 전 읽은 고故 황유미 씨의 이야기를 자세히 소개합니다. 삼성전자 반도체 부문에 입사해 기흥공장에서 2년 정도 일했던 황유미 씨는 21세에 백혈병 진단을 받습니다. 아버지 황상기 씨가 산재를 의심하자, 회사는 퇴사를 종용하고 산재 처리 대신 치료비를 책임지겠다고 제안합니다. 당시 4,000만 원 이상의 치료비 압박에 놓였던 아버지는 그 제안을 감지덕지 여겨야 했다고 합니다.

그러나 얼마 후 찾아온 삼성 직원들은 500만 원을 내밀며 그것밖에 없다고 말했습니다. 해마다 최대 실적을 내고 있다고 자랑하고, 2013년 순이익 30조 원을 돌파한 삼성이 500만 원밖에 없다고 말했다고 합니다. 삼성그룹의 전 법무팀장 김용철 변호사는 『삼성을 생각한다』라는 책에서 고위 인사들에게 500만 원에서 수천만 원의 뇌물을 주었다고 고백했습니다. 밥 한 끼 먹으며 최소 단위로 건네던 500만 원이건만, 반도체 공장에서 일하다가 죽어 가던 여성 노동자의 치료비로는 500만 원밖에 없다고 했답니다.[1]

---

1 2016년 7월, 「뉴스타파」의 보도에 따르면, 이건희 회장은 4~5명의 여성들과 여러 차례에 걸쳐 성매매를 한 의혹을 받고 있습니다. 영상 속의 이건희 회장은 한 여성마다 500만 원의 화대를 건넵니다. 반올림의 활동가인 이종란 노무사는

「또 하나의 약속」은 삼성전자 반도체 기흥공장에서 근무하다 백혈병에 걸려 사망한 고 황유미 씨와 그녀의 아버지 황상기 씨가 삼성전자를 상대로 싸웠던 실화를 바탕으로 만든 영화입니다.

삼성을 생각하면, 이국 땅 변두리에 살고 있는 일개 서생의 심사도 이렇게 복잡합니다. 한국인이라는 이유만으로 스스로를 삼성과 동일화하면서 최고 일류가 되었다는 짜릿한 욕망의 실현을 경험하고, 동시에 500만 원으로 흔들리는 초일류의 모습에 절망합니다. 성장과 효율성의 가치에 매몰된 경제학을 가르치며 밥벌이를 하고 있어서, 삼성전자 반도체 공장에서 일하다가 직업병으로 고생하고 있는 노동자들의 이야기를 들으면 더욱 죄책감을 느낄 수밖에 없습니다. 그래서 삼성을 들먹이며 자랑을 하고 돌아온 날에는 반올림(반도체 노동자의 건강과 인권 지킴이)이라는 단체에 적은 후원금을 속죄 제물처럼 보내곤 했습니다.

"유미와 유미 아빠에게 삼성이 건넨 500만 원은 조롱의 돈이다"라고 말했습니다. 김경래, 심인보, "삼성 이건희 성매매 의혹…그룹 차원 개입?", 「뉴스타파」, 2016년 7월 21일; 주영재, "반올림 '500만 원은 삼성이 건넨 조롱의 돈'…이건희 동영상 비판", 「경향신문」, 2016년 7월 24일.

영화 「또 하나의 약속」(2014)이 바로 고 황유미 씨와 아버지의 이야기라고 합니다. 많은 분들이 관람하면 좋겠습니다. 무엇보다 삼성이 반올림과의 교섭을 통해 직업병 피해에 대한 사과, 보상, 대책 마련에 세계 일류다운 모습을 보여 주십시오. 우리 국민 모두는 좀 더 뿌듯하게 삼성의 이름을 불러 보고 싶습니다.

어느 날, 을의 후배들에게 편지를 쓰다

제가 공부하는 경제학 분야로 박사과정 유학을 나온 사람들의 절대 다수는 서울대, 고려대, 연세대 출신입니다. 그래서일까요. 처음 만난 상대방에게 출신 대학을 좀 쉽게 물어보는 사람들이 있습니다. 이미 스카이 대학 출신 중심으로만 이루어진 세계에서마저 서로의 동질감을 확인하고 싶은 욕구를 느낍니다.

얼마 전 학회에서 처음 만난 박사과정 학생도 저와 통성명한 후 곧바로 출신 대학을 물었습니다. 여느 때처럼 "저는 지잡대를 나왔습니다" 하고 짧게 대답했습니다. 세상에는 지잡대 출신도 많이 있고, 출신 대학을 묻는 것은 다른 이를 난처하게 할 수도 있으며, 묻는 이도 좀 민망함을 느껴야 할 것이라는 의미를 담아서 공손하고 단호하게 대답합니다. 제 의도가 전달될지는 알 길이 없지만요.

스카이라는 강한 동질감 속에서 서슴없이 질문하지만, 출신 학교가 밝혀지는 순간부터는 이내 자연스런 구분 짓기와 서열 의식이 발현됩니다. 한 가지 재미있는 예를 들면, 서울대 출신의 사람들 중 어떤 이들은 자대 경제학과를 지칭할 때 '경제학과'라고만 부릅니다. 고려대, 연세대 출신의 사람들은 겸손히(?) '고대 경제학과', '연대 경제학과'라고 부릅니다. 문맥상 매번 대학 이름을 붙일 필요가 없을 때에도 그렇게 부릅니다. 이에 답하는 서울대 출신은 서울대 경제학과를 그저 '경제학과'라고만 부르면서 서열을 확인해 주는 듯합니다. 지잡대 출신으로 이런 대화를 듣는 저는 속으로 키득키득 웃을 뿐입니다.

이들의 찌질한 욕망을 비웃고 싶지만, 그렇게만 할 수는 없습니다. 왜냐하면 우리 안의 찌질한 욕망이 더 비웃을 만하기 때문입니다. 얼마 전, 모교 한동대에 다니고 있는 후배들을 만났는데, 이런 이야기를 들었습니다. 신입생 오리엔테이션 기간 중, 한 보직 교수가 전체 신입생들 앞에서 말하기를, 서울대, 연세대, 고려대를 합격하고서 한동대에 온 사람들은 일어나라고 했다고 합니다. 세상을 변화시키라고 가르친다는 이들이 학벌 사회에 하이킥을 날리기는커녕 마이너리티에 속한 것을 부끄러워하고, 우리도 주류에 끼워 달라고 초라하게 구걸하는 꼴입니다.

한동대 학생들도 서로를 소개할 때, 으레 자기가 어느 학교를 합격했거나 어느 학교에 갈 만한 성적이었음에도 불구하고 한동대를 왔다고 표현하기를 좋아한다고 합니다. 한동대 권력층의 찌질함이 후배들에게도 전해지는 듯하여 가슴이 아픕니다. 전공 과목조차 개설해 주지 못하는 대학이지만, 이들이 학생들을 설득하는 방식이란 구글, 마이크로소프트에 취직하거나 하버드 대학원에 입학한 몇 안 되는 졸업생들을 데려다가 성공 간증을 들려주는 것입니다. 주류에 진입할 수 있다는 욕망에 사로잡혀서 주류의 욕망을 해체한 예수의 이름을 목청껏 부르는 자기모순, 세상의 질서에 순종하면서 세상을 변화시키라고 주문하는 어불성설의 신앙을 지닌 사람들입니다.

삼류들의 찌질한 정신은 한동인의 자부심을 북돋기 위해 "우리도 '갑'이랑 얼추 비슷하거든요"라고 가르칩니다. 특히 "세상을 변화시키기 위한 하나님의 인재" 같은 종교적 수사를 통해 "우리는 사실 '갑'보다도 한수 위거든요"라고 가르치려 듭니다. 하나님의 방법은 세속적인 것과 다르다면서 상식과 합리성마저 내다 버리고, 세상만도 못한 불투명하고 비민주적이며, 세상이 비판할 때에도 아랑곳하지 않는 '슈퍼갑'이 되려고 합니다.

이들에게서 한동정신을 찾지 마십시오. 고통받는 이들을 찾아가 기꺼이 아픔을 나누어 지며, 고통 주는 이들에게 저항하는 당당함이 한동정신이어야 합니다. 갑이 진상 떠는 주류 사회에서 주눅 들지 않는 사람들, 갑을관계의 폭력성을 고발하는 사람들, 기꺼이 을의 편이 되어 서럽게 씨름하는 사람들이 시골 촌구석 태생의 한동인이어야 합니다.

치열하게 공부하고 눈부시게 사랑하십시오. 우리 선배들이 응원합니다. 한동풍 맞으며 자라난 들풀처럼, 피어난 들꽃처럼, 당당하게.

어느 날, 탕수육 가격을 설명하다

배달경력 12년차인 노 모 씨(31)는 "중국집은 음식을 배달하고 빈 그릇을 반드시 찾아와야 하다 보니 하루 종일 밖에만 있어야 한다"며 "'짱개'나 '철가방'이라면서 깔보는 시선도 싫다"고 말했다. … 유홍모 한국중식요리협회 부회장은 "배달원 구하기가 하늘의 별 따기다 보니 급여를 많이 줘야 하고, 이는 인건비 상승의 악순환으로 이어지고 있다"며 "더이상 버티기 어려운 중국집들이 차츰 배달을 줄이는 추세"라고 말했다.[2]

경제학자의 직업병은 웬만한 기사를 읽더라도 머릿속에 수요공급 곡선을 떠올리는 것입니다. 피자집과 치킨집이라는 새로운 취업 기회는 짜장면 배달 노동시장의 공급 곡선을 좌측으로 이동시키고, 배달원의 균형 월급을 상승시킵니다. 이로 인한 짜장면 생산 단가 상승은 다시 짜장면 생산품 시장의 공급 곡선을 좌측으로 이동시키고, 짜장면 가격 상승 및 균형 생산량 감소를 가져옵니다. 이것이 바로 중식요리협회 부회장님이 이야기한 배달 감소의 추세라고 할 수 있습니다.

초등학생 때 짜장면을 배달했습니다. 아버지는 원래 짜장면 요리사였고 작은 중국집을 운영했습니다. 초등학교 3학년 햇살 가득한 운동회 날, 한쪽에서는 릴레이 달리기가 펼쳐지고, 다른 쪽에서는 박 터뜨리기가 한창이었습니다. 운동장의 날 선 스피커 소리가 제 이름이 불렸습니다. "김재수 학생은 빨리 집으로 오라는 전화가 왔습니다." 무슨 일이라도 있나 싶어서 두근거리는 가슴으로 부리나케 집으로 뛰어갔습니다. 아버지가 일손이 딸려서 어쩔 수 없이 불렀다고 합니다. 당시만 해도 중국집이 가장 바쁜 날은 운동회, 어린이날, 졸업식 날이었습니다.

5학년 때부터 오토바이를 타고 배달을 시작했습니다. 이제 5학년인 아들 녀석을 보면, 내가 저 즈음에 어떻게 오토바이를 탔을까 싶어 상상이 잘되지 않습니다. 골목골목을 도는 순간마다 가슴이 일렁였습니다. 혹시 학교 친구라도 마주칠까 봐 무서웠지요. 다행히 우리 중국집은 학교와 좀 떨어져서 친구를 만날 수 있는 기회는 거의 없

2   이성희, "짜장면 '철가방' 점점 사라진다", 「경향신문」, 2013년 1월 23일.

었습니다. 하지만 짝사랑하듯 좋아하던 고운 여자아이의 집에 배달을 가야 하는 일이 생겼습니다. 그 동네에 새로 들어선 아파트로 이사 온 것입니다. 그 아파트 사람들은 종종 3,500원짜리 탕수육을 주문할 정도로 부자였습니다. 철가방을 들고 그 집 아파트 문 앞에 섰습니다. 초인종을 누르기까지 얼마나 머뭇거렸는지 기억하지 못하지만, 먹장구름 가득했던 그날의 하늘은 기억날 듯 말 듯도 합니다.

6학년이 되어 새 담임 선생님과 친구들을 만났습니다. 첫날 담임 선생님은 아이들의 자리를 정해 주었습니다. 기억이 맞다면, 아주 약간 지능이 떨어졌던 남자 아이 하나, 여자 아이 하나를 한쪽에 세웠습니다. 뚱뚱한 아이, 키 작은 아이, 화상 상처가 있었던 아이, 공부 좀 못하는 아이들도 함께 세웠습니다. 한쪽 분단에 모으고서는 '꾀죄죄' 분단이라 이름 붙였습니다.

한 자리가 남았습니다. 선생님은 누구를 앉힐까 두리번거렸습니다. 심장이 콩콩 뛰는 소리를 듣고 나를 쳐다볼까 봐 가슴에 손을 얹었을 것입니다. 누가 손을 들고 저를 가리킵니다. "선생님, 얘네 짜장면집 해요." 선생님은 웃음을 머금습니다. "오 그래. 짱깨, 너 그리로 가서 앉아." 그리고 저는 꾀죄죄 분단의 분단장이 되었습니다. 선생님은 책을 읽다가도 칠판에 필기를 하다가도 뜬금없이 저를 부르곤 했습니다. "어이 짱깨, 팔보채 얼마야? 양장피 얼마야? 탕수육 얼마야?" 일 년 내내 그리했지요.

설마 그가 공짜 탕수육을 먹고 싶어 그리했겠습니까. 상품의 시장 가격이 어떻게 결정되는지를 연구하라고 한 것이겠죠. 선생님 찾아뵙고 이제 탕수육 가격 결정의 원리를 설명할 수 있는 경제학자가 되었다고 말씀드려야 하는데 말이죠.

찾아보기

99%를 위한 경제학
낮은 곳을 향하는 주류 경제학 이야기

1판 1쇄 펴냄 | 2016년 10월 26일
1판 7쇄 펴냄 | 2023년 11월 7일

지은이 | 김재수
발행인 | 김병준
발행처 | 생각의힘

등록 | 2011. 10. 27. 제406-2011-000127호
주소 | 서울시 마포구 독막로6길 11, 우대빌딩 2, 3층
전화 | 02-6925-4185(편집), 02-6925-4188(영업)
팩스 | 02-6925-4182
전자우편 | tpbook1@tpbook.co.kr
홈페이지 | www.tpbook.co.kr

ISBN 979-11-85585-28-4 03300

이 도서의 국립중앙도서관 출판시도서목록(CIP)은
서지정보유통지원시스템 홈페이지(http://seoji.nl.go.kr)와
국가자료공동목록시스템(http://www.nl.go.kr/kolisnet)에서
이용하실 수 있습니다.(CIP제어번호: CIP2016024257)